暁のアーカイヴ

戦後日本映画の歴史的経験

中村秀之

東京大学出版会

Archive at Dawn: Historical Experiences of Postwar Japanese Cinema
Hideyuki NAKAMURA
University of Tokyo Press, 2019
ISBN 978-4-13-080221-5

暁のアーカイヴ——戦後日本映画の歴史的経験　目次

目　次

目次

目　次

第2部　共同を求めて——岩波映画から土本典昭へ

目　次

目　次

凡例

引用文について

・引用に際しての省略や補足は［…］のようにブラケットを使って挿入した。
・傍点による強調や振り仮名については、原文のままか引用者によるものかを、そのつど注に記した。
・原文で改行されている箇所を続けて引用する場合は、改行箇所を／で示した。
・歴史的仮名遣いは原文どおりに、漢字の旧字は新字に改めることを原則とした。
・映画の台詞の引用で、脚本などの出典が示されていない場合は、著者が聞き取って書き起こしたものである。

映画作品について

・原則として『タイトル』（原則として製作国での劇場公開年［西暦］の下2ケタ、製作会社、監督名）という形で表記した。たとえば『日本暗殺秘録』（69、東映京都、中島貞夫）。
・本文中に情報を示したときや特に必要でない場合は省略した項目もある。
・公開年ではなく製作年を表記した場合もある。たとえば『歴史の授業』（72製作）など。

暁のアーカイヴ——戦後日本映画の歴史的経験

蛍が、暁《あかつき》の到来を告げ、
儚《はかな》き光を薄れさせ始めている。

——『ハムレット』、河合祥一郎訳

序章　アーカイヴの時代に映画を語る

わけは知らぬが、／かかる怪しき姿で現われた以上、／問いかけずにおくものか。
——『ハムレット』、河合祥一郎訳

1　「映画のうしろ姿」

表題に「アーカイヴ」の文字を堂々と掲げながら、本書に収録されている文章のどれ一つとして、施設や組織や活動としてのアーカイブを論じてはいない。副題に含まれる「戦後日本映画」のフィルムや紙資料《ノンフィルム・マテリアル》の収集と保存なども、調査や分析を可能にしてくれる前提ではあっても、それ自体が主題として取り上げられることはない。もちろん、制度的なアーカイブに無縁の本というわけではない。この序章を除く既発表の一三の章のうち六つまでが、複数の共同研究における私の成果をまとめた論文にもとづいていて、それらのプロジェクトは程度の差はあれすべてアーカイブの利用や構築を課題としていた。[1] この点で表題の選択を正当化する根拠がないとは言えない。それでも該当する章の数は全体の半分に届かないし、冒頭からいきなり「アーカイヴ」と「アーカイブ」を使い分けている意図も含めて最低限の前置きは必要だろう。

二〇一八年四月に東京国立近代美術館フィルムセンターが改組されて発足した国立映画アーカイブ(2)に代表されるように、資料の収集・保存を行う活動や組織や施設については「アーカイブ」と表記するのが日本語の慣例となっている。本書では、そのアーカイブの可能性の条件でもあるような、より一般的な技術的環境に関連して「アーカイヴ（的）」という表記を用いる。それは、必ずしも制度的な形態を取らない多様な記録化、保存と整理、その利用が、広く定着し深い影響を及ぼすようになった状況を指す。言うまでもなく、デジタル技術とインターネットの爆発的な進展によって今日その変化は決定的なものとなっている。

それゆえ本書の表題に「アーカイヴ」を用いたのは、アーカイブ関連の共同研究の所産が半ば近くを占めたことに加え、全体を通してアーカイヴ的環境の変化が前提となっているからだ。ここに収録した映画論はほとんど、この変化を主題に据えてはいないにしても、それにいやおうなく規定され、執筆する際には何らかの意味でそのことを重要な問題として意識していた。論集を編むにあたり、この点にゆるやかな統一性を見出したのはそのような事情による。

映画を論じることとアーカイヴ的環境の形成との厄介な関係を考察するには、蓮實重彥の複数の文章が恰好の手がかりとなる。一九九六年、『映画の神話学』が文庫化された際の「あとがき」で、蓮實は七九年の原著刊行から経過した「十七年という歳月」の意味をこう説いた。

まず、それは、映画を論じるにあたって論者が向かいあうことになる対象の変化を意味している。

『映画の神話学』は、著者が材料として手にしているものが、もっぱらスクリーンに映写されるフィルムだけであった時代の書物である。いまでは、ブラウン管上に再現されるヴィデオで事態を確かめながら書くことがほぼ常識化されているが、十七年という歳月は、映画的素材のスクリーンからブラウン管への決定的な移行を意味しているのだ。おそらく、ヴィデオが映画評論家の作業現場となってから、映画をめぐる言説は何らかの変質を蒙ったはずであり、『映画の神話学』は、ことによると、その何かをさぐりあてるための、恰好の資料となりうるかもしれない。(3)

その後の九八年に、蓮實は『監督　小津安二郎』のフランス語版の序文で、原著が出た八三年には『東京物語』を除いてビデオが市販されていなかったので、自著は映像の分析にテレビ画面を利用しなかった最後の映画作家論の一つだろうと記し、(4)二〇〇三年の「増補決定版」の「あとがき」でも同じ趣旨を述べたあと、次のように続けた。

〔増補決定版〕の執筆にあたっては、ヴィデオによる細部の確認をもちろん行いはしたが、新たに書き加えられた三つの章の発想は、いずれもスクリーンで小津に接したときの刺激からきている。何度でもくり返して見られるヴィデオやＤＶＤに注がれる安全な視線は、映画館の暗がりでのサスペンス豊かな体験と明らかに異なっているからだ。(5)

九二年の『監督　小津安二郎』の文庫版の「あとがき」では『突貫小僧』のプリントの発見に触れているだけでビデオにはまだ言及していなかった。(6)九六年の『映画の神話学』の文庫化こそ、映画を見ることの技術的条件の変化を語る契機になったようだ。事実、この映画論集は、「もっぱらスクリーンに映写される」映画を語ることの限界を深く自覚した稀有な書物だった。特に巻頭を飾る「映画・この不在なるものの輝き」は、しばしば指摘されるとおり歴史的意義を持つテクストだと言っても決して誇張ではない。

二〇〇三年には「映画館の暗がりでのサスペンス豊かな体験」などといささか平板な表現を許す蓮實は、七〇年初出の「映画・この不在なるものの輝き」では「映画館の暗がりといった安易な比喩では把えてほしくないより生なましい闇」[7]の先にあるものを論じようとしたのだった。長い一文からなる冒頭の段落は「いざこれから映画を語ろうとする場に身をおいてしまうと、そこには濃密な闇が地平線のむこうまで重くたれこめているばかりで、発される言葉という言葉は谺も呼ぶことなしに消えてゆくし、注がれる視線もことごとく虚空に吸いこまれてゆくしかない」[8]という文言を含む。ここには、「映画を語ろうとする」者が陥らざるをえない失語や盲目のごとき危険を承知の上で、なおも映画を語ろうとして闇に向かう覚悟が示されている。

その闇に何を求めるのか。それを蓮實は「映画のうしろ姿」と呼ぶ。たとえば、「われわれがふつう映画だと信じこんでいるものは、実は遥かに捉えられるその朧げなうしろ姿でしかなく、いままさに地平線のかなたに没しようとするその瞬間に、われわれの視線が達することのない地点に氾濫している光をうけて闇の中にはなつ束の間の輝きでしかない」[9]と書く。この「うしろ姿」についてさらに、「われわれが映画を語ろうとするとき、映画はどこにも存在しておらず、そのうしろ姿ばかりがときおり闇の中に不気味な反映をちらつかせているにすぎないのだから、映画を語ることは、とりもなおさず、作品の痕跡すらとどめていないこの闇の厚さを、身をもって実感することにほかならない」[10]と続ける。「うしろ姿」の正体、あるいはむしろ「うしろ姿」がかろうじてその不在を示唆する当のもの、それは「作品」なのである。

そして、「その束の間の残像によってしか人目に触れることのない作品は、いかに綿密に張りめぐらされた意味解読の網であろうとたくみにかいくぐり、茫洋たる事物の海のただ中へと見るものを置きざりにしながら豊かな自己増殖をくりかえし、充実したフォルムづくりに没頭するのだが、重要なのは、まさに姿を消そうとする瞬間に、瞳という瞳から視力を奪う危険な閃光を発することで、その不在すらを人に感知させない秘密を心得ていることだ[11]」と進む。ここで「作品」の「作品」たるゆえんがフォルムすなわち形式の自己生成にあることが明らかにされるのだが、強調されているのは、それをとらえることがまさに至難の業であることだ。ここでの「フォルム」の意味については、たとえば『駅馬車』（39）の追跡シーンにおける「この敵意に満ちた視線の充満する開けた空間上の疾走という姿勢が、あらゆるジョン・フォードの作品のフォルムの特質をかたちづくっており[12]」といった記述が具体的な手がかりになる。

引用はこれくらいにして、「映画・この不在なるものの輝き」の論点を抽出してみよう。映画はスクリーンに映されるや「作品」の束《つか》の間《ま》の残像をわずかに閃かせながらたちまち闇に没してゆく。あえて映画を語ろうとする者は言葉や視力を奪われるかのような自己の崩壊に耐えながら、最終的に追いつくことはできない「作品」のフォルムがその先に立ちあがる瞬間をめざして、ほとんど絶望的に闇と向き合う。蓮實はそのフォルムについて「フォルムの有機的な統一性[13]」や「透明なフォルム[14]」を語りもしているが、ここでは深入りしない。要するに、「映画を語ろうとする」者が追い求める「不在なるもの」の正体は「作品」であり、その「作品」を成り立たせるのはフォルムであり、しかし、それらをとらえようとする企ては、つねに「見えてはいないものへの渇きにほかならぬ「批評体験」の歩み[15]」として、映画の運動を事後的に模倣し続けるしかない。さしあたりこれくらいのことを確認すれば足りる。

ところで、一九七九年の泰流社版の『映画の神話学』では、杉浦康平と鈴木一誌による突拍子もないブックデザインが、「映画を語ろうとする」者の困難の自意識を体現してもいた。この本は今では文庫版で読まれるのが通例であろうから、この機会に触れておいてもよいだろう。四六判の硬表紙で銀色のカバーの背には「映画の神話学」ではなく、「[蓮實重彥]」による「映画の神話学」が」とある。カバーの表はその続きで、「[映画の神話学]」としてしか読まれ／えぬことの制度的残酷さを稀薄／なる表層体験として虚構化する／[蓮實重彥]の過激なる模倣と反復」と四行に分けて黒々と活字が並び、その間に白い細かい文字で本文からの抜粋が印刷されている。先の傍点は原文のとおり。裏表紙には一二名の映画監督の名が列挙されている。ところが、その銀色のカバーをむくと、裏手の高台に真っ白な洗濯物がひるがえる農家の光景をあしらった本体のその背に、こう刷られている。「[蓮實重彥]は「映画の神話学」を回避する」。呆気にとられ、笑うしかない。ちなみに、著者名と書名を挟む記号は文字の半ば以上にかかっていて、ここではやむなく代用したがブラケットではない[16]。そのカバーや本体を含めてカール・Th・ドライヤーの『奇跡』(55)のコマ抜き画像が本のいたるところを覆っているのも——本文中の文字の背景に白黒の画像が重なって読むのに苦労する箇所さえある——、「間違っても読まれてはならず、ただ手にとって、そのふるえを素肌で触知されることで役割を完璧に閉ざすことができる[17]」というこの本にふさわしい意匠なのだ[18]。

そんな奇矯なパフォーマンスまで演じてから一七年、「映画・この不在なるものの輝き」の初出からは四半世紀が過ぎ、文庫版の「あとがき」で著者は、この間に「映画をめぐる言説は何らかの変質を蒙ったはず」と書くことになる。それはいかなる変質だったのか。『監督 小津安二郎【増補決定版】』で追加された三つの章は原著の序章と終章を含む九つの章とはやはり異質であるし、一九七七年のジョン・フォード論と二一世紀のそれとの間には大きな隔たりがある。詳細な検討は将来の映画批評史の研究者の手に委ねたい。ともあれ「言説の変質」とは、その内容や文体以前に、まずもって言説の生産の条件や対象の変化であるだろう。

たとえば小説の読者は、本のページをめくるのを中途でしばらく止めたり、あるいは前に戻ったり先に跳んだりすることも自由自在だ。同じことが映画でも、ＤＶＤなどの手軽な記録媒体に収めることで可能になった。「細部の確認」も思うままだ。それによって「不在」の「うしろ姿」などではない現前する「作品」に追いつき、その全体像をとらえることができるようになった、ということなのか——。いいや、そうではない。文学においても「作品」は活字として現前するわけではない。先に引用した「映画・この不在なるものの輝き」の中の「われわれがふつう映画だと信じこんでいるものは［…］束の間の輝きでしかない」という件《くだり》は、次のように続いて文が結ばれる。

束の間の輝きでしかないのだから、この一瞬の残像とわれわれとの間に口を拡げている深淵は、文学作品の読者と活字のつらなりとをひきさいている距離がそうであるように、ひたすら無限大であることをやめようとはしない。(19)

確かに小説でも映画でも、細部を確認することができてもその細部に「作品」を還元することなどできはしない。「作品」は細部で構成されているにしても細部の単なる総和ではない。映画がＤＶＤなどの形態をとっても「作品」は「朧げなうしろ姿」であり続け、映画を語ろうとする者はやはりその「不在の輝き」を追い続けるだろう。だから問題は「細部の確認」が技術的に容易になったこと自体にはない。ついでに言えば、非凡な注意力や記憶力が批評家としての卓越性の証しでなくなった、などという話ではもちろんない。

　ここでの真の問題は「映画を論じるにあたって論者が向かいあうことになる対象の変化」である。その対象とは最終的には「作品」にほかならない。すなわち、アーカイヴ的環境の形成にともない、映画を語ろうとする者の固有の対象である「作品」の存在様態がいかなる変化を遂げたのか、それを問わなければならない。だが言うまでもなく、映画が「作品」であることがすでに自明のことではなく、「作品」を追い求めて映画を語ることは映画との間で結びうる関係の中でも特殊なものなのだ。ひとまずそのあたりにまで戻って考える必要がありそうだ。

2　映画の生、死に臨む生

　蓮實重彥が「映画・この不在なるものの輝き」を発表したのとちょうど同じころ、評論家の上野昂志も映画について書くことの困難それ自体を問うていた。[20]上野は、「映画をひとつの独立した対象として、独自の表現論理をもった自律的な作品として扱おうとする限り、映画について書くとはどういうことかが問題にならざるを得ない[21]」と述べているように、映画を「作品」として論じること自体を「問題」として強く意識していた。しかし上野の場合、その自覚は映画を語ること以前のいわば映画を生きることの感覚に根ざしていたのだと思われる。

一九六九年に欧州旅行から帰った日本のある監督が、現地の映画祭で行われていた上映後の作家と観客との討論集会を「五月革命の波がもたらした学生運動の方法がとり入れられている」実践として高く評価する文章を新聞に発表した。上野はこれを痛罵した。

討論集会も大いに結構、映画を観終るやいなや、ガンガン批評し合い、「見る側の主体の発見」に努めることも結構、だが、それがどうした、と言いたくなるのだ。ここで問題になっているのは、作家と、その作品を観てあれこれと喋べりまくる人間たちだけじゃないか。どうやら、一個の芸術作品を中心にして、その周辺でばたばたしている知識人、亜知識人の動きが、明日の映画にとって大問題で、その背後の沈黙なぞはとんと視野に入らないらしいが、何とも気楽な話だ。(22)

「それがどうした」――。むろん上野は映画について言葉を発すること一般を否定するわけではない。だが、「背後の沈黙」を意識することのない知識人や「亜知識人」のお喋りが許せないのだ。この「沈黙」とは知識人ではない大多数の観客を念頭に置いているのに違いない。とはいえ、一般の観客にも発言の機会をもっと与えるべきだという主張でもない。映画を観たあとで映画を語ろうとすることなくめいめい自分の日々の営みに戻る人々の「沈黙」、おそらく「大衆」だの「民衆」だのと対象化されることも拒むであろうその「沈黙」が、上野にとって不在の準拠点となっているようである。だが、上野自身は最初の著書『沈黙の弾機』の奥付に記されているとおり、大学院で中国文学を専攻して今は評論を仕事とする知識人にほかならない。だからこそ上野は「映画館の暗い椅子の中で、さて、ほかならぬひとりの観客でありつづけようとしている私の視線をとらえるのは、たとえば高倉健の不思議な悲しさをたたえた背中にほかならない」[23]という書き方をする。これを擬態と呼んでは失礼かもしれないが、この「沈黙」の擬態はこの上もなく貴重である。同じ文章で上野はこうも書いている。

もちろん、受ける印象には個人的な差があるけれども、記憶の底からたぐりよせたとき、映画はまず場面とともに思いだされるのだ。そして、観ることにあたう限り忠実であろうとすれば、私の内には幾多の場面しかなく、書くこととの断絶はいよいよ深まるばかりである。[24]

断片的な「場面」しか思い出せないのだから映画を「自律的な作品」として論じることはありえない。いや、「うしろ姿」であれ何であれ、そもそも「作品」は問題になりえないのだ。次の長い一文の逆接でつながれている前半と後半を置きかえれば、そのような「沈黙」の立場をはっきり引き受けることになる。

藤純子がきれいだった、ということは、私の記憶のうちにしかなく、無論、ひとつの映画がそのようにして私の内にある限り、この一点だけは疑いようもない現実として据えることによってしか、私は何事も語れないのであるが、にもかかわらず、そのようにことばとしてあらわした瞬間、なにやらこのことばの周辺からあやし気な雰囲気が立ちはじめ、今書きつけたことばが、なんとも不確かなものとして見えはじめるのだ。[25]

それを語ることが困難であっても、私の記憶の中にしかない場面は「私の内にある限り［…］疑いようもない現実」なのだ、と言おう。

映画館の暗がりに身をひそめる「ひとりの観客」にとって、観終わったあとの映画とは「幾多の場面」の記憶である。映画を語ろうなどと企てることなく映画を観ることは、自分の心を動かした「場面」が記憶の中で生き続け、ときには変化したり消え去ったりするのにまかせることだ。断片的な場面の記憶としての映画は、そのようなものとして私の過去と現在と未来を生きる。映画の一部であった場面は私の精神の生を形成するイメージとなるのだ。これを私たちそれぞれの〈映画の生〉と呼ぶならば、「作品」はこの生の領域に属するものではない。だから、映画について話したり書いたりする者でも「作品」を追い求めようとするのでないかぎりは安んじて自分の映画の生を生きることができる。一般の観客が口にする感想であれ映画ファンが趣味で綴るノートであれ、あるいは仕事としてしかるべき苦労は伴うにしてもジャーナリズムの批評家が執筆するレビューであれ、そのかぎりにおいて特別な困難はない。かつて後者がしばしば「印象批評」と非難されたのは、そもそも「作品」を志向しないというその特質に起因するのかもしれない。

それに対し、あえて映画を語ろうとすると、つまり「作品」を求めようとすると、誰よりも映画の生を濃密に生きているはずの者でさえ自分自身の映画の生に自足できなくなる。『映画の神話学』に続いて一九七九年に出版された『映像の詩学』所収のハワード・ホークス論において、蓮實重彦は『脱出』(44)でハンフリー・ボガートとローレン・バコールの間を往復する「ライター」を論じながら、「あるいはライターではなくマッチ箱だったかもしれないが、というよりいまやマッチ箱であったという確信の方が遙かに強いのだが、とにかくこの喫煙具は」[26]云々と、いったんは記憶を修正するかに見えて、にもかかわらずこの文章全体を結局「ライター」で押し通している。このゆらぎがどうも気になったので、私は七七年刊行の初出誌にあたってみた。すると、漠然と予期したとおり、「というよりいまやマッチ箱であったという確信の方が遙かに強いのだが」という文言は元の文章には存在しない[27]。『映像の詩学』へ収録するにあたって強引に挿入されたのだ。

まさにその論集の「あとがき」で蓮實は、「映画について書くことの技術的な困難として、フィルムが目の前に存在しないという事実」を踏まえ、「記憶の中で曖昧に揺れているイメージを何とか鮮明なものにしようとするあまり、信頼すべき友人の何人かを深夜の長電話で辟易させた思い出もこの書物にはまつわりついている」と書いた[28]。友人との会話によって記憶をよみがえらせようと試みるのは、それ自体は映画の生を他者と共有する楽しみかもしれない。だが、先の「深夜の長電話」はそれが目的ではなく、「作品」を求めて映画を語ろうとする際の一種の強迫的な行動であることが重要だ。自分の記憶の限界を超えて「作品」の手がかりとなる事実を確認したいという衝動に駆られているのだ。事実は映画の生の外部にあるからである。

しかし今や、個人の映画の生が外部の力にさらされるのは、頼まれたわけでもないのに「作品」を求める例外的な批評家だけの事態ではない。技術の革新や制度の整備によってアーカイヴ的環境が形成されたために、さしあたり「作品」の追求とはかかわりなく、誰の身にも起こりうることになった。誰の身にも起こりうることなので、具体例を私自身の個人的な体験からとることにしよう。

一九五五（昭和三〇）年に生まれた私は、幼いころから父母が映画を観るのによく連れて行かれた。両親は人並み以上の映画好きだったわけではないけれども、日本の年間の映画観客数が一〇億人を超えた時期である。我が家にテレビが入るのはまだ少し先のことだ。父（一九一四年生まれ）が東映の時代劇を好んでいたので、私も常連の俳優には精通し、かよっていた保育園の保母さんが花園ひろみに似ているのが気になったりもした。ときには外国映画を観ることもあった。娘時代にゲイリー・クーパーのファンだったという母（一九一八年生まれ）のアメリカ映画への憧れによるものだったと思う。その後、やや年の離れた姉たちについて行った短い時期を経て、小学校の高学年になると一人で街の映画館に通うようになる。今日とは違い、料金は安かったし、いつでもふらりと入ることができた。

こうして現在まで、映画を観ることは私の格別な楽しみの一つであり続けている。しかし私はいわゆる映画狂《シネフィル》ではない。映画研究者の藤井仁子によれば、シネフィルとは「ときには大切なほかの何かを犠牲にしてでも年に百本、千本と映画を見、のみならず映画について書かれたものを読みあさり、シネフィルどうし顔を合わせれば激しい議論を戦わせる。たとえ読まれるあてがなくとも、自ら批評を書くことに情熱を燃やす」といった行動によって特徴づけられ、彼らのシネフィリアすなわち映画への特殊な愛情が「その人の感性や実存さえ左右するほとんど生き方そのものの問題」であるような人たちである(29)。残念ながら、と言うべきだろうか、私には当てはまらない。学生時代に年間数百本も映画館で観るような急性ないし一過性のシネフィルをかつては周囲に見かけたものだが、私にはそのような熱狂の季節もなかった。今では映画にかんする論文を書くことを仕事の一部とするようになったとはいえ、むろん、ジャーナリズムで新作映画の批評を生業とする人々とは異なる生活を送っている。その意味で、私はあえて擬態を要するまでもなく、上野昻志の謂う「背後の沈黙」の側の「ひとりの観客」のままなのだ。

そんな私にも、「私の内にあるかぎり」は「疑いようもない現実」である場面の記憶がいくつかある。それらの場面は、ささやかなものではあるけれども、まぎれもなく私の精神の生の一部をなしている。その中で、幼いころに観た映画の二つの場面の記憶がアーカイヴ的環境の形成によって試練に直面させられることになった。

最初は『地球の危機』（61、アーウィン・アレン。日本公開は一九六一年一〇月一一日）だった。なぜか突然、ヴァン・アレン放射帯が燃え出して高温にさらされた地球の危機を、みずから設計した原子力潜水艦を活動の拠点とする科学者（ウォルター・ピジョン）が救うSF映画だ。私の心に残っているのは超ロングショットで、空いっぱいを覆う真っ赤な炎を埠頭の小さな人影たちが見上げてうろたえている光景である。ところが一〇数年前にテレビ放映された『地球の危機』には、私の脳裏に文字どおり焼きついているその画面が存在しなかった。その後、市販のDVDを見たが、やはり問題のショットはない。DVD版の再生時間は一〇五分で、アメリカ映画協会（AFI）のオンラインカタログの表記でも同じ尺である[30]。私が映画館で観たそのプリントを確認できない以上、そこにその画面が存在しなかったことを完全に立証することはできないわけだが、常識的には私の記憶違いということでおさまる話だ。DVDを見直してみると、画面はほとんど潜水艦の内部か海中の光景であり、赤々と燃えている空が映るのは潜水艦が浮上する数回だけであるから、私はその数少ないショットを素材にして自分だけのイメージを作ったのかもしれない。そこで気になったのが、『地球の危機』とほぼ同時期に観たことが確実な別の映画の記憶である。『コマンチェロ』（61、マイケル・カーティス。日本公開は一九六一年一二月二〇日）という西部劇で、潜入捜査をはかって敵にとらえられた二人の主人公（ジョン・ウェインとスチュアート・ホイットマン）が、テキサスの灼熱の太陽の下、巨岩に渡された横木から両手に絡めた革紐で吊るされる、その姿を鮮明に覚えていたからだ。市販のDVDで確かめた結果、こちらはほぼ記憶していたとおりの画面が存在した。

もう一つのケースは、記憶の確かさに疑義が生じながら未確認のまま放置している。それは東映の時代劇で、竹矢来に囲まれた刑場に引っ立てられた大川橋蔵の白い顔に、真っ赤な焼き鏝《ごて》が近づけられる瞬間である。この恐ろしいイメージを私は『新吾十番勝負』(59)で観たと信じていた。ところが、一〇年ほど前にテレビで放送された『新吾十番勝負 第一部・第二部 総集版』(59)や『新吾十番勝負 第三部』(60)に、そのような場面を見つけることはできなかった。大川橋蔵が葵新吾を演じたこのシリーズは『新吾番外勝負』(64)まで合計八本も製作された。親に連れられて映画館に通う習慣は家にテレビが入った六二年ころからなくなったはずだが、六一年の『新吾二十番勝負』と『新吾二十番勝負 第二部』まではは候補から捨てきれない。VHSはシリーズの全作品が発売されたようなのでその気になれば視聴して確認できるかもしれない……。

居心地の悪い思いをしながら徹底調査を行う余裕もないまま時が過ぎた二〇一四年の初め、私はその場面の記憶のもとであったかもしれない別の映画を観た。当時携わっていた共同研究の必要から東京国立近代美術館フィルムセンターに特別映写観覧を申請した『紅顔の密使』(59、加藤泰)である。舞台設定も画調も私の記憶とは明らかに異なるけれども、敵にとらえられた大川橋蔵の顔に焼き鏝が当てられる場面はそこに歴然と存在したのだ。公開の時期も『新吾十番勝負』の最初の二作に近く、私はまだ四歳にもなっていなかった。ひょっとすると、わが生涯の最初の映画の記憶は加藤泰の作品かもしれないと、のちにこの監督の熱烈なファンになった私は勝手に喜んだのであるが……。

「記憶が合成されたのではないですか」――私のそんな話に耳を傾けてくれていた友人の冷静な指摘に虚を衝かれた。なるほど、東映の時代劇を続けて観るうちに、幼い私の心の中で複数の映画の舞台設定や人物やアクションが混じり合い、一つの画面の記憶として残された、そんなこともありそうだ。記憶というより夢に近い。そもそも映画の場面の記憶は現実の経験や出来事の記憶とは異なる。それはむしろフロイトが「物質的現実」と区別した「心的現実」に近いものかもしれない。『夢解釈』の最後の方に「無意識の欲望を、その最後的で最も真なる表現において、自分の目の前にしたならば、人は必ずや、心的現実は物質的現実と混同してはならない特別な存在の様式［eine besondere Existenzform］であると言うに違いない[31]」と書かれているように――。その意味で、幼いころの映画の記憶がどれも酷熱と暴力で肉体を苛まれる犠牲者のイメージを中心に据えているのは、私のいかなる無意識的欲望に根ざすのか、自分でもいささか不安にならないでもないけれど、それは別の話だ。ここでの問題は、独自の実存形式である心的現実のもともと定かならぬ根拠を物質的現実が問いに付す事態なのである。

　現代社会では、心的現実と物質的現実という精神分析的な区別を持ち出すまでもなく、人間の知覚や記憶の正当性が、容易に利用可能な記録装置によって相対化される。たとえば、すでにアメリカン・フットボールのNFLなどで定着した「チャレンジ」の制度が典型的だ。審判が肉眼で瞬時に下した判定に対してヘッド・コーチが異議申し立て《チャレンジ》をする。それを受けて審判はオフィシャル・レビューを行う。映像の記録を確認し、明白な証拠が映っていればフィールドでの判定を覆さなければならない。機械的な記録の存在と利用可能性がつねにすでにファクトチェックの圧力をかけているのだ。スポーツの世界だけでなく、監視カメラの遍在にも現れているように、今やこのような状況は一般化した。これこそがアーカイヴ的環境である。

　映画の記憶はどうだろうか。映画の場面の記憶は現実の経験や出来事の記憶とは異なり、イメージの記憶だ。それは無意識にも似て通常の時間の秩序には属さない独自の心的現実を生きてゆく。それを過去の物質的現実に差し戻すのがアーカイヴの機能である。しかし、スポーツの判定とは異なり、チャレンジされた結果、私が記憶している画面がその映画に存在しなかったり記憶と異なっていたりすることが判明しても、「私の内にあるかぎり」は「疑いようもない現実」である場面それ自体が修正されることはない。私の映画の生は続く。とはいえ、事態が何も変わらないわけではない。私は自分の精神の生を否定されてしまわないまでも、その限界ないし外部に直面させられるからだ。このような、心的現実に対する物質的現実、私の記憶の限界とその外部、他者に向けて開かれた領域は、決して私たちになじみのないものではない。私が自分の親しい記憶や空想にもとづいて自己の同一性に安住することを許さない外部の領域、つねに資料にもとづいて事実の検証を迫る他者の審級、それはすなわち「歴史」にほかならない。アーカイヴ的なものは、私たちをまさに歴史に直面させる機能を持つのである。

それでは次のようなケースはどうだろうか。公開から長い歳月を経て、フィルムが劣化したある作品に修復が施される。たとえば、現存している当時の担当カメラマンの記憶にもとづいて色彩や明暗などの画調に手が加えられる。ところが、その修復版を観て、いや、ちょっと違う、これは自分が記憶していた画面よりも全体的に少し暗いようだ、などと違和感を抱くファンがいるとする。このとき、このファンの映画の生は歴史の試練にさらされているのか。そうではあるまい。そのようにして修復されたフィルムは、そのカメラマンによる現時点での改訂版であり、オリジナルの復元ではないからだ。この場合、そのファンの映画の生が直面するのは歴史ではなく、むしろ、現在におけるアーカイブ的な力の行使なのである。

ともあれ、アーカイヴと歴史が密接に関連すること自体は一般的ないし理念的には当然である。だが、アーカイヴ的環境が、映画の生がまさにそうであるような私の精神の生に対して開く歴史の意味は必ずしも自明ではない。歴史とは、精神の生にとってはそのまったき他者であり、すなわち死にほかならないからだ。歴史によって私たちの精神の生は死に臨む生になるのである。だからこそ、歴史を記憶に回収することでその他者性を否認して個人や共同体の生の同一性を固守しようとする心性も珍しくはないのだが、その企ては錯覚にもとづいている。

これに類する錯覚を非情なまでの明晰さで暴いたのが『知の考古学』のミシェル・フーコーだった。フーコーは歴史を「歴史」としてではなく言説のシステムとして記述しようとした。正確には「言表のシステム」であり、フーコーは独自にそれを「アーカイヴ［archive］」と呼んだのであった[32]。言説の生産はそれに固有の規則に従うものであり、そこで主体は不関与である。それゆえ、言説なるものを自己の意識や内面に由来し自己の主体性や同一性を確証するものだと考えたい者は、言説の外部性や他者性を認めようとしない。そのような人々は次のように反問するだろう——「言説の時間が、歴史の次元へともたらされた意識の時間でもなく、意識の形式のうちに現前する歴史の時間でもないということを、認めなければならないというのか。私は、自分の言説のなかで自分が生き延びることなどないと考えなければならないのか。そして私は、語ることによって、自分の死を追い払うのではなく自分の死を確立するのだ、というよりもむしろ、私は、あらゆる内面性を、私の生にかくも無関係でかくも中立的な外へ、私の生と死とのあいだに差異を設けることのないその外へと廃棄するのだ、と考えなければならないのか[33]」。——それに対してフーコーは、その不快感は理解できるけれどもまさにそうなのだ、と断言する。「言説は生ではない。言説の時間はあなた方の時間ではない。言説のうちで、あなた方が死と和解することはあるまい[34]」。

そして話を映画に戻せば、あえて「映画を語ろうとする」者が追い求めるべき「作品」は、今や、まさにこのようなアーカイヴの領域——「私の生と死とのあいだに差異を設けることのないその外」——から、まったく新たな様態で出現してくるのである。

3　アーカイヴの亡霊

蓮實重彥の「映画・この不在なるものの輝き」において見のがしてはならない重要な論点は、その「うしろ姿」や「束の間の残像」やまさに「不在なるものの輝き」としてしか私たちにとって存在しえない「作品」をとらえようとする企てが、見ることと語ることにおける自己の「崩壊を賭けることなしには」遂行されえないということである。たとえば「批評と崩壊意識」と題された最初の節の冒頭まもなく、『2001年宇宙の旅』(68) のエンディングに言及しつつ、「存在の崩壊を賭けることなしには通過しえないこのマグマ状の混沌を何とか脱却しえたところで、そのはてに遭遇しうる現実はといったら、自分でありながら自分とは無縁の生命体へと変貌しつくした自分自身でしかないだろう[35]」と雄弁をふるい、節の末尾では「自分から自分を引き離しながら刻々かちとってゆく苦しげな存在確立の歩みを、われわれはとりあえず「批評体験」と呼んでおく[36]」とまとめる。要するに、映画を語ることとは「作品」を追い求める脱自の、企てならざる企てなのである。従来の日本の映画批評においては、「印象批評」はもちろん戦後に批評主体の確立が唱えられた際にも、映画を語ることは自己を語ることだとみなされる傾向があった[37]。それに対して、一貫してその現前ではなく痕跡を問題にする形で「作品」の脱自的な追求を論じた蓮實の文章は、その意味でも画期的な意義を有するのだ。

だが、その「作品」の存在様態がアーカイヴ的環境の形成によって変容したのである。蓮實重彥は、映画の「うしろ姿」は「いままさに地平線のかなたに没しようとするその瞬間に、われわれの視線が達することのない地点に氾濫している光をうけて闇の中にはなつ束の間の輝きでしかない[38]」と書いた。私なりに言い換えると、それは、映画の夜と日常の昼との間の薄明にしか、あるいは夜の深さから暁の到来にかけての時の隙間にしか現れない。「映画・この不在なるものの輝き」が著されたころには、それはどこまでも逃れ去ってゆく「うしろ姿」でしかなかった。しかし、アーカイヴの時代には、その気になれば細部を確認することができるだけでなく、むしろ記録それ自体の異議申し立ての権能によって、「作品」は、あたかも夜が深まってから現れて私たちに何かを訴えかけてくる『ハムレット』の亡霊のようなものになった。映画を語ろうとすることは、今やまさに、それが去ろうとする暁に、その呼びかけに応えて私たちの側から問いかけを返す行為なのである。ホレイシオのような正気の「学者」というよりも、むしろ自己崩壊の危険にあえて身をさらす「向う見ず」の者として――。

ところで、アーカイヴの亡霊性については、かつてジャック・デリダが、あるユダヤ文化史研究者によるフロイト論の読解という形で、しかしきわめて抽象的な水準で論じたことがある。デリダによれば、アーカイヴの構造はそもそも亡霊的である。

> それはア・プリオリに亡霊的である。すなわち、それは「生身の」現前でも不在でもなく、見えるものでも見えないものでもなく、つねに別の痕跡へと送り返す痕跡であり、その眼差しは、面頬の能力のおかげでハムレットの父の眼差しがそうならないように、その痕跡と決して交わらないであろう。(39)

デリダのアーカイヴ論は、同時に始源であり掟である「アルケー」を創設して記録を保存・管理する権力やその破壊欲動との根源的関係などを論じて示唆に富むことから、視聴覚アーカイブ活動の理念をまとめた文書で言及されたり[40]、近年の映画研究とアーカイブの関連を主題にした論文でもしばしば参照されたりしている[41]。『ハムレット』への言及はもちろんデリダ自身のマルクス論と関連を持つ[42]。

このような、アーカイヴと亡霊の主題体系が死や歴史に関する諸問題とどのように関連するのかというテーマは、むろん軽々に扱えるものではない。既出の論文を集成した本書の序章という場では、一連の仕事をめぐる事後的な考察がこのような難しい主題に直面するに至ったことを確認しつつ、あとは、今後の探究の導きとなりそうないくつかの批判的テクストを思いつくまま挙げるにとどめたい。

まず、鶴見俊輔が三遊亭円朝を論じた文章の一節を引こう。鶴見は、円朝の語りに「身ぶりとしての言語」の集団的象徴性を認め、その具体例を「真景累ケ淵」のおばけに見出した。そこでは「おばけはつねに、過去について当事者の後悔する部分、過去からぬけ出て来て当事者をつき動かす部分、過去から未来にむかって当事者を動かしている根源的な〔エゴを越えた〕精神力としてあつかわれている」[43]。そして鶴見は、円朝のおばけの概念は次の「模型」によく現れているとして、円朝が或る博識の人物から聞いたという幽霊譚を引用する。

蛇を壜《びん》の中へ入れてアルコールをつぎこむと、蛇は苦しがって、出ようくくと思って口の所へ頭を上げて来るところを、グッとコロップを詰《つ》めると、出ようと云う念をぴったりおさえてしまう。アルコール漬だから、形は残って居ても息は絶えて死んで居るのだが、それを二年許り経って壜の口をポンと抜いたら、中から蛇がずうッと飛出して、栓《せん》を抜いた方の手頸《てくび》へ食付《くいつ》いたから、ハッと思うと蛇の形は水になって、ダラダラと落《おち》て消えたが、是は蛇の幽霊と云うものじゃ。〔…〕出よう

〳〵と云う気を止めて置きますと、其気《そのき》というものが早晩《いつか》屹度《きっと》出るというお話。[44]

鶴見はこの引用に続けて、「制止された行動の姿勢（アレスティッド・モーション）をよぎなくされた被害者の執念が、そういう行動への可能性をたちきった加害者によってその後しばしばおばけの形をとって思い出される」と注釈を加えている。[45] この幽霊譚における制止されたものと動き出すものとの関係を、写真と映画のアナロジーとして考えても面白いかもしれない。しかし、ここではアーカイヴと歴史の関係をめぐるアレゴリーとして読む方向をとりたい。具体的なアーカイブ活動に関連づけるといささか不穏当かもしれないが、より一般的なアーカイヴ的環境における歴史の加害者と被害者との関係とみなせば、その語りの躍動的な身ぶりもあいまって、文字どおり「模型」として活用できそうだ。

おばけと言えば、ホルクハイマーとアドルノにも「幽霊の理論」と題する断章がある。著者たちは、亡霊信仰の起源を死者への罪責感に求める考え方に対して、死者と生者の切断よりも連続性を重視することを提唱する。

> 絶滅を前にしての完全に意識化された恐怖だけが、死者への正しい関係を設定する。そこでは死者と生者は一つになる。なぜならそこではわれわれもまた死者たちと同じ情勢の犠牲者であり、同じ挫折した希望の犠牲者だからである。[46]

ここでの「死者への正しい関係」とは、そもそも亡霊なるものを追い祓うことを意味するのかもしれない。しかし、むしろ亡霊との正しい関係として読むべきではないだろうか。まさに亡霊の呼びかけに対する応答によって死者との関係を再構築することが重要であるからだ。その意味で、最後にルイ・アルチュセールの次の文章を、亡霊こそ登場しないけれどもアーカイヴの時代のありうべき「批評体験」に迫るものとして引用し、この序章を先に向けて開くことにする。

同じ戦争が戸口に、われわれの間近に迫る。自分の心の中ではないにしても、同じ恐ろしい無分別にとらわれる。われわれの目には同じ灰、口には同じ土が入る。われわれは同じ暁と同じ夜を経験し、われわれの無意識という同じ深淵に落ちることから危うく逃れる。われわれはまさに同じ歴史を分かち持つ。——すべてが始まるのはそこからだ。(47)

第1部　瓦礫の中から——敗戦と被占領の諸相

I　敗戦後日本のヘテロトピア
——映画の中のヤミ市をたずねる

「……解放感？　笑わせてはいかん。あったのは、絶望と暴力——この二つだ。
あとは、何もない。戯言《たわごと》を言うてはいかん」。

——小林信彦『紳士同盟』

もう一〇数年前になるが、映画の中で描かれた東京について短い論考を求められたことがある。かねてから映画の都市表象にかんする常識的な見方に不満を抱いていた私はこれを好機と受けとめ、とりあえずの所見を寄稿した。

私の不満の先は、ジャーナリスティックな批評であれ学術的な研究であれ、映画の中の都市表象を映画外の現実の場所の同一性に還元する傾向にあった。なるほど映画はその写真映像の特性として記録や伝達の機能を持っている。過去や現在の風景や建造物を画面上に見出し、それらを資料や情報として何らかの考察を加えることはもちろん可能であり有益でもある。しかし同時に、作品としての映画においては風景にしても建造物にしても現実の被写体は素材にすぎない。その素材にどのような形式が与えられて独自の映画的イメージが創り出されるのかが重要なのだ。言い換えれば、現実の東京について既存の知識を画面上で再認したり、そこから新しい知見を得たりすることよりも、「東京」という都市の特性が映画固有の形式によってどのように表現されているかを見なければならない――。

このような立場から、私は運動の形式に焦点を合わせ、「映画の運動は場所の同一性を廃棄する」ということは本質的な事柄ではない。要するに映画においては、映し出される場所が現実のどこなのかということは本質的な事柄ではない。むしろ映画は、現実の場所を、いわば非‐場所と化す。その特異な性格を解明するのに、ミシェル・フーコーの「ヘテロトピア［hétérotopie］」という概念が有効だと思われた。フーコーによれば、どこにもない場所であるユートピアとは異なりヘテロトピアはどこかに実在するのだが、他のすべての場所と関連しながら「そこに提示され反映され浮き彫りにされる諸連関の総体を宙吊りにし、無効化し、逆転させてしまうのである[2]」。

その論考を以下に置き、本章の第1節とする。戦後日本映画の中のヤミ市を論じるに先立ち、やや長くなるけれども都市の映画的表象という問題への導入としたい。

1　映画の中の都市――東京の場合

宙吊りの場所

商店街で「味噌や醬油を商っていた」生家の真裏が、その名も「新東京」という「日本映画専門の三番館」だった詩人の松浦寿輝は、自宅の窓辺にたたずみ劇場の裏側を眺めて過ごした「真夏の夕べ」をこう回想している。

その無表情な真黒の壁のすぐ裏側がスクリーンになっていて、そこに別世界の風景や人物たちの厚みのない映像が、裏表逆の姿で華やかに踊ったり賑やかに揺らめいたりしている、そしてさらにその向こうの暗闇に、こちらに向かって正面からじっと視線をそそいでいる匿名の群衆がひそんでいるというのは、これはまた何と不思議なことだろう。まことに、スクリーンの裏側というのはこれほどまでに何もないのである。[3]

表か裏か定かでない幕あるいは膜の上の風景で人影が踊っている、いや、揺らめいている。その裏側には何もない。表側にも何もない。まことに、映画が上映される現場とはこのような場所ならざる場所にほかならない。しかも、そのスクリーンに映し出される映画の中の場所にしても、そこが正確にはどこであるかということが映画の只中で宙吊りにされてしまう、そんな奇妙な「場所」である。映画はそれが上映される場所とそれが映し出す場所の双方を、いわば非-場所化する。哲学者ミシェル・フーコーの造語を借用すれば、それは「ヘテロトピア」、すなわち、あらゆる場所と関係しながらそれらのすべてに対して「絶対に他である用地」なのだ。[4]

なるほど、映画はどこか特定の現場《ロケーション》で撮影され、特定の場所を装置《セット》で再現しもする。物語の中でその場所の特性を利用するのは当然の手法であり、そのような場所や建造物などを同定することもその気になれば難しいことではない。たとえば二〇世紀の暮れ方に、評論家の川本三郎は「映画による東京時間旅行」[5]を企画し、みずから案内役を買って出た。一九六四年の東京オリンピックを境に失われた風景を探し求めて——。たとえば『東京物語』(53、小津安二郎)に復興期日本の明るさや穏やかさを見出し、東山千栄子と笠智衆の老夫婦が遊覧バスに乗る場面では、車窓を流れてゆく街路に、和光ビル、ワシントン靴店、鳩居堂、三愛などを識別してみせる。[6]

このようなヴァーチャル・ツアーは、画面上のある光景をどこか特定の場所にかんする情報の保管場所とみなすこと、いわば映画作品のアーカイヴ的受容によって可能になる。むろん写真映像であるかぎり、映画をそのような目的に利用することに何の不思議もない。しかし、映画はその外に存在する何か他のものを伝達するメディアやそれを保存するドキュメントであるだけでなく、機械的に再生産された運動それ自体を素材とする芸術形式でもある。そこに何らかのヴィジョンが創出される。そのとき、映像や音響は外部を代理したり保存したりする媒体としてよりも運動や変化に形式を与えるための物質的素材として使われる。それゆえ蓮實重彦は、あの『東京物語』の遊覧バスの場面について「あくまで緩慢なバスの滑走運動が説話論的な持続にまったく異質な時間を導入している」と指摘し、「このバスの場面は、ほとんど官能的といってよいゆるやかな滑走運動によって見るものの感性を武装解除してしまう」と続け、さらに「人は、種のない手品を前にしたときのように茫然自失しながら、説話論的な持続から置いてけぼりをくわされた自分自身を発見して深くため息をつく」と書くことができた[7]。遊覧バスがどこを通っていようと問題ではない、窓の外に見えるビルが何であろうと、あるいはバスの乗客がどのような人々であろうと、この運動の心地よさにとってはとりあえず何の関係もないのである。

都市の映画的ポテンシャル

映画と都市の関係という一見すると興味深い主題はこれまでにも多くの言説を生み出してきた。しかし、それらの多くはある種の退屈さをまぬかれていない。「映画の中の都市」を論じる際に場所の同一性を前提とした都市表象しか見ようとしないからだ。反対に、私たちがさしあたり認めなければならないのは、映画の運動は場所の同一性を廃棄するという事実である。たとえば『スパイダーマン』（02、サム・ライミ）や『スパイダーマン2』（04、サム・ライミ）の舞台にふさわしいのはなるほどマンハッタンに違いない。自動車の発明以前に区画が定められ、そのため狭いけれども十分な長さをそなえた直線の街路の両側に高いビルディングがひしめき合う空間であればこそ、あの独特な空中ブランコ状の移動が映画固有の喜びに満ちたアクションとして成立する。しかし、スクリーン上でスパイダーマンが躍動するとき、「マンハッタン」という場所の同一性は消失する。

映画的運動において同一性を消失する都市的素材で東京に固有のものがあるだろうか。自然条件や歴史的モニュメント、さらに見通し《ヴィスタ》やシルエットのいずれにおいてもみずからを代表する景観を欠くと評されたこともある東京だが[8]、たとえば首都高速道路はどうだろう。もちろん建造物としての外観ではなく、あくまでも映画的運動の条件としてである。アンドレイ・タルコフスキーの『惑星ソラリス』（72）がその首都高《しゅとこう》を未来都市の一部に見立てていることはよく知られている。風景があからさまに東京のそれだと認められることや道路標識や車体に記された日本語がはっきり映し出されていることに鼻白む向きもあるかもしれない。画面上の文字を読むことや画面上の風景を再認することしかしないのであれば、それも無理はない。だが、この場面の独特な浮遊感はそのような理解を宙吊りにしてしまうのだ。もっとも、そのような首都高の映画的ポテンシャルがつねに活かされてきたかどうかは怪しい。『キル・ビル』（03、クェンティン・タランティーノ）や『ロスト・イン・トランスレーション』（03、ソフィア・コッポラ）を見ると、それぞれ到着と出発の常套表現《トポス》に首都高が用いられていて、スタイルはまったく異なっていながらそこでの同一的な表象性と匿名の運動性はいずれも刺激を欠いた調和的イメージに収まっている。

「映画の中の都市」が真に出現するのは、場所の同一性と映画的運動によるその廃棄が画面上に苛酷な緊張を露呈させる瞬間にほかならない。その緊張の只中で写された場所は変容を遂げ、運動に具現された一つのアレゴリーに生成する。つまり「映画の中の都市」とは、映画の持続それ自体の内部に顕現する都市空間と身ぶりとの関係性であり、運動の形式において可視的となる映画固有の都市の真実である。

『東京物語』の〈居場所のなさ〉

『東京物語』の遊覧バスの心地よさはまさにこの点に関連している。子どもたちに会うために尾道からはるばる上京してきた老夫婦が義理の娘と一緒にバスに揺られている。なるほどこの場面を特徴づけているのは、蓮實重彥が「武装解除」、「屈託のない動揺」などと表現しているように、何よりもまず緊張からの解放である。しかし、その解放を「説話論的な持続」に導入された「まったく異質な時間」と言うのはどうだろうか。ここで問題にすべきものは、観る者が「説話論的な持続から置いてけぼりをくわされた」(9)と感じるほど突出した画面の「運動」だけではないだろう。実際には、この遊覧バスの場面は単に「異質」なのではなく、ほかならぬ「説話論的な持続」において他の場面と意義深いコントラストをなすがゆえに、解放的であり、かつ開放的なのである。

老夫婦が身を寄せる子どもたちの家は、長男（山村聡）の医院を兼ねた住宅にしても長女（杉村春子）の美容院を営む住居にしても、二人の老人を新たに迎え入れるには手狭な家屋であった。しかも仕事に追われる息子と娘はどちらも、両親をもてなす心と時間の余裕を持ち合わせていない。ゆえに笠智衆と東山千栄子は、その狭隘な空間の中に遠慮がちに、かつ所在なさげに身を置くしかない。画面の手前に物を置く構図が多用されていて、これは人も知るとおり作家小津安二郎の署名の一つだが、ここでは屋内の窮屈さと視界の遮蔽を強調する効果も発揮している。さらに、視線の遮断は編集でも強調されている。妻が戸外で孫を遊ばせ、夫は二階に座して二人がたたずむ遠方の土手を望む場面は、窓を排除することで、彼が本当に二人を見ているのかどうかを疑わせるつないぎになっている。視線の一致をずらすこのような編集も小津には決して珍しくないのだけれども、この場面ではとりわけ視線の先の不確かさが際立っている。あるいは長女の家の二階で妻が繕い物――小津作品における〈母親的なもの〉の視覚的モチーフで、ここでは長女から押しつけられた仕事――をしている間、夫は物干し台にのぼって暇を持て余している。夕空の下、台の隅に腰を落として膝を抱えた笠智衆の所在なさだけがあらわである。

伝統的家族制度の崩壊を描いたなどと言われもした『東京物語』において、しかし否定すべくもなくあからさまに写し込まれ、映し出されるのは、まさにこのような、文字どおりの「所在」なさ、〈居場所のなさ〉にほかならない。たとえば、一晩だけ長女の家に居られなくなった――つまり追い払われた――老夫婦が上野寛永寺の傍らで時間をつぶしたあと、こんな広いところではぐれたりでもしたらもう一生会えないだろうなどとつぶやきながらトボトボ歩き始めるのを、戦後の小津にあってはまれな移動撮影で追うあの場面（図1－1）。ここでむき出しになっている二人の老人のよるべなさを思い出してほしい。画面左奥に遠ざかる二人のこのような後ろ姿は、この映画においてすでに一度ならず示されていたのであった。東京での最初の晩、夕食の団欒のあと、「どうです、おやすみになったら」という長男の言葉に促され、老夫婦は二階に向かう。肉体の衰えのせいでぎこちなさを増した所作でゆっくりと腰を浮かせ、おやすみの挨拶こそすれ不可視の窓に視線を向けたままあぐらをかいている息子と、大の字になって寝入ってしまった孫との狭い隙間を通って、老夫婦は遠慮がちに身の置き場を移してゆく。画面奥の電球の光を受けて幽霊のように浮かび上がる二人の後ろ姿を、ここではロー・ポジションの固

図 1-1　『東京物語』より

図 1-2　『東京物語』より

定カメラが寡黙に見送るだけだ（図1－2）。このような動きや身ぶりに具現され反復される〈居場所のなさ〉こそ、『東京物語』における東京の実質なのである。

では、遊覧バスの場面はどうだろうか。老夫婦が乗るバスは、川本三郎が指摘したように「天井に窓のついた新型」である[10]。ここに至って視界は一挙に開け、車内に置かれたカメラは明るい外景の緩やかな変化をとらえてゆく。この開放感が緊張からの解放をもたらす一つの要因であるのは間違いない。しかしそれだけではない。単調というよりもむしろ微妙に不規則で軽やかな車体の揺れは、長男や長女の家で控えめなこわばりを強いられていた老夫婦の体を解きほぐしてくれる。のみならず、上京後の老夫婦はここで初めて逆説的ながらみずからの居場所を得られるのだ。遊覧バスの座席とは、田舎から上ってきた一時的滞在者が安んじて占有できる特権的な位置の一つだからである。彼らはそこで観光客という匿名の地位を与えられ、ただ運ばれ、眺めていればよい——あたかも映画観客のように。他の場面で老夫婦の〈居場所のなさ〉が強調されているがゆえに、ここでの気楽さはとりわけ見る者をもくつろがせる。こうして、この場面が魅惑的なのは、それが「説話論的な持続」から逸脱ないし陥没しているどころか、見事なまでに「説話論的な持続」における鮮やかな転調をしるしづけているからである。もちろん、遊覧バスの場面の意味が物語にもとづいて説明可能であることを強調したいのではない。それどころか、物語の深さにも画面の表層性にも還元できない非‐場所にこそ映画的思考が生起していると言いたいのだ。

「映画の中の東京」を経験するとは、画面と地図を照合して映画の舞台となった場所の地理上の位置を同定することでもなければ、現地を散策して土地の精霊（?）に触れることでもない。それぞれの映画の画面そのものに、運動の形式に具現された〈東京〉を見出すべきである。小津安二郎という作家一人においてもそれは一様ではないのだ。実際、ここで取り上げた〈居場所のなさ〉は多くの小津作品に通底している主題である。しかし、トーキー第一作『一人息子』(36)——当初のタイトルは『東京よいとこ』だった——では、野心を抱いて上京しながら競争に敗れた地方出身者の諦めと羞恥の微笑に〈東京〉が露呈している。長らく過小評価されてきた戦後の傑作『東京暮色』(57)では、出迎えてくれるべき家人が不在である玄関への毎夕のむなしい帰宅に〈東京〉が顕現している。戦後の小津映画で、登場人物の住居の外観、特に玄関が外から撮られることは珍しい。『東京暮色』では玄関前の坂道が重要なモチーフとして反復され、驚くべきことに外から玄関の正面が繰り返し撮られているのだ。もちろん小津でなければならないということもない。たとえば相米慎二監督の映画には独特のよるべなき〈東京〉がむき出しにされていないだろうか。場所の同一性に呪縛されるのでも匿名の運動に陥没するのでもなく、「映画の中にこそある東京」の豊かさを発見してみよう。

2　映画の都市表象としてのヤミ市

ご覧のとおり、かつて発表したエッセーでは、映画と都市の関係の一面だけを意図的に強調した。それは、素材としての都市の同一性が不関与になる映画的運動の形式である。とはいえ、そこには次のようにも書かれていた。

「映画の中の都市」が真に出現するのは、場所の同一性と映画的運動によるその廃棄が画面上に苛酷な緊張を露呈させる瞬間にほかならない。その緊張の只中で写された場所は変容を遂げ、運動に具現された一つのアレゴリーに生成する。[11]

ここでの「廃棄」という語は映画の運動の只中で生起する出来事の特性を強調しているのであって、状態の永続的変化を意味してはいない。重要なのは、映画において素材の外的同一性と形式の内的差異との弁証法的な緊張関係がアレゴリーを生むということだ。たとえばストローブ＝ユイレの『歴史の授業』(72製作)はどうだろうか。ブレヒトの小説『ユリウス・カエサル氏の商売』にもとづくこの映画では、現代の青年が古代ローマのカエサルの同時代人たちに取材してまわる。しかし全編八五分のうち三分の一以上を占めるのは、青年が自動車で現代のローマ市街を走る三回の恐ろしく長い移動ショットである。後部座席に置かれたカメラが、フロントガラスとサンルーフ越しに流れてゆくローマの光景と運転する青年の後ろ姿を延々と写し続ける。画面のほぼ中央に位置する小さなバックミラーに青年の目元がずっと映っていて、この単調な光景を内部からさりげなく異化している。これら三つの長回しのショットは、一九七二年の現実のローマの可視的なドキュメントであると同時に、歴史という不可視のヴィジョンに向けて視覚を宙吊りにする効果を持つ、それ自体が「歴史の授業」のカリキュラムの一環なのだ。[12]

敗戦後日本のヤミ市が興味深いのは、このような素材の外的同一性と形式の内的差異との一筋縄ではいかない関連が認められる点である。なぜならヤミ市は、それ自体が現実の場所としてヘテロトピアだっ、た、と想定できるからだ。ヘテロトピアについてフーコー自身は、互いに矛盾しているようにも見える雑多な事例と特徴を列挙するだけで必ずしも明確な説明を与えてくれたわけではない。けれども、あらゆる場所と関係しながらそれらのすべてに対して他である場所、という大まかな定義や、「ふつうは相容れず、相容れるはずもないような複数の空間を一つの場所に並置する」とか「開かれているように見えるが、既に事情に通じた者だけが本当にそこに入ることのできる」といった規定、さらには「最も本質的なもの」は「他のすべての空間への異議申し立て」である、[13]などの言明は、国家の統制に公然と叛《そむ》いて物資と貨幣を集積し交換したヤミ市という場にふさわしいではないか。だとすれば、映画の中のヤミ市は二重の意味でヘテロトピアであり、ここに映画のヤミ市表象の映像論的な独自性を認めることができるはずだ。[14]ただし、映画におけるヤミ市表象にかんしては、実際の写された場所がどこかという地理的な同定が問題になることはほとんどない。ヤミ市でのロケ撮影は容易ではなく、時代が下るにつれてヤミ市そのものが消えてゆき、その結果として映画の中のヤミ市はもっぱらセットで再現されることになるからだ。ゆえに素材の外的同一性と形式の内的差異との関係といっても、前者の同一性はより抽象的な水準で考えなければならない。

本章は以上のような観点から日本の劇映画におけるヤミ市の表象を論じる。この主題に関するモノグラフはまだ存在しない。そこで、まずは何らかの形でヤミ市が登場する映画作品を探索することから始めなければならない。この点で参考になったのが論集『盛り場はヤミ市から生まれた』に掲載された作品リストである。この「日本の戦後ヤミ市を総合的に扱う初めての単行本」[15]には文学作品のヤミ市表象を論じた部分はあるけれども、映画作品はまったく論じられていない。ただし、「ヤミ市関係文献・資料目録」の末尾に「ヤミ市を舞台とした映画」として一七本のタイトルが挙げられている。[16]このリストをもとに、私自身の調査で発見した作品を加えて本章の分析の対象とした。『キネマ旬報』などの映画雑誌や戦後日本映画史の関連文献を通覧し、ウェブ上の情報も参考にした。追加した作品は一〇本にも満たないが、きわめて興味深い作品が含まれている。言うまでもなく、論じる作品はすべて私自身が実際に見たものである。

本章の目的は、ヤミ市の映画的表象としての特性、ヘテロトピアとしての形態や機能を素描することにある。作品の製作背景やテクストと歴史的文脈との関連にはほとんど踏み込まない。時期もとりあえず占領期から一九七〇年代初頭までに限定した。その期間の中だけでも論ずべき作品は他にも存在するだろう。より徹底した網羅的研究が望まれる。とはいえ、事例の数は十分ではないにしても、敗戦後四半世紀ほどにわたる劇映画のヤミ市表象を概観する試みは、映画の夜を通して歴史の昼を再考するための一つの足がかりにはなるだろう(17)。

3　敗戦と時空の歪み――占領期(一九四〇年代後半)

敗戦後の日本映画でヤミ市が重要な役割を果たしている最も早い作品は、私が知るかぎりでは大映の『雷雨』(田中重雄)である。一九四六(昭和二一)年の夏に公開された。前節で言及した「ヤミ市を舞台とした映画」のリストでは、同年正月に一般公開された東宝の『東京五人男』(齋藤寅次郎)が最初に挙げられている。しかし、佐藤忠男が「瓦礫の街の喜劇(18)」と呼んで高く評価したこの作品の「舞台」はヤミ市ではない。農村への買い出しや闇屋らしき人々は描かれているけれども、そもそもヤミ市は登場しない。それどころか主な舞台は官製の配給所である。もっとも、私自身、別の場所でこの作品を「ヤミ市映画」に含めたことがある。[19] それはむしろ、この喜劇映画が物資の公正な分配を唱道し、闇取引の問題を批判的に取り上げているからである。やはり一月に公開された大映の『瓢箪から出た駒』（千葉泰樹）も、焼け跡の場面で始まり農村への買い出しや旧軍人による物資の横領と隠退蔵を題材とする諷刺喜劇だが、ヤミ市が描かれることはない。

図 1-3　『雷雨』より　©KADOKAWA1946（国立映画アーカイブ所蔵）

それに対して『雷雨』にはヤミ市が現れる。しかも一つのショットは明らかに実景だ。明るい陽光の下、画面左側を電車の高架線が奥へ伸び、その右下を露店と群集が埋めつくした俯瞰の超ロングショットである（図1-3）。次のショットでは、葦簀張りの露店の間を行き交う人々を少し高い位置からカメラが追う。このショットも、やや露出過多の自然光や人々の素振りから現地ロケの印象を受ける。別の場面での台詞でそこは「上野」と言われ、駅の「公園口」も登場することから推すに、最初のロングショットは上野のアメ横と想定される。[20] これは貴重な映像かもしれない。しかし先に述べたように、ここでの当面の問題は作品中でのヤミ市表象の機能と特性である。『雷雨』の場合、その機能は主人公の男女を偶然に再会させることにある。

主人公の山上（若原雅夫）は満州から引き揚げてきた軍属の機械工で、焼け跡で知り合いになった「青空稼業」すなわち露天商の兄妹の仕事を手伝っている。光子（折原啓子）はかつて山上と将来を誓ったものの、男が事故死したという誤報を信じて大学助教授と結婚し、子どももいる。この二人がヤミ市の路上でばったり再会する。見つめ合う二人の顔のクロースアップの切り返しが三回往復され、音楽はここぞとばかり劇的に高揚する。この再会によって二人は、戦争によって負わされた傷を癒す課題に直面することを強いられるのだ。

しかしなぜ、偶然の再会が当然のように実現してしまうのか。安易なご都合主義と切り捨てたりせず、大勢の人が集まるヤミ市だからそういうこともあるかもしれないと曖昧に納得したりもせず、真面目に受けとめてみよう。この映画でのヤミ市は、いわば時空の歪みを生じさせ、まるでSFのワームホールのように、過去と現在、外地と内地を短絡させ、二人を宇宙の特定の一点に引き寄せる機能を果たしているのだ。冗談を言っているのではない。戦争で生き別れになった人々の再会は敗戦後の現実の状況において切実な主題であり、『雷雨』のそれのようなメロドラマ的仕掛けないし劇的空想《ファンタジー》は重い歴史的意味を持った。そして占領期の他の映画のヤミ市も、それぞれ独自に時空の歪みという特性をそなえているのである。(21)

黒澤明の『酔いどれ天使』（48、東宝）では、ヤミ市の中心の大きな沼が時空の歪みの特異点である。もともとこの映画は前年の『新馬鹿時代』（47）で建てたヤミ市のオープンセットを再利用するために東宝が企画した作品だと言われている。(22) しかし黒澤はそのセットの真ん中に大きな沼を作った。佐藤忠男によれば、「汚いドブ沼であり、メタンガスがぶくぶくわき、さまざまなゴミが浮んでいるというものである。これが敗戦後の日本の社会と人間の汚濁と混乱を象徴する風景となった」(23)。大ざっぱに言えばそうなるのかもしれないが、作品の構造に即して見ると、この沼は映画の世界の要に位置し、ブラックホールとは言わないまでも、過去の重荷を背負ったもの、傷ついたもの、汚辱にまみれたものなどを引きつける強大な重力を持つことがわかる。服役してきたヤクザの岡田（山本礼三郎）が沼のほとりに立ってつぶやく台詞から、この沼が敗戦前からその場所を占めていたことも示唆される。つまり、当のヤミ市もまた、この沼を暗黒の核としてその周囲に成立したのだ。

三船敏郎が演じる結核を病んだヤクザの松永も沼の重力に引き寄せられた一人である。その松永が悪夢を見る。荒波の寄せる海浜に棺が打ち上げられ、三船が斧でそれを打ち壊すと棺の中からもう一人の三船がカッと目を見開いて起き上がり、逃げ出した最初の三船を追う……。興味深いことに脚本では、夢の中のその場所は沼の岸辺だった。[24]この変更は、フロイトが夢の本質と考えた「夢工作（夢の作業）」の中の「遷移（置き換え）」に似ている。というのも、夢を見る直前の場面で、三船は沼のほとりの大きく傾いた電柱にもたれ、うつろな姿で水面を見つめていたからだ。つまり、まさに松永の無意識の中で「沼」から「海」への表象の遷移が行われたのだ。しかも、汀に打ち上げられた棺から復活するイメージは、この悪夢が実は暗黒の底に沈む恐怖から逃れたい松永の欲望成就であることをほのめかす。実際、松永は沼に呑み込まれるように死ぬのではなく、アパートの廊下で岡田と長い死闘を繰り広げたあげく、洗濯物がひるがえる物干し台に出て大の字になって倒れる。陽を浴びて風に吹かれるその死に顔は安らかだ。[25]

黒澤明が『野良犬』（49、映画芸術協会＋新東宝）に登場させたヤミ市も時空の歪みを特徴とする。三船敏郎が演じる村上は復員してまもない新米の刑事で、拳銃を盗まれるという大失策を犯す。食い詰めた格好で盛り場をうろついているとピストル屋から声がかかるという情報を得た村上は、かつて自分がそうであった復員兵に変装してヤミ市をさまよう。九分間にも及ぶこの長い場面は論議を呼んできたが、最近の論文で逆井聡人が興味深い解釈を示している。すなわち、ヤミ市のシーンは三つの段階を経て村上の主体を変容させる。第一段階では三船の目とヤミ市の光景の二重写しによって見る主体としての村上が表現される。第二段階では村上は迷路のようなヤミ市の空間で迷う。ところが第三段階では二重ではなく三重写しによって、村上は「闇市の空間に取り囲まれた浮浪の復員兵の一人として提示される」[26]。こうして復員兵の扮装でヤミ市をさまようことで村上は過去の自分に戻ってしまう。「銃を持って天皇の兵士として生きた過去が、再び現在の村上の身体に宿るのである。その亡霊のような過去が憑依する空間が闇市であり、一連のモンタージュは過去の憑依の儀式として捉えることができる」[27]。このように、『野良犬』においても、ヤミ市は歪んだ時空として機能し、映画固有の形式で過去と現在を短絡させる。

占領期にヤミ市が登場する映画がもう一本わかっている。中川信夫が監督した『私刑《リンチ》』（49、新東宝＋竹井プロ）である。この作品は、チャンバラ映画の大スターだった嵐寛寿郎が、占領軍に時代劇の製作を禁止されたために得意の役を演じられなくなり、初めて現代劇のヤクザに扮したことで知られている。その役が後年の仁侠映画の親分の原型となったと評されることもある。だが、そのような見方は受け入れがたい。ここで嵐寛《アラカン》が演じる清吉は決して勇ましくて貫禄のあるヒーローではない。仲間の復讐に怯えておどおどと逃げ回る男なのだ。

『雷雨』のように単純ではないけれども、この作品でもヤミ市は再会の場となる。昭和の初め、若いヤクザの清吉（嵐寛寿郎）は恋人のお加代（花井蘭子）と駆け落ちをはかるも、一家の兄貴分である緋桜（進藤英太郎）たちに騙されて悪事に引き込まれる。彼らを裏切った清吉は制裁を恐れてみずから刑務所に入ることを選ぶ。映画の三分の一あたりまででその経緯が語られ、その後、時代は敗戦後に移り、清吉の出所を待ちながら担ぎ屋をして暮らすお加代と娘の桑子（久我美子）が、復員してきた一家の親分の息子の信夫（池部良）と再会するところから新たな幕が開く。再会の場とその後の主な舞台はヤミ市から発展したマーケットであり、桜井物産を名乗る暴力団が支配している。そのボスは――時空の歪みの論理にしたがって当然ながら――敗戦後に成り上がった緋桜である。

この映画の主人公が清吉であり、彼の贖罪が作品の主題であることは間違いない。戦前から戦中にかけて服役していた男が敗戦後に出所してから真の罪を贖うという物語の構造は、引揚者（『雷雨』）や復員兵（『野良犬』）の歴史的トラウマを扱った占領期の他の作品とゆるやかに対応している。そこでヤミ市が果たしている役割にも共通点が見出される。ところが敗戦後の場面では、終盤で清吉が出所してくるまで語りの焦点は桑子と信夫の関係に置かれている。この点は公開当時の批評でも「筋のバランス」がとれていないと指摘されたとおりである。[28]

図 1-4　『私刑』より　© 国際放映（国立映画アーカイブ所蔵）

しかし本章の視点からすると、この作品のメロドラマ的構造の要に位置するのは桑子なのだ。早くに清吉と生き別れた桑子は父親の正体や過去の事情を知らされず、南方の植民地で一旗揚げた父がいつか財をなして帰国すると信じている。他方で、桑子はマーケットの「青空バンド」で歌い、戦後の解放感を享受している。若々しい久我美子が露天で花を飾りに明るく歌い踊る姿は、確かにこの映画の効果的なアトラクションである（図1-4）。だが、靴の修理屋を開業した信夫が業者の代表として緋桜と戦う過程で、桑子はマーケットの支配の構造に直面し、「青空」の自由が表面的なものでしかなかったこと、「青空」の裏側はまさに闇でしかなかったことを悟る。さらに清吉が出所して、父の「南方」での成功も幻想にすぎなかったことが暴露される。桑子という「アプレゲール的存在」(29)に焦点を合わせてみると、ヤミ市の時空の歪みがもたらす物語の展開がまさにヤミ市自体の特性を露呈させることで、この作品が敗戦後の若い世代の個人的な幻滅と歴史的な覚醒を描いた映画でもあることが明らかになる。

4　女たちの生きる場所——ポスト占領期（一九五〇年代）

ポスト占領期に目を移すと、一九五三年一二月に封切られた新東宝の『恋文』（53、田中絹代）にヤミ市が登場することはよく知られている。渋谷道玄坂の三角地帯、丹羽文雄の原作小説から「恋文横丁」と名づけられた区画である。(30)この映画においても戦争で生き別れた男女が再会するが、ヤミ市の物語的機能は前節で見た占領期の映画とは明らかに異なる。

海軍兵学校出身の軍人だった礼吉（森雅之）は、復員して何年もたつのに、かつての恋人を忘れられず無為の日を送り、対照的な働き者の弟（道三重三）のアパートに居候の身だ。ある日、渋谷の駅頭で旧友の山路（宇野重吉）と遭遇した礼吉は、誘われて仕事を手伝うことになる。オンリー——特定の将兵と愛人関係を結んだ女性——が、朝鮮戦争の休戦で帰国したアメリカ兵宛に出す手紙を英語で代筆するのである。山路の店は「すずらん横丁」と書かれた飾り電球が頭上に揺れる商店街にあり、厚化粧の女たちがたむろしている。予想どおり、と言うべきか、礼吉が探していた道子（久我美子）がこの店を訪れるのだが、再会のタイミングはずらされ、引き延ばされる。客の声に道子だと気づいた礼吉が後を追い、ようやく二人が見つめ合うのは渋谷駅のホームである。なるほど、最初は久我の頭部だけをフレームから外すなど、サスペンスを高めようとする思わせぶりな演出と見なすこともできる。だが、意図はどうあれ確かなことは、ここではヤミ市が男女の劇的な再会の場という役割を与えられないことだ。映画『恋文』のヤミ市表象はまったく別の機能を持っている。

その一つはアメリカとの通路である。米兵が帰国し、残された女たちの多くは子どもを抱えて生活に窮している。女たちの「恋文」の多くは仕送りを乞うのが本当の目的だ。オンリーではなかった道子も、暮らしを共にしていた米軍将校に去られ、ついに行き詰って手紙を送ることにしたのだ。それだけではない。礼吉の弟は小才が利く野心家で、米兵がオンリーたちのもとに置いていったアメリカの雑誌を高値で売る露店を開業する。こうして『恋文』のヤミ市は、アメリカとの間で――歪んでいない時空を通して――手紙と雑誌を媒介するという独自の機能を持つ。アメリカとの関係をあからさまに描くのは占領期の映画統制下では禁じられていたので、これは明らかに新しい時代の映画の特徴である。

『恋文』のヤミ市表象のもう一つの機能は、オンリーの手紙に示されているとおり、生活に窮した女たちが生き延びるための、おそらくは最後の場を提供することにある。[31] 私がこれまでに見たかぎりでは、占領期の映画にこのような面は描かれていない。前節で論じた諸作品もそうだったが、パンパンを描いた溝口健二の『夜の女たち』（48、松竹京都）にしても、「闇の女」を主題とし、ヤミ市らしき風景が写り、脇の人物として「闇屋」が出てくるにもかかわらず、ヤミ市がヤミ市という場所として映画的機能を担うことはない。マキノ雅弘の『肉体の門』（48、吉本プロダクション＋大泉スタジオ）も同様である。それに対して講和後の映画には、敗戦後に窮迫したヒロインがヤミ市で辛うじて命をつなぐ作品を何本も見出すことができる。

最もよく知られているのは成瀬巳喜男の『浮雲』（55、東宝）だろう。南方から引き揚げてきたゆき子（高峰秀子）は身寄りがなく、植民地で関係ができた男を訪ねても冷たく拒まれる。職も見つからず生存の瀬戸際に追い込まれたゆき子は、ヤミ市で声をかけてきた米兵のオンリーとなる。私は以前、この作品の特異な時間性に注目し、ゆき子は「無縁の時」を彷徨すると論じたことがある。[32] ここでは映画の空間について、美術助手を務めた竹中和雄の言葉を引いておきたい。ゆき子がオンリーとして暮らした部屋のセットが国立歴史民俗博物館に再現された際に、竹中はこう語った。

闇市の中にものを出している雑貨屋の倉庫を借りて住んでいる設定だったように記憶しています。［…］私が今回の展示で再現したいと思ったのは、パンパンの生活自体ではなく、本来ゆき子が立っている戦後の位置というのは、こういう寄る辺なくて、食うものもないという状態の中であり、そのセットとして、皆さんに示したかったわけです。[33]

このような「寄る辺なくて、食うものもないという状態」にあるヒロインが生き延びる場所としてヤミ市を描いた作品は、その後も何本か続いた。

日活の『永遠に答えず』（57、西河克己）は、人気連続ラジオ・ドラマを映画化したすれ違いメロドラマである。出征した恋人が戦死したという報せを受けたヒロインの由美子（月岡夢路）は、敗戦後、ヤミ市で叔母と協力して汁粉屋を開業する。しかしマーケットのボスの誘惑を拒んだために執拗ないやがらせを受け、叔母は暴行を受けて命を落とす。独りになった由美子は隣でおでん屋を営む源吉（大坂志郎）のもとに身を寄せる……。この映画では、ヤミ市の店舗の粗末な板張りの感触に、由美子の「寄る辺なさ」が滲み出ている。

五所平之助の『からたち日記』（59、歌舞伎座）は島倉千代子の同名の大ヒット曲にあやかった作品だが、物語の内実は、ある芸者の自伝を原作とした一人の孤独な女性の半生である。ヒロインのつる（高千穂ひづる）は長野の極貧の小作農の娘として生まれ、芸者屋に売られる。やがて身請けをされて囲われるが、トラブルから男のもとを去る。敗戦後、朝鮮人の松村（殿山泰司）のバラックに身を寄せ、手作りの闇の石鹸を露店で売って糊口をしのぐ。[34]「つる」という名は、幼いころに地主の家で子守をしていたとき、冬の寒さに耐えるために交互に片脚で立っていた姿に由来する。対照的に映画のラストでは、両脚で力強くリズミカルに麦踏みをしている高千穂ひづるが肯定的に写されるように、この映画はつるの「脚」に体現された生命力を主題としている。だから、闇の石鹸の製造と販売はこのヒロインにとって過渡的な仕事にすぎないのだが、それは窮迫の日を生き延びるためにどうしても必要な労働だった。

時期はやや下るけれども、成瀬巳喜男の『女の歴史』（63、東宝）のヤミ市の機能も同様にヒロインの生き残りとかかわっている。信子（高峰秀子）は夫が戦死したので、息子と義母を養うために担ぎ屋になる。取引の相手の玉枝（淡路恵子）は、戦前に美容院を経営していたがパーマネント禁止令によって戦時中から闇屋になって生計を立てているのだという。この闇屋の店が時空の歪みの効果を発揮して、信子はかつての夫の愛人と邂逅し、自分が裏切られていた事実を突きつけられる。しかし同時に、玉枝が闇屋から足を洗って美容院を再開することが信子の自立を示唆する。のちに信子は美容師の修行をしてみずから店を経営するようになるのだ。ただし、以上は担ぎ屋と闇屋との関係を軸としている。場所としてのヤミ市はこの映画では別の役割を担う。それは、亡き夫の親友で信子が秘かに想いを寄せる秋本（仲代達矢）が闇屋として出入りする食堂とその外の通りである。中古智によるセットは雑踏が交錯する空間の奥行きと水平の延長の双方を強調している。ここでのヤミ市は偶然の出会いの場ではなく、むしろ離別の場である。徐々に信子と親密さを増した秋本は、しかし「経済警察」の追及を逃れるために闇屋を辞めて田舎に引っ込んでしまう。そのあと信子は往来で、連れていた息子と一時的にはぐれてしまう。信子の心の激しい動揺に合わせてヤミ市の群集の存在が画面に一挙にあふれ出す演出は力強い。

さらに多くの作品を精査する必要があるけれども、一九五〇年代の映画で女たちとヤミ市とのこのような関係が繰り返し描かれているのは興味深い。というのも、六〇年代に入ると、『女の歴史』のような作品があるとはいえ、ヤミ市はもっぱら男性中心の暴力の世界として表象されるようになるからである。

5　暴力による秩序――高度経済成長期（一九六〇年代）①

映画のヤミ市表象について現時点の調査から言えるのは、一九五〇年代と六〇年代とで、それが登場するジャンルに顕著な変化が生じることだ。女性映画ないしメロドラマと呼べる作品からやくざ映画への移行である。新東宝の『女王蜂と大学の竜』（60、石井輝男）、大映の『新・悪名』（62、森一生）、東映の『昭和残侠伝』（65、佐伯清）は、いずれもヤミ市を主な舞台とする作品で、広義のやくざ映画に分類できる。なるほどヤクザたちは占領期の『酔いどれ天使』や『私刑《リンチ》』でもヤミ市を闊歩していた。しかし六〇年代の映画の新しさは、ヤミ市がまさにヤミ市それ自体の支配権を賭けた集団抗争の舞台となる点にある。敵対する勢力の一方は伝統的なヤクザ、他方は愚連隊や「第三国人」の新興暴力団、前者は善良な商人を保護する「善玉」、後者は反対に彼らを搾取するだけの「悪玉」というように明確な対照をなしている。主人公が前者のリーダーで、喧嘩に強い元復員兵という人物設定も共通する。そして抗争の舞台としてオープンであれスタジオ内であれ大がかりなセットが組まれる。このセットによるヤミ市がどのような映画的機能を持つのかが問題である。

本章では現実の歴史的文脈との関連には踏み込まないけれども、これらの作品が製作されたのが一九六四年の東京オリンピック前後の数年間、ヤミ市から立ち上げられたマーケットが次々と解体整理されていった時期に重なることは興味深い。日本社会が高度経済成長によって大きく変容しつつある状況において、これらの映画は虚構の物語によって敗戦後の歴史を語り直す企てだったのではないか。あるいは、それは歴史というよりも神話であろうか。それらの物語は、空襲で焼き払われむき出しにされた大地の上に新たな秩序を構築する方法を主題としているからである。その方法とはまさに暴力にほかならない。

ヤミ市の研究で知られる社会学者の松平誠によれば、「あるべきところにあるべきものがない敗戦直後の生活のなかで、テキ屋のつくったヤミ市は、それ自身が法とはどこかで対決せざるを得ない運命を背負っていた」[35]。むろん、松平は歴史的現実としてのヤミ市について述べている。映画のヤミ市においては、この「運命」とは、焼き払われてむき出しになった大地の上に社会秩序を再建しなければならない者の「運命」であり、避けられない矛盾である。矛盾が生じるのは、秩序の確立が法によるのではなく暴力の不断の行使によるものでなければならないからだ。

暴力によって秩序が確立され、その暴力によって秩序が維持されなければならない世界、それは西部劇の世界に似ている。フランスの映画批評家アンドレ・バザンは、かつてアメリカの西部劇のヒーローについて次のように指摘した。

> 個人の倫理があてにならないところでは、法だけが、善の秩序、秩序の善を認めさせることができる。しかし、社会を作り上げている者たちの個々の長所とは関係なく社会道徳を護持しようとすることで、法はいっそう法に背を向けたものにならざるをえない。効力を発揮するために、正義は法を犯す者に劣らず屈強で、向う見ずな者によって執行されなくてはならないのだ(36)。

ヤミ市を舞台とするやくざ映画の主人公たちが主人公たりうるのも、道徳的卓越性や法の支配を超えた「正義」の暴力的優位によってなのである。おおげさに言えば一種の世界創世神話であるこれらの映画において、ヤミ市は単に抗争の舞台であるだけでなく、西部劇のフロンティアのように、そこに新たな秩序を構築すべき未成の空間として表象される。もちろんヤミ市は固有の日常性をそなえているのだが、敵対する二つの勢力が決定的にぶつかり合う危機的な局面において、同じ場所が日常性を超えた時空へと変容を遂げるのである。

『女王蜂と大学の竜』において、その変容はカーニバル的祝祭という形をとる。関東桜組が仕切っているマーケットの夏祭りに、縄張りを狙う新興ヤクザの土橋組が、半裸のストリッパーを乗せた神輿《みこし》を乱入させる。これに対抗して、桜組組長・千之助（嵐寛寿郎）の娘・珠美（三原葉子）が両肌《もろはだ》脱いで神輿の上に立つ。あたかもエログロの女神を戴いたかのような二基の神輿が相手を威嚇し合いながら練り歩き、群衆の興奮が高まる混乱に乗じて敵方の刺客が千之助を取り囲んで拉致してしまう……。女たちを乗せた神輿の対決は四分近くにも及び、この映画の最大のアトラクションになっている。

勝新太郎と田宮二郎の人気活劇シリーズの第三作『新・悪名』では、復員してきたヤクザの朝吉（勝）とアプレのチンピラ清次（田宮）が、暴力団から強制的に立ち退きを迫られているヤミ市の商人やパンパンなどの先頭に立って戦う。クライマックスで、客の退《ひ》けた夜のヤミ市が市街戦の舞台に転じる。しかし、ヤクザ同士の血で血を洗う殺し合いではない。ヤミ市に身を寄せて暮らしている貧しい人々が結集して暴力団を排除し、最後は朝吉と清次が隠し持っていた手榴弾で威嚇して敵を追い払うのである。書き割りであることが一目瞭然の夜空や、背景の焼け跡のビルの素朴なシルエット、茶を基調とした貧相ながら温かみのある店舗の外観など、美術監督・西岡善信の手になるどこか郷愁を誘うセットもあいまって、ここでのヤミ市は民衆のユートピアのようなものとして表象されている。これは映画史的には例外的な事態だと思われる。

任侠映画として名高い『昭和残侠伝』は、浅草を舞台として、戦前からの由緒あるテキヤの関東神津組と敗戦後の新興ヤクザの新誠会との縄張り争いを物語の軸にしている。新誠会は露天商たちを騙して資金を集め、屋根つきマーケットを建てる。他方、神津組も、敵の凶弾に斃《たお》れた先代の跡目を継いだ寺島清次（高倉健）を先頭に、零細業者の利益になるマーケットを作ろうとする。この映画では「露店からマーケットへ」という台詞が敗戦後の復興の合言葉のように口にされるのだ。しかし、神津組のマーケットは建設の途中で新誠会に放火され、焼け落ちてしまう。敵の数々の無法に耐えてきた清次は、ついに客分の風間重吉（池部良）とともに新誠会のマーケットへ殴り込みをかける。クライマックスは、マーケットの店内の迷路のような通路を移動しながらの死闘である。新誠会を全滅させた清次は生き延びて刑に服すことになり、神津組が新たに建てたマーケットが晴れやかに開店する場面で映画は終わる。

つまり、念願だった「露店からマーケットへ」の移行は、当のマーケットが、それ自体があたかも生贄のように焼かれることや、血に染まったり死体が積み重ねられたりすることを決定的な契機として成就されるのだ。こうして『昭和残侠伝』におけるヤミ市は、そこに新たな秩序が確立される場であるだけでなく、その秩序の確立が暴力によって成就するための媒介の機能も担わされるのである。

6　敗戦の理念——高度経済成長期(一九六〇年代)②

一九六〇年代半ばに、加藤泰が実際の愚連隊だった安藤昇を主役に起用して撮った三本の映画はいずれも傑作である。そのうち松竹の『男の顔は履歴書』(66)と東映の『懲役十八年』(67)がヤミ市を題材としている。[37] この二本にはいずれもヤクザが登場し、ヤミ市あるいはその跡地がクライマックスの対決の場となる。しかし二本とも前節で論じたやくざ映画とは本質的に異質な作品であり、ヤミ市の機能も同じではない。

『男の顔は履歴書』の場合、マーケットを乗っ取って娯楽施設を建設しようとする「第三国人」暴力団の九天同盟と日本人地主の開業医・雨宮(安藤)との対決を描く基本構図は六〇年代のやくざ映画に近い。しかし、他の点では著しく隔たっている。九天同盟のボス・劉成元(内田良平)や手下の徐延福(菅原文太)は過去の日本に対する恨みをあからさまに口にし、自身の行為を正当化する。他方、幹部の崔文喜(中谷一郎)は、戦時中は日本兵・柴田上等兵として、軍医大尉だった雨宮とともに沖縄戦を戦った間柄である。さらに、雨宮の弟の俊次(伊丹十三)と九天同盟側の娘・李恵春(真理明美)の恋が物語の展開の重要な動因となる。このような物語が取り組む「在日」の問題とヘテロトピアとしてのヤミ市との関連性については、藤井仁子の「今この場所にあることの自明性」の「喪失」という表現が示唆に富む。[38]

こうして『男の顔は履歴書』は、敵役《かたき》に人間としての複雑な背景や熱い肉声を与え、善悪の単純な二元論を避けながら、しかしメロドラマ的な葛藤を徹底的に突きつめようとしている。ここでの「メロドラマ」は侮蔑語ではなく、文学研究者のピーター・ブルックスが定式化した批評的術語である。それは超越的な価値体系が崩壊したあとで、人々がみずからの道徳的経験を理解可能にするために依拠する大衆的な表象形式を意味する。[39]とはいえ、『男の顔は履歴書』における葛藤はメロドラマの定型としての善の勝利で終わるわけではない。クライマックスの戦いの結果「正義」の暴力的優位が秩序を確立するわけではないのだ。そこでは何か別のことが起こっている。

俊次と李恵春が殺され、二人を助けようとした崔が重傷を負った後、雨宮は九天同盟との最後の対決に臨む。マーケットを守り秩序を確立するためではない。ここが肝心な点なのだが、雨宮はその問題を暴力によって解決することを一貫して拒んできた。土地のヤクザの親分・小野川（嵐寛寿郎）が加勢を申し出ても、「俺は俺一人の恨みで立つ。つまり敵討《かたき》ちだよ。そして俺も死ぬ」と言って断る。そして「誤りはあるかもしれないが、これ以外、今の憎悪と暴力の果てしない繰り返しを、断ち切る道は他にないんでね」と続け、居場所をなくした崔文喜の身を小野川と看護婦・倉本マキ（中原早苗）に託す。職業的俳優ではない安藤昇の台詞回しはたどたどしく、ほとんど棒読みに近い。だが、芯の強い声によって発せられるその言葉は、登場人物の心理や経験に従属しない、主観を超えた理念の言表として自立する。大げさなことを言っていると嗤われるかもしれないし、裏を返せば空疎な建前として響くだけだと鼻白む向きもあるかもしれない。しかし、住人がすべて逃げ去ったマーケットでただ一人、九天同盟と戦う雨宮の行動を規定しているのはこの理念にほかならない。クライマックスにおけるヤミ市はあたかも西部劇の決闘の舞台のようだけれども、オープンセットの上の青空が妙に平板で色褪せているように、奇妙に抽象的な空間となる。それは理念が成就される空間だからである。

加藤泰のもう一本『懲役十八年』はさらに異色である。海軍の特攻隊の生き残り、川田章（安藤）と塚田義男（小池朝雄）は、「遺族会連絡事務所」を立ち上げ、危険を冒して入手した闇物資を部下たちの遺族に与え、彼らのヤミ市での商売をサポートしている。川田の目的はヤミ市を解体して遺族たちのマーケットを建設することだ。しかし、儲けの大きい銅線を「第三国人」の倉庫から盗み出そうとして追いつめられ、川田は塚田を逃がすために囮になって逮捕される。川田は相棒が自分の目的を共有してマーケットを建ててくれると信じて服役していたのだが、塚田はヤミ市を支配する暴力団のボスとなり、遺族を騙してヤミ市の跡地を特飲街（赤線）にしてしまう。しかも、遺族会の石岡比佐子（桜町弘子）の弟・健一（近藤正臣）がたまたま川田と同じ刑務所に収容されたことを知った塚田は、健一を騙して川田を殺させようとする。やがて真相を知った健一が脱獄すると川田は健一のあとを追って自首するように説得し、自分は塚田との最後の対決に臨む……。

『懲役十八年』は「昭和二二年」から朝鮮戦争特需で沸く五〇年代初頭までの数年間の物語だが、実は映画にヤミ市は登場しない。ラストの対決も、特飲街に変わった一郭にある塚田興業の事務所が舞台となる。この間のヤミ市の変貌は、映画の焦点が刑務所の中の川田に置かれているためにほとんど描かれることはない。言い換えれば、ヤミ市が変わるその過程を主人公が見ることができない点がこの作品の特徴をなしている。また、『男の顔は履歴書』で不倶戴天の仇敵だった「第三国人」が出てくるのは冒頭だけであり、敵役は主人公の戦友であることも異色である。

小池朝雄が演じる塚田はのっけから信用できない男として登場する。石岡比佐子が初めて遺族会の事務所にやってきたとき、塚田は「真っ先に死ななければならない私たちだけが生き残ってしまって、お詫びの申上げようもありません」と切り口上で挨拶する。川田は比佐子に、「自分を救う者は自分ですよ。ちょうど飛行機乗りが、操縦桿を握って大空へ舞い上がったときのように、頼れる者は自分ただひとりだけです。そして次に、もしあるとすれば友達です。自分たちをその友達にしてください」と静かに語りかける。気障な言葉ではあるけれども、塚田の挨拶が小池朝雄の好演によってその偽善性をあらわにされているのに対し、川田の言葉は安藤昇の生硬な口ぶりによって、かえって先述したような理念の表明となっている。

しかし、川田の理念が最も鮮明に語られるのはクライマックスの対決においてである。川田から銃を突きつけられた塚田が「川田、貴様には俺の生き方がわからんのだ。今の世には今の生き方がある。貴様の頭の中にあるのは敗戦国の亡霊なんだ。世の中は動いていくんだ。変わっていくんだぞ、川田！」と叫ぶと、川田は間髪入れず「変わりたくないんだ！」と応じる。公開当時の批評で映画評論家の山田和夫は、主人公が「〝戦中〟の自己を固守しようと」していると批判した[40]。しかし、川田が変化を拒んでいるのが戦前戦中の自己からではなく、遺族会を立ち上げた敗戦の時点からであるのは明らかだ。塚田も「敗戦国の亡霊」と言っているのだ。「皇国の亡霊」ではない。川田は「世の中」の動きや経験に左右されない彼自身の敗戦の理念に忠実なのである。その点を視覚的に表象しているのが安藤昇のコスチュームだと思われる。映画の冒頭では、安藤は小池とともに軍帽と飛行服の復員兵の姿だった。収容された刑務所ではもちろん囚人服を着なければならない。ところが、脱走の直後に驚くべきことが起こる。アメリカ軍将校が車を止めて民家の女性――オンリーかもしれない――に荷物を届けている隙にその小銃と戦闘服を奪い、アメリカ兵の姿になって殴り込みをかけるのだ。これはいったい何のアレゴリーであろうか。確かなことは、映画の中で安藤昇が一度として私服を身にまとうことがないこと、つまり川田が「復員」を成し遂げないこと、りっぱな背広姿に変わった塚田とは対照的に、「世の中」に適応できなかったということである。だが、そのようにして敗戦の理念に従う川田は、欺瞞によって曖昧に成立してしまった秩序を壊乱する。ヤミ市を舞台とするやくざ映画の主人公が道徳を超えた暴力の優位ゆえに正義の主人公の資格を持つとすれば、『懲役十八年』の川田は、暴力において卓越しながらさらにそれを超える理念によって主人公たりえるのだ。

7　挫かれた復員――「戦後」末期(一九七〇年代初頭)

一九七〇年代に入っても、ヤミ市を舞台とする映画で目につくのは広義のやくざ映画や男性アクション映画である。しかし、六〇年代のようにヤミ市の支配権をめぐる抗争が作品全体の主題となることはなくなり、その映画的機能も大きく変化する。たとえば、よく知られている『仁義なき戦い』(73、東映京都、深作欣二)冒頭のヤミ市は、復員兵の広能昌三(菅原文太)が暴力団の世界に入っていくための一種の再教育《リオリエンテーション》の装置として機能する。(41)つまり復員兵を、逆説的ながら「反社会的集団」に社会復帰させる役割を果たすのだ。ところが、その七〇年代初頭には『仁義なき戦い』よりもヤミ市を重く扱った映画が製作され、しかも興味深いことに、真逆の機能をヤミ市に担わせている。そこでのヤミ市は積極的に「復員」を妨げる反-再教育の装置である。七〇年代後半から「ポスト戦後」が始まるという吉見俊哉の歴史区分によれば(42)「戦後」末期にあたるこの時期に、『懲役十八年』の川田に似て、ヤミ市を通過しながら、いわば復員兵の状態にとどめられる男たちが描かれている。

日活の『鮮血の記録』（70、野村孝）は小林旭主演の「ニューアクション」[43]で、元陸軍大尉・野尻稔（小林）が、戦争末期に部下を犠牲にして逃亡した参謀・町田精一郎（岡田英次）に復讐を果たす物語である。この映画の約三分の一は「文化マーケット」という看板を掲げた東京のヤミ市を舞台としている。野尻は――ヤミ市の時空の歪みによって――かつての部下の原（田村高廣）や恋人の由香（水野久美）と再会し、腕っ節の強さで暴力団と対抗して業者たちの用心棒的な存在になる。ところが、ボスの倉畑（青木義朗）は――蛇足ながら、これも時空の歪みの効果で――実は町田の手下だった。公職追放中の町田はヤミ市から吸い上げた金で復帰後に企業を興そうと画策していたのだ。自分の戦争犯罪の証人である野尻が生きていることを知った町田は、倉畑に命じて罠を仕掛ける。野尻は占領軍のＭＰに逮捕されて沖縄での重労働四年の刑に処せられ、服役している間に由香を町田に奪われる……。不敵に笑う青木義朗の背後に星条旗が翻っているショットや、野尻がＭＰに逮捕された直後、画面いっぱいに星条旗が映ってから法廷へと場面転換する編集は、ヤミ市の実質的な支配者とアメリカとの関係を示唆する。

しかし、『鮮血の記録』におけるヤミ市には時空の歪みやアメリカとのつながりよりも重要な機能がある。雑炊屋を営む原は人望が厚くマーケットの組合長を務め、組合員が共同で仕入れて利益を公正に配分する共同体を作ることを夢見て野尻に協力を求める。パンパンになっていた由香とも再出発できそうな希望が芽生え始めていた。つまり、野尻にはヤミ市を通して「戦後」の社会に復帰するチャンスが与えられていなかったわけではない。ところが、そのヤミ市を陰で支配する町田の策謀によってすべてを奪われ、野尻はあらためて復讐の鬼と化す。

『鮮血の記録』の主人公は、あたかも復員兵にとどめられたまま「戦後」を徘徊する亡霊のようだ。

映画のラストシーンで、町田の公職追放解除と町田産業の設立を祝して開かれている白昼の園遊会に野尻が侵入する。談笑する参会者の間を縫いながら、隠し持った短刀で町田の部下を一人また一人と屠《ほふ》り、みずからも深手を負いながら標的に近づいてゆく。奇妙なことに、ウィンナ・ワルツが優雅に流れる中、誰ひとり傍らで起こっている惨劇に気づかない。ついに野尻は町田を仮設ステージの上に追いつめ、今度は衆人環視の中で刺殺する。よろめきながら現場を去る小林旭の正面からのミディアム・クロースアップが静止画面となって映画が終わる。苦痛を堪《こら》えるその顔には、しかし笑みが浮かんでいる。

主人公が第三者に気づかれずに敵に近づき、転じてショーのように復讐を遂げるこのクライマックスのリアリズムの欠如には、主人公の存在と行為の亡霊性が現れている。敗戦後の映画で復員兵が「異物」や「怪人」として表象されてきたことはすでに諸家が指摘している。[44]『鮮血の記録』もその系譜に連なるだろう。ただし、それはこの映画のヤミ市の仕掛けによって、主人公が「戦後」への「復員」を挫かれた結果なのである。

東映の『実録　私設銀座警察』（73、佐藤純彌）は、ヤミ市のそのような機能と復員兵の怪物としての運命をいっそう凄惨な形で描いている。この「実録もの」は、敗戦直後の銀座で復員兵が中心となって結成し、ヤミ市を支配して「私設銀座警察」と恐れられた新興暴力団を題材とする。その意味で六〇年代のやくざ映画と同様、ヤミ市は抗争の舞台という機能を担う。美術監督・北川弘によるヤミ市のセットはスケールが大きく真に迫る。しかし決定的に異なるのは暴力による秩序の確立や維持という主題を持たないことであり、ヤミ市が未成の空間に変容することもない。群像劇であるが、映画の焦点は明らかに、渡瀬恒彦が演じる「学徒兵」渡会菊夫の運命に置かれている。

映画の冒頭、復員した渡会はパンパンになった恋人のミツが黒人兵と性交している光景を覗き見て逆上し、そのアメリカ兵が去った後でミツと黒い肌の赤ん坊を惨殺する。さらに、ヤミ市で別の黒人兵の顔に切りつけ、警察に追われる身となる。渡会は「私設銀座警察」によって匿われるが、「シャブ漬け」にされ、刺客として利用される。クレジットでは筆頭の安藤昇が演じる主人公をあっさり射殺してしまうのも渡会である。ふだんは画面の隅で押し黙って体を丸めている渡会は、撃たれても切られても生き埋めにされても死なない。『鮮血の記録』の野尻が亡霊のような存在だったのに対して『実録 私設銀座警察』の渡会はそもそも死ぬことができない、あるいは、いつまでも死ぬことを許されない。その渡会が自分で覚醒剤を注射しながら吐血し、血まみれになって息絶えたところで映画は終わる。渡会は、ヤミ市を支配する勢力によって生かさず殺さず、抗争の最終兵器として使われたあげく、ついに「復員」を果たさずに死ぬのだ。最後のショットで仰向けに横たわった渡瀬恒彦が身にまとっているのはボロボロの汚れた軍服だった(45)。

8　ヤミ市表象の政治的無意識に向けて

とりあえずの結びとして、映画ではなく「ポスト戦後」期に入ってから発表されたある小説の一節に言及したい。本章の銘として掲げた件《くだり》である。ひょんなことから詐欺の修行を始めることになった主人公がふと口にした「ぼくらの世代が、闇市の上に広がる蒼空をみて、心から信じた解放感が……」という言葉に、師匠役の老詐欺師がかみつく。

「闇市と解放感が、どこで結びつくのだ?」／老人は唇を歪めて苦笑した。／「わし自身が傷を負ったことは別にしても、二度とごめんだ、あの時代は。……解放感？　笑わせてはいかん。あったのは、絶望と暴力――この二つだ。あとは、何もない。戯言《たわごと》を言うてはいかん」(46)。

一九七九（昭和五四）年に週刊誌に連載され、同時代を舞台にしたこの作品の主人公は四六歳と設定されている。渋谷の公園通りの坂を登りながら、思わず「（物資が豊富すぎる……）」(47)などと呟いてしまう中年男だ。作者の小林信彦は三二年生まれだから主人公と同年代ということになる。このような少年期に敗戦を迎えた世代の人々にとってヤミ市が解放感と結びついていたことを示す証言はいくつもある。野坂昭如（一九三〇年生まれ）は、敗戦後ただちに新宿マーケットを建設した尾津喜之助の長女・豊子の著書に序文を寄せて、みずから四七年に上京してうろつくことになる新宿を、「底抜けに明るい空間だった」と回想した(48)。佐藤忠男（一九三〇年生まれ）は、黒澤明の『野良犬』が描いた東京のヤミ市について、「そこには、戦争の時代の、国家による徹底的な統制から解き放たれた人々の盛んな活力がみなぎりあふれていたものだ」と書いた(49)。第2節で論じた『私刑《リンチ》』の桑子もほぼ同じ年ごろで、最初は同様の解放感を享受した。ところが、小林信彦が自作の年長の登場人物に言わせたのは、ヤミ市に解放感を覚えたという主人公に対する痛烈な異論なのだ。事実、本章で論じた占領期から七〇年代初頭までの映画において、ヤミ市の表象には、その老人が言う「絶望と暴力」がつきまとっている。桑子にしても、結末では自分の解放感が錯覚であったことを悟る。表象の歴史におけるこの傾向をどうとらえるべきだろうか。

最初にことわったとおり、本章は占領期から一九七〇年代初頭までの日本映画におけるヤミ市の表象をその形態や機能に焦点を合わせて素描する試みだった。それは、映画的表象の独自性を歴史的事実に還元してしまわないために必要な作業である。とはいえ、言うまでもなく映画的表象は中空に自足して浮かんでいるのではない。歴史的に実在したヤミ市との異同の検討や作品の製作過程の考証――映画産業のプロダクション・トレンドや原作の脚色の問題なども含む――は、映画のヤミ市表象の研究を十全に行うために不可欠の手続きである。他方、大衆娯楽のために製作された劇映画の表象は、その時代の集合的な意識や無意識が複雑な工程を経て作り上げたものであるはずだ。そのような意識や特に無意識の解釈を行わなければ研究は不十分なままにとどまる。先に述べた二重のヘテロトピアのその二重性の解明も、そのとき初めて可能になるだろう。

［付記］
本章で論じた作品のうち次の八本は、東京国立近代美術館フィルムセンター（現・国立映画アーカイブ）の「特別映写観覧」を利用した。関係各位に謝意を表する。『東京五人男』、『瓢箪から出た駒』、『雷雨』、『私刑《リンチ》』、『永遠に答えず』、『からたち日記』、『女の歴史』、『懲役十八年』。

後記（二〇一九年）――生存権をめぐる闘い

本章では、ヤミ市の映画的表象には小林信彦の小説の登場人物が言う「絶望と暴力」がつきまとっていることを指摘するにとどまった。その観察にもとづいて素材としての都市の外的同一性と作品における形式の内的差異との関係を解明する課題は残された。その課題に今ここで本腰を入れて取り組む余裕はないけれども、手がかりとしてフレドリック・ジェイムソンの「イデオロギー素［ideologeme］」の概念が有望ではないかと考えている。この概念はかつてミハイル・バフチンやジュリア・クリステヴァも小説の分析装置の一部として提唱したものだが、意味はそれぞれ異なる。[50] ジェイムソン自身は「社会階級の本質的に敵対しあう集団的ディスクール群を構成する最小の意味単位」と定義している。[51] ジェイムソンによれば、個別のテクストは具体的な歴史的状況において問題を象徴的に解決する行為である。これを言語におけるパロールと見なせばラングに相当するのが階級的言説であり、その言説の単位をイデオロギー素と規定することができる。すると、この概念の核心は階級的言説の単位という点にあるはずで、そのことを考慮すれば、言語学モデルから離れ、イデオロギー素を虚構作品一般における階級関係の表象の意味単位と見なすことができるだろう。つまり、ここでの「イデオロギー」にはいわゆる虚偽意識の意味も否定的な含意もない。

　しかしこれではまだあまりに抽象的だ。作品分析の実践の手がかりになるのはイデオロギー素の二面性に関する次の指摘である。

> イデオロギー素は、擬似概念――概念と信念の体系、抽象的価値、意見あるいは偏見――というかたちをとることも、また、原物語《プロトナラティヴ》――諸階級の対立というかたちに収斂するような「集団特性」をめぐる、ある種の究極的な階級ファンタジー――というかたちをとることもありうる。[52]

ジェイムソンは『政治的無意識』の第四章で、ジョージ・ギッシングの小説のイデオロギー素が「真正のルサンチマン」であると指摘している。その原型となった論文では、まだ「イデオロギー素」という概念を用いていないけれども、物語とイデオロギーの力動的な関係や、虚構の作品が歴史的素材に形式的な加工を施して「意見」と「空想」を創り出す過程を、より丁寧に考察している。[53] 後年、映画作品についても、ベネズエラ映画の『水の家』(84)における「歴史」と「自然」の関係、[54] ヒッチコック映画の「メランコリー」[55] などをイデオロギー素として論じている。

私はかつて、『東京物語』における東京の実質は独自の映画的イメージとしての〈居場所のなさ〉だと書いた。この〈居場所のなさ〉こそ、東京という都市表象のイデオロギー素ではないか。つまり、虚構化の過程で政治的見解と物語的空想の複合体に加工される階級的言説または階級関係の表象の単位として、東京の〈居場所のなさ〉を検討できるのではないだろうか。同様に、「絶望と暴力」がつきまとっていると素朴な言い方をするにとどめた映画のヤミ市表象についても、そのイデオロギー素を明確に規定することができそうだ。ここでとりあえずの仮説を示せば、それは生存権の要求であるだろう。食料の闇取引と日本国憲法第二五条に規定された生存権との関係については一九四八年の食料管理法違反事件で争点となったわけだが、そうした事情を踏まえつつも、ここでは厳密な法的概念としてではなく、ヤミ市が存立する切迫した人間的条件を生存権の要求と見る。映画のヤミ市における「絶望と暴力」は生存権をめぐる闘いにともなうものとして表象されてきたと言えるだろう。

ヤミ市を振り返ることが勝者の歴史に加担することで終わってはならない。付言しておくと、大阪と東京の焼け跡闇市の記録と証言を草の根の視点からまとめた貴重な仕事が七〇年代後半にあいついで刊行されたけれども、[56] 本章で論じた映画作品はすべてそれ以前の七〇年代前半までに作られたものだ。映画の虚構は、ヤミ市の青空をそこから懐古的に振り返る未来をついに持てなかった人々の苦闘を、物言わぬ源泉としてきたのかもしれないのである。

II 出会いそこないの道程
――黒澤明とアメリカ

1 監督ジョン・フォードとの不確かな出会い

ジョン・フォードが演出した映画への偏愛を、ジャン＝マリー・ストローブのような作家が語るのであれば微笑んでうなずきもしよう(1)。たとえばストローブ＝ユイレの作品の悠然としたパンショットのずっと奥の方に、馬に乗って進む男たちの小さな姿を想像して挿入するなら、それはフォードの画面になるだろう。ひるがえって『怒りの葡萄』（40）が始まってすぐの、トム（ヘンリー・フォンダ）とケイシー（ジョン・キャラダイン）が会話を交わす場面には、何かストローブ＝ユイレを連想させるものがある。だが、黒澤明がフォードを敬愛していると言われても、一九二〇年代のドイツ映画――特にフリッツ・ラングやF・W・ムルナウの作品――を強いて共通の影響の源として想定するのでもないかぎり、私にはにわかに納得できない。

敗戦後、占領開始から一年ほど経過したころ、黒澤明は「アメリカ映画の故郷――僕の好きな演出家たち」と題された文章を発表した。掲載誌は『映画之友』一九四六年一一月号である。戦前からファン雑誌として人気のあった同誌は、敗戦後の四六年春に「アメリカ映画専門雑誌」の『映画之友 EIGA NO TOMO』として復刊していた。一一月号には黒澤の随想の他、「アメリカ映画から学ぶもの」と題された文章も並ぶ。著者の本多顕彰は、占領期にアメリカ映画の「鑑賞指導」を推進したアメリカ映画文化協会（AMCA）で積極的に活動した英文学者である。[2] 翌四七年の秋、『映画之友』は淀川長治を新たな編集者として迎える。淀川は戦前からアメリカ映画の配給・宣伝に従事し、敗戦後も占領軍の外郭団体であるセントラル映画社（CMPE）でアメリカ映画の普及活動に携わっていた。以後、淀川は雑誌（一九五一年から『映画の友』と改題）と読者組織の「友の会」によって、「「アメリカ」映画のグローバルなファン文化の形成」に大きな役割を果たすことになる。[3]

このような歴史的文脈の中で書かれたその随筆を、黒澤明は、「僕は、アメリカの演出家で好きなのは（と云っても映画の演出家では、アメリカの人が何と云っても一番好きですが）」と、何やら内心を打ち明けるような調子を交えて書き始め、その筆頭にジョン・フォードの名を挙げる。[4] 確かに、黒澤のフォードに対する敬愛の念は以前から周囲の知るところだったようである。戦時中、ユナイテッド・アーチスト東京支社が解散させられたため東宝の宣伝部に移った淀川長治は、以後、同社所属の黒澤と親しくつき合うことになるのだが、脚本家や助監督としてだけでなく「それ以上に彼がジョン・フォード・ファン」であることを「ようく知っていた」ので特別の親しみを持ったのだという。[5]

ところが、刊行された文献から黒澤明とジョン・フォードの関係に注目するかぎり、そこには何か不確かな、微細なほころびのようなものがいくつか見出されて気になるのだ。そのほころびのようなものは、フォードを中心とするアメリカ映画、さらにはアメリカ合衆国に対する黒澤の、決して調和的とは言えない関係を示唆している。なるほど、アカデミー名誉賞を受賞したり、ハリウッドで作品がリメイクされたり、若い世代の映画作家たちから熱烈に支持されたりするなど、アメリカとの幸福そうな関係を示す例には事欠かない。しかし他方で、アメリカとの出会いそこないと呼ぶべきいくつかの事実も見のがせない。この出会いそこないは、敗戦後日本のアメリカに対する関係の寓意と見なすことも可能な出来事なのである。

2　鑑《かがみ》としてのアメリカ映画

ジョン・フォードへの敬愛の念を疑うわけではないけれども、本人の発言をたどるかぎりでは、黒澤明の芸術家としての自己形成がもっぱらフォードやアメリカ映画によってなされたとは言えないようだ。その点、一四歳で観たトマス・H・インス監督の『シビライゼーション』（16）に感動して映画監督を志し、初期にはチャールズ・チャップリンやエルンスト・ルビッチやハロルド・ロイドの演出から積極的に学んでその成果が作品に結実している小津安二郎と比較すれば、違いは歴然としている。そもそも二〇代半ばまでは画家として身を立てることを望んでいた若き黒澤にとって、アメリカ映画が特権的な憧憬の対象ではなかったとしてもむしろ当然ではないか。

『蝦蟇の油――自伝のようなもの』によると少年時代の黒澤明の文学や映画の体験は四歳違いの兄の大きな影響の下にあった。同書には「その頃から見た、私には忘れられない映画」のリストが年表形式で掲載されている[6]。一九一九年から一九二九年――黒澤が九歳から一九歳まで――の間に製作された作品群で、すべてサイレント映画である。D・W・グリフィス、チャップリン、フォードなどのアメリカ映画が過半数を占めている一方で、フリッツ・ラングやF・W・ムルナウ、セルゲイ・M・エイゼンシュテインなどのヨーロッパ諸国やソヴィエト連邦の名作が四割以上を占めているのも目をひく。『ひとで』（28製作、マン・レイ）や『アンダルシアの犬』（29、ルイス・ブニュエル）などの前衛映画も含まれている。

ともあれ確実なのは、「アメリカ映画」を特に意識した黒澤明自身の発言が戦時下と占領期に集中していることだ。

まず、戦時下の文章で興味深いのは、雑誌『新映画』の一九四三年三月号に掲載された「一番美しく」という随想である。ちょうど『姿三四郎』で華々しい監督デビューを飾った時期にあたる。この文章で黒澤明は、アメリカ映画と日本映画の対戦を想像することで、戦時下の「国民映画」のあるべき方向を示している。両者を「競映」したらどちらにより多くの観客が入るか、アメリカ側の監督がフランク・キャプラであれば「僕《ぼく》よりうまいのは確実《かくじつ》である」し、脚本家がロバート・リスキンだったら「僕に勝目《かちめ》はない」、スターにしても日本側の「苦戦は確実《かくじつ》である」、しかし勝たなければならない、より面白い映画を作らなければならない。とはいえ「面白さと云ふものをひさぐ技術《ぎじゅつ》にかけてはアメリカ映画は完璧《くわんぺき》である(7)」。それでもなお「日本人《にっぽんじん》の国民性の深奥」に根ざして面白さを追求しなければならない。万葉の歌、天平の仏像、能楽、茶道を愛する日本人の感受性を信頼しなければならない。だがそれにしても、日本人とアメリカ人とでは映画から受け取る面白さが違うのではないか、アメリカ人は単に面白さに満足しているだけであるのに対して日本人は「それ以上にある美《び》を求めてゐる」のではないか。

このように自問したあとで黒澤は、『ハワイ・マレー沖海戦』（42、山本嘉次郎）の試写で目撃した老婆の様子を描写する。「尊き犠牲《ぎせい》……飯塚機が自爆《じばく》するところでスクリーンを拝《おが》んでゐるお婆さん」であり、「艦上戦闘機に向つて手を合《あは》せてゐるその老婆《ろうば》の顔は何か物凄く美《うつく》しいものに酔つてゐる様な表情《へうじゃう》を浮べてゐた」[8]。黒澤は強い感動を受け、映画の面白さは技術の中にではなく観客の胸中にあるのだからその「琴線」に触れなければならないのだと主張して、全文の末尾を「僕はたゞ、国民映画《こくみんえいぐわ》を一番美しく、一番美しくと考《かんが》へて行くつもりである」と結ぶ[9]。

のちに黒澤明は過去の自分を振り返り、「戦争中の私は、軍国主義に対して無抵抗であった。残念ながら、積極的に抵抗する勇気はなく、適当に迎合し、或いは逃避していたと云わざるを得ない」と明言している[10]。随筆「一番美しく」も、戦時下の国粋主義に「適当に迎合」した文章だったのだろうか。少なくとも黒澤は、その表題であり最後の文で反復さえしているフレーズを、みずから脚本を執筆して監督した第二作のタイトルに使った。レンズ工場に動員された女子挺身隊の献身的な仕事ぶりを描いた映画『一番美しく』（44）は、本人の回想によれば「小品ではあるが、私の一番可愛いい作品である」[11]。

この随筆で本当に面白いのは、開戦以来現実には不可能になっていたアメリカ映画の上映を仮定して日本映画と面白さを競うというアイデアである。「負《ま》けたら切腹《せつぷく》ものである」と構えながら、アメリカ映画史に名高い『或る夜の出来事』（34）や『オペラハット』（36）などでコンビを組んだ監督キャプラと脚本家リスキンの名を挙げて、彼らの作品が相手だったら——ジョン・フォードでないことにはいちおう目を留めておこう——自分に勝ち目はない、と率直に認めているのだ。だからアメリカ映画に勝つためには技術の模倣ではなく日本人の心に根ざした別の面白さをめざさなければならない、と主張しながらも、国を挙げて「鬼畜米英」などと騒がしかった状況において、アメリカ映画が模範たるべき優越した存在であるという評価については否定するどころかわざわざ追認したことになる。随筆の後半で、「もし現在《げんざい》、アメリカ映画の競映がゆるされるとしたら、一番《ばん》痛手《いたで》を受けるのは」アメリカ映画の技術的模倣にすぎないような（日本側の）映画だろう、などと予想するときにも、観ることができなくなったアメリカ映画への渇望が屈折した形で漏れ出ているようにさえ思われる。よく知られているとおり、開戦で輸入が途絶える前に公開されていた最後のアメリカ映画の一本は、ほかならぬキャプラの代表作『スミス都へ行く』(39)だったのである。

そして敗戦後、アメリカによる軍事占領が始まって一年ほどが過ぎたあとで、冒頭で紹介した随筆が『映画之友』に掲載される。黒澤は、「アメリカの演出家」で好きな監督をジョン・フォード以外にも数人挙げて、「そのつくる映画のどこを切つても映画以外の何物でもない」、「この人達の作品には、僕等が少年時代に胸を躍らせて見た、活動写真の何物にも代へ難い楽しさ嬉しさ美しさが今なほ脈々と生きて」いる、と断言する。「いづれにせよ、アメリカは映画の故郷です。どんなアメリカ映画にも我々がまだ〳〵学びとらなければならないものが沢山含まれてゐると思います」[12]。要するに、アメリカ映画にこそ映画の本質があると言っているのだ。占領期の他の随筆でも、映画の編集について、ソヴィエトのエイゼンシュテインやプドフキンらのモンタージュ理論には「首をひねらざるを得ない」ところがあって、自分はグリフィスの「信者」だと述べ[13]、さらに、映画を製品として親切に作っているアメリカ映画の企業精神を学ばなければならないと主張している[14]。

こうしてみると、黒澤明がアメリカ映画を模範として明確に認識するようになったのは、戦時期から占領期にかけての日米両国の関係の大きな変動を背景として、あらためて「アメリカ映画」なるものを評価する機会を与えられた、あるいはそうするように迫られたことが主な要因だと考えられる。

なるほどアメリカ映画は多くの面でグローバルな影響を及ぼした。それは黒澤明の場合にかぎらない。けれども、まさに映画のグローバルな特性においてアメリカ映画と日本映画の関係は一方的なものではなかったのである。戦時中のアメリカでは、のちにＣＩＡとなるＯＳＳ(戦略諜報局)が日本の劇映画を資料としてプロパガンダの技法や国民性の研究に取り組んでいた。その成果がルース・ベネディクトの『菊と刀』（一九四六年）に活用されたことは知られている。ちょうど黒澤明が随筆「一番美しく」を発表した一九四三年の春、OSSは分析対象の日本映画をハリウッドの映画人のために上映した。報告によれば、ある監督などは『チョコレートと兵隊』（38、東宝、佐藤武）の水準の高さに驚き、「我々はこういう映画に勝てない。我々にはせいぜい一〇年に一本作れるような作品だ」と語ったという。その監督とは誰あろう、黒澤が「全くうまい」「少なくとも僕《ぼく》よりうまいのは確実《かくじつ》」と感服していたフランク・キャプラなのである[15]。

黒澤明の謂う「面白さと云ふものをひさぐ技術」についても、戦時期の日米の映画の間に興味深い照応が見られる。日本側はほかならぬ黒澤自身の作品である。監督三作目、一九四五年四月に封切られた『續 姿三四郎』には、いわゆる異種格闘技の対決場面が登場する。柔道家の姿三四郎（藤田進）とアメリカ人のボクサーが対戦するのだ。クレジットされていないが、ボクサー役にはアメリカ人ではない在日外国人が起用されたらしい。リングサイドで両国の観衆が熱狂的な声援を送る中、三四郎が見事「アメリカ人」を投げ飛ばして勝利を収める。会社から与えられた二番煎じの企画でモチベーションは低かったと本人は述懐しているけれども[16]、前二作同様に脚本は黒澤自身が書いているので、検閲の目や観客の欲望に配慮しつつ娯楽と戦意高揚の要素を融合したアクションシーンを考案したのだと思われる。

ところが、アメリカ人と日本人の異種格闘技の試合というアイデアは、一九四三年の夏から秋にかけて全米各地で公開されたハリウッド大手製作の劇映画でも使われていたのだった。RKO社の『ビハインド・ザ・ライジング・サン［*Behind the Rising Sun*］』（43、エドワード・ドミトリク）である[17]。来日して野球のコーチをしているアメリカ人（ロバート・ライアン）がボクシングで、日本の軍人が空手と柔道の技を使って対戦する。ちなみにこの軍人を演じたマイク・マズルキは現在のウクライナ出身のレスラーで、俳優としても活躍した。当然のことながら、試合は激戦の末にアメリカ人が「日本人」をノックアウトして終わる。公開時に特に観客が興奮した場面だと伝えられる。むろん黒澤明はこのアメリカ映画を見ることはできなかったし、その情報を得たということも考えにくい。アメリカ映画と日本映画の架空の対戦を想像した黒澤自身が、それと知らずにアメリカ映画と同じ技《わざ》を使っていたわけである。戦時期の娯楽映画としてはむしろ紋切り型のアイデアによる偶然の一致だろう。

そのアメリカが、『續 姿三四郎』公開からわずか数カ月後、いかつい物質性をそなえた国家として、黒澤明の前に姿を現し、すれ違う。

3　アメリカ軍とのすれ違い

占領軍との関係について黒澤明は、『蝦蟇の油』でいくつかの逸話を書き残している。その一部については、連合国軍最高司令官総司令部（GHQ／SCAP）の記録との異同がすでに明らかにされている。なかでも『虎の尾を踏む男達』（52）の製作や公開をめぐる「神話」については、私自身が調査した結果も含めて別の場所で詳しく論じたのでここでは繰り返さない。[18] その『虎の尾を踏む男達』を撮っていた東宝砧撮影所に「アメリカの兵隊」がときどき訪れるようになったことが『蝦蟇の油』に記されている。[19]先遣隊の厚木到着が一九四五年八月二八日、マッカーサー元帥が降り立ったのが三〇日、九月二日の降伏文書調印式を経てアメリカ軍が東京に入ったのが八日――このような日付を踏まえるなら、アメリカ兵が黒澤の前に現れるのは九月第二週以降のことであったろう。戦争末期からGHQの統制が始まるまで日本映画の検閲を行った映画公社の審査記録によれば、『虎の尾を踏む男達』の企画が承認されたのは八月三〇日、脚本の承認は九月六日である。[20]時期は符合する。

そのころに撮られたとおぼしき興味深い写真が、二〇〇三年に東宝から発売された黒澤明のDVDボックスの解説書の口絵として掲載されている。『虎の尾を踏む男達』の出演者たちがアメリカ軍関係者らしき人々と写ったスナップや集合写真である。[21]貴重な記録だが、キャプションはついていないし解説書にも説明はない。意外なことに、そのうち二枚の写真には『虎の尾を踏む男達』にまったく登場しない女性たちが写されていて、他がみなしゃがんでいる中で一人だけが長身の白人男性たちと並んで立っている。ヘアバンドをして半袖サマー・セーターにスラックスという軽快な身なりのその女性は、明らかに東宝の女優、轟夕起子である。当時並行して撮影が進められていた『歌へ!太陽』(45、阿部豊)の出演者たちが飛び入りで参加したものと思われる。[22]

奇妙なのは、これらの写真のどれにも監督の黒澤明が写っていないことだ。『蝦蟇の油』には、アメリカの兵隊たちがはしゃいで収拾がつかなくなり撮影を中止したことがあったと書かれている。[23]ひょっとすると、黒澤は得意の癇癪でも起こして記念写真の撮影には加わらなかったのかもしれない。

ともあれ、映画研究者の注意を引き、悩みの種ともなってきたのはその直後の記述である。ある日、黒澤がステージの上のデッキに登って俯瞰撮影をしている最中にアメリカの将校たちが入ってきて静かに引き上げていった。その中にジョン・フォードがいた。黒澤は後年フォード本人から初めてその話を聞かされたという。[24]それは、一九五七年一〇月に催されたロンドンのナショナル・フィルム・シアターの開会セレモニーにフォードと黒澤も招待され、折しもMGMの英国スタジオで新作を撮影していたフォードを黒澤が表敬訪問したときのことである。黒澤が帰国後に『キネマ旬報』に寄稿した「ロンドン・パリ十日間」と題された随筆によれば、フォードは「俺はお前が撮影してるのを見た事がある、戦争の直後、軍人だった時見ておぼえている」と語ったという。黒澤は「(これは、多分「虎の尾」を撮っていた時の事だろう)」と、カッコに入れて自分の推測を書き添えている。[25]

ジョン・フォードは第二次世界大戦中、海軍に属し、OSSの記録映像部門 (Field Photographic Branch. 直訳すると「戦場写真部」となるだろうか) でドキュメンタリー映画の製作を指揮した。[26] 一九四四年一〇月から四五年六月までは任務から外れ、本職の監督として戦争映画『コレヒドール戦記』(45) を撮る。主人公のモデルはジョン・D・バルクリー海軍中尉——四二年三月、日本軍に包囲されたダグラス・マッカーサー陸軍大将をフィリピンから脱出させた魚雷艇部隊の司令である。海軍、沿岸警備隊、OSSが全面的に協力し、四五年二月からフロリダで撮影を始め、六月中旬に完成した。[27] その後、フォードはOSSに復帰するが、九月二九日に海軍を正式に除隊するまでの動静については、複数の評伝の記述は必ずしも一致していない。七月以降、ブダペストに赴いて亡命ユダヤ人の本国帰還を支援したり、ニュンベルク裁判の取材のために特別チームを送る準備に従事したりしたあと、八月一一日に大佐に昇進したとか、[28] 解散する戦場写真部の残務処理のために二カ月ワシントンで過ごしたなどと書かれているけれども、一致しているのは日本に関連する言及がないことだ。

だが、黒澤明の記憶にある「戦争の直後、軍人だった時」というフォードの言葉をもっとずっとゆるく解釈するなら、黒澤の推測とは別の可能性をあながち排除することはできない。朝鮮戦争のさなか、一九五一年の一月に、フォードは退役海軍少将として韓国に渡り、映画『これが朝鮮だ！ [*This Is Korea!*]』を監修する。翌月、仕事を終えたフォードはアメリカに帰国する途中で東京に立ち寄った。[30]

このとき、新聞の小さな記事からフォードが帝国ホテルに宿泊していることを知り、逆上したのが淀川長治である。淀川は「顔じゅうが真っ赤になっているのを自分でも感じるくらいのショックを受け[31]」、居ても立ってもいられず、ホテルの部屋番号を探り出し、電話に出た本人に面談の約束をとりつけて押しかけてしまったのだという。淀川が読んだという記事は、『読売新聞』一九五一年二月一六日朝刊二頁の「いずみ」と題されたコラムに違いない。記事の冒頭に「〃駅馬車〃〃わが谷は緑なりき〃で日本の映画ファンにもおなじみのハリウッド第一級の巨匠ジョン・フォード（五六）監督は海軍大佐として昨年末から朝鮮戦線に出陣、近く帰米するが十五日とつぜん帝国ホテルに姿を現わした」とある。淀川は熱い愛情と捨て身の率直さで、一方的に「出会い」を実現してしまう人だったようだ。

他方、黒澤明はまさにその月、新作の撮影を始めていた。松竹の『白痴』（51）である。とはいえ、フォードの東京滞在はせいぜい数日にすぎなかったようだ。その間に撮影所を見学する余裕があったとは考えにくい。また、三月には北海道ロケを行う『白痴』の撮影がすでに大船で進められていたのかどうか。いずれにしても心もとない、怪しい仮定にすぎない。しかしそれでも、もともと茫漠とした話の一つの可能性を示すことで、識者の教示を仰ぎ、かつ今後の調査を促すことができるのであれば、それも悪いことではないだろう。

そもそもなぜこのような憶測をめぐらしているかと言えば、フォードの所在が東アジアにおける米軍の活動と関連があるからだ。フォードが一九五一年二月に東京に立ち寄ったのは事実であるし、その事情もおおよそわかっている。しかし四五年九月に、それまでヨーロッパに赴いたともワシントンに滞在していたとも伝えられるフォードが、占領が始まったばかりの日本にわざわざ来たとすれば、当然、諜報機関に所属している海軍大佐である以上、その行動にはしかるべき理由があったはずである。初期の占領政策にジョン・フォードが何らかの役割を果たしたかもしれないのだ。

アメリカ合衆国のインディアナ大学リリー図書館が所蔵する「ジョン・フォード文書」には、フォードの書簡、脚本を中心とする映画製作関係の資料、法律関係の書類、写真などがフォルダーに整理され、二七箇の箱に収められている。(32) 私はまだその機会に恵まれていないけれども、この資料を実地に調査すればフォードの動向についても何か新事実が発見できるかもしれない。もちろん日本占領に関連する事柄なのでGHQ／SCAPの文書の調査も必要になるだろう。

今さら感慨にふけるほどのことでもないのだが、日本に関係する何らかの歴史的事実が占領軍の資料やアメリカ本国のアーカイブ文書の調査によって初めて明らかにされうるという「知」の構造は、それ自体が敗戦後の日本とアメリカ合衆国との非対称的な関係を如実に物語っている。実は、黒澤明がアメリカと真に出会い、そして出会いそこなった深刻なトラブルについても、この事情は当てはまる。一九六八年に起こった『トラ・トラ・トラ！』の監督解任事件である。

4　「超越的審級」としてのアメリカ

これまでジョン・フォードを糸口にして、模範としてのアメリカ映画と占領者としてのアメリカ軍に対する黒澤明の「出会い」を順に見てきた。『トラ・トラ・トラ！』の場合、そもそも黒澤の側にフォードへの意識があったかどうか、私は知らない。黒澤が共同監督の一方を担うことが予定されていたこの20世紀フォックス社の映画は真珠湾攻撃を日米の両側から描く戦争大作である。フォードは同じ出来事を題材としてすでに大戦中にOSSの仕事として『真珠湾攻撃』(42－43製作) を撮っていた。こちらは戦時下に軍が製作したセミドキュメンタリー映画であり、四半世紀が経過したあとのハリウッド・メジャーの劇映画とは明白な違いがあるにせよ、フォードと黒澤が日米の戦争の発端となった歴史的事件をそれぞれ映画で物語ることになったかもしれないのだ。敬愛するフォードの作品について黒澤は何か知識を持っていたのか、その時点では日本で公開されていなかったこの作品を幸いにも見る機会があったのか、あるいは何も知らなかったのか。事後的な観察者にとっては興味をそそられる問題である。もし本人が何も知らなかったとすれば、それはまさに『トラ・トラ・トラ！』事件の核心にも通じる事態ではある。黒澤はアメリカ側と自分自身との関係について肝心の事実を認識していなかったのだから。

一九六七年四月二八日、東京のホテルで、黒澤明監督の新作『虎 虎 虎』の製作発表会が華やかに執り行われた。しかし、一年八カ月後の六八年一二月二四日、東映京都撮影所で日本側の撮影が始まってから三週後、20世紀フォックス社は病気を理由に黒澤を解任した。「世界のクロサワ」が馘首されるという事件は当然のことながら大きな話題となり、さまざまな憶測を呼んだ。しかしその真相は不明のまま長い歳月が過ぎた。

二〇〇六年に出版された田草川弘《たそがわひろし》の『黒澤明 vs. ハリウッド――『トラ・トラ・トラ！』その謎のすべて』は、この解任事件の真相解明に取り組んだ貴重なノンフィクションである。著者は若いころにこの映画の製作にかかわった。黒澤明の脚本とフォックス社側の脚本をそれぞれ英語と日本語に翻訳する役割だった。撮影開始を二日後に控えた六八年一一月三〇日、台本の最終確認の打ち合わせを最後に田草川はプロジェクトから去った。

その後、ジャーナリストやメディア研究者として経験を積んだ田草川は、自分が製作から離れたあとに起こった黒澤解任の真相解明に着手する。しかし、日本側にはほとんど資料がなかった。「関係資料がすべて行方不明というのは、まことに不可解であり、残念なことだと思った」（五五五頁）[33]。そこでアメリカに残された資料の調査を決意する。『トラ・トラ・トラ！』のプロデューサー、エルモ・ウィリアムズが映画芸術科学アカデミー（AMPAS）のマーガレット・ヘリック図書館に寄贈した資料や、カリフォルニア大学ロサンゼルス校（UCLA）が管理する20世紀フォックス社の文書などを精査した。

田草川弘の目的は解任の真相解明だけではなく、それ以上に、幻に終わった黒澤明の『虎 虎 虎』の構想を復元することにあった。解任の問題にかぎっても広範な取材にもとづいて多角的な検討を加えている。その豊かで複雑な内容のうち、ここでの話題に関連する最も貴重な成果と思われる発見だけを取り上げて考察することにしよう。20世紀フォックス社に保存されていた英文の正式契約書の内容である。それこそがこの映画の製作における黒澤明の客観的な位置――契約によって規定された立場――と黒澤自身の主観的な思い込みとのずれを残酷に露呈させるからである。このずれは、あたかも敗戦後の日本人がアメリカと取り結んできた関係の一面の寓意となっているようにさえ思えるのだ。

そこで、契約書の内容を見る前に黒澤明自身の認識を承知しておく方がよい。黒澤は自分が「総監督」であると思っていた（三六一頁）。そう思い込むに至った錯綜した事情は田草川の周到な叙述を参照してほしい。いずれにせよ黒澤は、『虎 虎 虎』を自分の作品であると信じていたのだ。

一九六七年四月二八日、製作発表会が行われた日の夜、田草川は、自宅に戻った黒澤が家族や知人とともに祝う場に同席した。黒澤が上機嫌で語った言葉のいくつかを田草川は引用している（一八―一九頁）。「この映画《しゃしん》を見たら（真珠湾攻撃は）騙《だま》し討ちだ、なんてもう誰にも言わせない」。「これはドキュメンタリーなんかじゃない。スペクタクルでもない。悲劇《トラジェディ》だ」。「日本人とはこういう人間なんだという、本当の姿を世界中の人たちに見てもらう絶好のチャンスだ」。「この映画《しゃしん》は天皇陛下にも見ていただく。もしもヘンテコなものを作っちゃったら、僕は飛行機の窓を蹴破ってハワイの海にドボーンと飛び込まなきゃならない」。——かなり高揚していたようだが、「ハワイの海に」云々などという冗談を目にすると、戦時中の随筆「一番美しく」を思い出さずにいられない。そこで黒澤は、アメリカ映画と日本の「国民映画」との「競映」をしてみたらどうか、「負けたら切腹ものである」、と書いていた。「切腹」と「ハワイの海にドボーン」とでは隔世の感があるけれども、戦時下に新人として映画作りの抱負を語った黒澤は、今や「世界のクロサワ」として敗戦後の日本を代表し、日本人の「悲劇《トラジェディ》」を描いて「騙《だま》し討ち」の汚名をそそがなければならない、そんな使命感にとらわれたようなのだ。

むろん、黒澤自身の作品の具体的な構想は別に検討されるべきことである。だが、あらためてかすかな疑念が脳裏をよぎる——ジョン・フォードの『真珠湾攻撃』という、明らかにプロパガンダ的な要請のもとで作られながら安易な一元的解釈を許さない優れた映画のことを、黒澤は知らなかったのだろうかと。

ともあれ、黒澤明の「作品」は20世紀フォックス社との契約にもとづいて製作されるものだった。黒澤は契約の実務をすべて黒澤プロダクションのプロデューサーに任せきりで、英文契約書をみずから検討することはなかったという。その契約によれば、黒澤の地位は「総監督」などというものではなかったのだ。以下、契約書の内容については全面的に田草川の説明に依拠する。私自身の法律の知識の乏しさは別としても——田草川は複数の法律家から助言を得たという——、そもそも英文契約書の本文が公開されていないからである。その契約書は英米法の慣習的なルールにもとづいて作成され、法的根拠はカリフォルニア州法であり、訴訟の場合はカリフォルニア州裁判所が扱うことになっていた。黒澤がこだわったクレジットの順序についても（四九八—四九九頁）、黒澤が自分の手で行うつもりでいた編集についても（五〇〇—五〇三頁）、最終的な権利は20世紀フォックス社に保障されていて、黒澤の要求が認められる余地はなかったという。

そして黒澤明の地位を決定的に規定したのは契約書第一〇条E項である。重要な項目なので田草川の訳文をそのまま引用させてもらう。

二十世紀フォックス社は、日本側撮影部分を含むこの映画の製作者であり、黒澤プロダクションは、製作に必要な機器、人員、施設、役務《サービス》の提供を請け負う独立の契約者である。日本側撮影部分の製作において、黒澤プロはフォックス社の指揮及び指示に対して誠実かつ細心に従うものとする。アキラ・クロサワは、この映画の日本側撮影部分の請負責任者としてフォックスが指名したものである。しかしながら、日本側撮影部分を含むこの映画製作に関するいかなる事項についても、すべてフォックス社取締役副社長であるリチャード・ザナック製作本部長による決済ないし決定をもって、最高かつ最終的な結論とする（五〇九—五一〇頁）。

「これが赤裸々《せきらら》な現実である」と田草川はコメントを加えている。要するに、「ハリウッドのメジャーである二十世紀フォックス社から、黒澤プロダクションという日本の会社が映画製作の一部を受注するという〝下請け契約〟である」（五〇九頁）。黒澤明の契約上の客観的な立場は、下請け企業の社長だったのである。田草川は別の場所で「二十世紀フォックス社の認識　ハリウッド型ヒエラルキー組織」をピラミッド型の図で示している。それによると、頂点は株主で、以下、重役会、社長（ダリル・F・ザナック）、製作本部長（リチャード・ザナック）、プロデューサー（エルモ・ウィリアムズ）と続き、その下の段から日本側とアメリカ側に別れ、日本側の製作請負が黒澤プロ、アメリカ側はエルモ・ウィリアムズとリチャード・フライシャー・プロダクションである。監督の黒澤明はこのピラミッドの図ではほとんど底辺——その下には第二班監督しかいない——に位置する（三六六頁）。しかし黒澤本人の認識をこの図に対応させるなら、経営陣のトップは別としても、自分はウィリアムズより上に位置していると思っていた。田草川によれば、黒澤は一貫して、実際にはすべてを取り仕切っているプロデューサーのウィリアムズを「格下扱いしていた」（二九四頁）。

黒澤明が自分の実質的なカウンターパートと見なしたアメリカ側の人物はダリル・F・ザナックだった。言うまでもなく、ジョン・フォードの『怒りの葡萄』や『わが谷は緑なりき』（41）などの傑作を送り出したプロデューサーである。田草川の見解を引く。「〝総監督〟であることを最後まで疑わなかった黒澤は、フォックス社のボスであるダリル・ザナックという権威者から〝御墨付《おすみつき》〟とも言うべき強力な後ろ盾の保証を得た特別な存在だと思い込んでいたふしがある」（五一三頁）。アメリカ側の権威ある人物と個人的な信頼関係で結ばれていることが自分の身分を保障すると信じていたということだ。人によっては、本心はどうあれ政治的な計算からそのような関係を演出して誇示することもあるだろうが、黒澤は素直にそう思い込んでいたらしい。

しかし黒澤明はあっさり解任されてしまう。その事情を田草川は詳しく述べているけれども、ここでは、黒澤の解任もまた契約書の規定に則って事務的に処理されたことを記すにとどめる（五一四—五一五頁）。

そもそも真珠湾攻撃を米日両国の視点で描く映画を構想したのはダリル・F・ザナックだった（三〇—四一頁）。ノルマンディー上陸作戦を各国の当事者の視点から多元的に描いた超大作『史上最大の作戦』（62）と同じ発想である。ヨーロッパ戦線で大成功を収めた20世紀フォックス社は、今度は太平洋を舞台に戦争スペクタクルの娯楽大作を作ろうとしたのだ。ハリウッド・メジャーの行動として何も不思議な点はない。ところが黒澤明の方は、スペクタクルではなく「悲劇《トラジェディ》」を撮らなければならないと思いつめていたようなのだ。その「悲劇《トラジェディ》」を作ることで「日本人」の「本当の姿」を世界に知らしめるのが自分の使命であると――。敗戦後の日本人に何よりも必要なのは自我の確立だと考えた黒澤だが[34]、ここには何か自尊心と自意識の空回りのようなものが感じられてならない。

私は田草川弘の著書を読んで心底から驚いたのである。黒澤明が自分の置かれた客観的な立場を確かめず、自分の主題を懸命に追求することしか眼中になかったとすれば、そのような黒澤の行動や他者との関係性は、黒澤自身が作った映画の物語の構造を現実において反復しているように思えたからだ。他の場所で詳しく論じたように、黒澤の映画には、主人公の自己の問いが周囲の他者たちの問題とすれ違ったり葛藤に陥ったりする関係を描いた優れた作品が存在する[35]。『虎 虎 虎』という作品を自己の問いとして探求しようとした黒澤は、彼と契約を結んだ20世紀フォックス社という他者たちの問題を共有することなく、それどころか彼自身が他者たちにとって解決すべき問題の一つとされ、契約にもとづいて処理されてしまったのである。

むろん黒澤明という人物の個性や周囲の人々との関係が大きな要因であったではあろうが、黒澤の解任事件は特定の個人の事情を超えた別の問題の寓意として受け取ることもできる。それはまさに敗戦後の日本人や日本政府のアメリカ合衆国に対する関係である。吉見俊哉によれば、一九五〇年代半ば以降、軍事的暴力としての「アメリカ」が本土の日本人の日常風景から遠ざかるのに反比例してイメージ化されたアメリカは、「日常意識とアイデンティティを内側から強力に再編していく超越的な審級となっていった[36]」。しかしイメージの次元とは別に、日本人の経験は、日米安全保障条約や地位協定に代表されるような、そして必ずしも軍事に限定されない他の客観的な諸関係によってもまた、アメリカという「超越的審級」に強く規定されている。このような事態に対するいわば超越論的な批判——自分を規定する超越的な力の作用を反省的に思考して自分自身の位置や能力の限界を見きわめること、と、とりあえず言っておこう——は、いかにして可能であるのか。黒澤明のアメリカとの出会いそこないは、こんな問いを私たちに突きつけているのではないだろうか。

5　映画の予期されぬ出会い

最後にもう一度、淀川長治に登場してもらおう。

一九五一年の暮れ、ロサンゼルスのリトル・トーキョーにある日本映画専門館「リンダ・リー」で黒澤明の『羅生門』(50)が上映された。ちょうどこのころ、淀川は『映画の友』の仕事でロサンゼルスに出張していた。観客の八割方を日本人の一世や二世が占める中、初日から欠かさず友人を連れて通う白人の観客がいるらしい。映画館の支配人からその人物が今日も来るはずだと聞いた淀川が待っていると、現れたのは俳優のリー・J・コッブだった。『羅生門』の「どこがお気に入り」か、という淀川の問いに、コッブは「〝僕が生れてから今日まで見て来たあらゆる映画のなかでこれが一番だ〟と私に顔を近づけてそう言った。〝映画始まって以来〟とつけ足した」[37]。

淀川長治はまったく触れていないが、当時のリー・J・コッブはひどい苦境に陥っていた。戦前、エリア・カザンらとともに演劇活動を精力的に行ったコッブは、一九五一年の春に下院非米活動委員会で証言したある俳優によって「共産主義者《コミュニスト》」として名前を挙げられたのだ[38]。共産党員であることは違法ではなかったにもかかわらず、また実際に党員だったという事実がなかったとしても、ひとたび「共産主義者」としてレッテルを貼られた人々は社会的に排除された。アメリカ合衆国を席巻した赤狩り《レッド・パージ》である。戦前から戦中にかけてファシズムに対して積極的に戦った多くの人々が、冷戦体制の下では「非米的」すなわち「共産主義者」という嫌疑をかけられるようになった。実はジョン・フォードもまた、一九五〇年ごろにアメリカへの「忠誠」を疑われる出来事があり、先に述べた『これが朝鮮だ！』の製作は「あらためて愛国心を示す」ための仕事だったかもしれないと推測する伝記作家もいるのである。(39)

ひとたび烙印を押されてしまった者が社会への復帰を許されるためには、みずから情報提供者――いわゆる「友好的証人」――となり、非米活動委員会が「共産主義者」とみなす人々を密告することで「忠誠」を示さなければならなかった。コッブもその圧力にさらされた。二年間は耐えた。その間、職を失い、生活は窮乏し、妻はアルコール依存で施設に収容された。(40) リトル・トーキョーの映画館に日参して『羅生門』を観ていたのはまさにその時期に相当する。しかし、一九五三年六月、コッブはついに屈して密告者となった。かつての仲間を売ってキャリアを回復したコッブは、その後、『波止場』（54、エリア・カザン）でアカデミー賞助演男優賞にノミネートされ、『十二人の怒れる男』（57、シドニー・ルメット）の演技でも注目を浴びた。

「あらゆる映画でベスト」と淀川に語ったというコッブが『羅生門』に何を見ていたのかはわからない。(41) なるほど『羅生門』は「証言」の映画でもあるが、それが関係あるのかどうかを知るすべもない。

もともと『羅生門』という映画は、東宝争議で撮影ができなくなった自社の有力監督に仕事を与えようとした東宝の配慮で、黒澤が他社の大映で撮ることができた作品である。その大映が期待していたのはプログラム・ピクチャー並みの時代劇だったにもかかわらず、黒澤自身は「サイレント映画の美しさ」

を再考して「純粋な映画的手法」を追求しようとした作品だったという。[42]淀川の回想によれば、決して「日本人」の自尊心を回復しようと肩肘を張ったわけではなかったこの作品が、「世界のクロサワ」などという名声とは関係なく、ロサンゼルスの一角で一人の孤独なアメリカの映画人を深く魅了したのだった。

淀川がリー・J・コッブの逸話を紹介しているのは、ほかならぬ『蝦蟇の油』の「解説」の中である。黒澤本人は、親友の淀川からじかに、あの柔らかく雄弁な語り口でアメリカからの土産話を聞かされたことがあるのだろうか。

III　占領下アメリカ製教育映画についての覚書

――ナトコ（映写機）とＣＩＥ映画

1　占領期の教育映画政策の概略

テレビやビデオの出現以前、フィルムを映写機にかけてスクリーンに投影することによってしか映画が見られなかった時代であっても、そのフィルムは映画館だけで上映されていたわけではない。戦前日本でも、少人数のオーディエンスの娯楽を目的としたホーム・ムーヴィの上映や、学校や公共の場所における（もっぱら）教育を目的とした非商業的上映が盛んに行われていた。占領期に入るとＧＨＱが占領政策の一環として「非劇場」型の教育映画の浸透に力を注いだ。[1] 日本側に制度・組織の整備を要請し、映写機や映画作品《フィルム》などの資源を大量に投入して全国的な啓蒙活動を意図したのだ。民間情報教育局（Civil Information and Education Section）が推進した一六ミリ教育映画による民主化促進プログラムである。このとき貸与された映写機は、メーカーの社名National Companyにちなんで「ナトコ［Natco］」と呼ばれた。作品の方はＣＩＥ映画あるいはＣＩＥ教育映画である。

この政策についてはすでに教育政策史や占領政策史の見地からの解明が行われてきた。[2] 本章の目的は、行政側の膨大な一次資料を駆使して政策施行過程全体を視野に収めようとするそうした研究に比べると、きわめて慎ましいものでしかない。すなわち、当時刊行されていたある教育映画専門誌に限定して、その記事に現れたかぎりでのこの政策へのさまざまな反応を紹介しようとするものである。その雑誌は『映画教室』という。むろん、ナトコとCIE映画の運用の実態を解明するには、たとえば阿部彰が主に新潟県について行ったように、地方レベルでの一次資料の調査が不可欠である。[3] しかし、『映画教室』はナトコとCIE映画の貸与という政策とは独立に教育映画運動を推進していた全国規模の団体の機関誌である。そのような性格の雑誌であるだけに、占領軍当局や日本政府・自治体の政策に対する現場の側からのいきいきとした反応を知る手がかりとなる資料たりえている。そこで、まずこの雑誌が創刊された前後の教育映画政策の経緯を、主に田中純一郎の『日本教育映画発達史』にもとづいて概観しておこう。[4]

戦前から日本で映画教育を行ってきた代表的機関は、文部省の外郭団体である財団法人大日本映画教育会（以下、教育会）であった。CIEのH・L・ロバーツ大尉は早くからこの会に注目し、その組織内容、性格、運用法などについて関係者に面接を行い、次のような結論に達した。①教育映画を急速かつ大量に製作する必要がある。②有効な配給制度を確立しなければならない。③大日本映画教育会は従来の官製団体的色彩を払拭して民主的に改組すべきである。一九四五（昭和二〇）年一〇月、ロバーツ大尉は文部省と既存の文化映画業者からなる教育映画関係者懇談会に、以上の項目を「示唆」という形で申し入れた。また、大日本映画教育会にはアメリカの教育映画を試写したり改組について意見交換を重ねたりするなど精力的に働きかけたが、四六年四月に他部門に転属する。[5]

既存の文化映画業者――日本映画社、東宝文化部、朝日映画、理研科学映画など――は映画法廃止にともなって文化映画の強制上映が行われなくなったことから実質的に仕事を失っていたが、CIEの働きかけに業界再興の望みを託し、四六年四月に教育映画製作協議会（以下、協議会）を結成する。協議会は教育映画振興を目的として、官僚的な大日本映画教育会とは別箇に活動を開始した。協会が掲げた活動目標は、①配給網の確立、②機材の大量生産、③優秀作品の計画的大量生産であった。

文部省からの奨励金交付を受けながらその使途に不明な点があるなど、組織の体質に問題を抱えていた教育会は、協議会側に押し切られ、合同で映教改組委員会を立ち上げることになった。協議会の主導で進められた改革の標的は、教育会が官製の組織であったこと、利用者側の利益を代表していたことの二点に向けられた。まず会員の構成については、それまで学校にかぎられていた利用者を劇場や各種組合にまで拡大し、これに映画や機材などの製作業者を加える構成とした。次いで、従来は官の財政的な支援を受けていたのに対して、会の運営をすべて会員から徴収する会費でまかなうことにした。それにともない、全会員は一会員一票の権利を有して運営に参加できるようになった。

こうして一九四六年一〇月一日、協議会と教育会が合併して財団法人日本映画教育協会（以下、映教）が発足した。一一月八日に愛知県で行われた中部地区連絡協議会を皮切りに、全国で連絡協議会を開催し、移動映写を行った。映教はまた、四七年二月に機関誌を創刊した。これが『映画教室』である。五〇年六月に『映画教育』と改題され、さらに五一年四月には『視聴覚教育』へと誌名を変えた。

映教は一九四七年五月から約二カ月間にわたって、CIE、文部省社会教育局、日本教職員組合などの支援を受けて、映画教育振興キャンペーン「映画を見る学童六〇〇万人組織運動」を全国的に展開する。この運動は製品の安定的供給のための体制作りという業者の利益に適うものであった。この計画は、全国五〇箇所にフィルム・ライブラリーを設置し、一映画番組につき二セットのプリントを配給する。

利用団体は一回一人一円の料金で五〇〇―六〇〇人の学童を対象に一〇〇―一二〇回映写することによって収支相償う、というものだった。この体制づくりのために、映教は各地区府県別に映画教育振興大会を開いていった。振興大会には一会場につき教育関係者が五〇―一〇〇名参加し、見本映画の有料試写会には一〇〇〇―四〇〇〇名の観覧者が詰めかけて大成功を収めたという。これにともない、各府県の団体の自主的活動が活発になっていった。しかし、映教の運営に関しては、その役員構成における業者側への偏りが問題にされ、四八年九月六日の会員総会でその是正がはかられた。

このように映画教育の担い手の組織化が行われていった一方、一九四八年二月、ＣＩＥは文部省に対し、映写機と幻灯機を大量に無料貸与するので全国に適正に配布し社会教育のために適当な上映体制をはかるようにという要請を行った。阿部彰の著書には翌三月の「米国陸軍省所有十六粍発声映写機及び映画受入要領（文部次官通牒案　一九四八年三月）」が全文引用されている[6]。この映写機はナトコという名称のアメリカ製一六ミリ発声映写機で、米軍が太平洋戦争中、前線や占領地での慰安や宣撫に使用したものである。一三〇〇台のナトコの受け入れを担当したのは文部省芸術課課長の檜垣良一である。さっそく全国的な組織作りが進められたが、それは、全国八箇所に地区視覚教具本部を設け、各都道府県教育委員会社会教育課に視覚教育係を新設し、その下に都道府県中央図書館を設置場所とする視聴覚ライブラリーを所属させるという徹底ぶりであった。このような機構人事編成に各都道府県は年予算平均七〇万円近い経費の捻出を強いられたが、ＣＩＥと軍政部の半ば強制的な命令によって急速な進展をみた。新潟県のように、この命令を無視したために当該主務官が罷免され、あわてて組織作りに取り組むところさえあったという[7]。

一九四八年四月から六月にかけて、文部省とＣＩＥは特別仕立ての専用列車を用い、全国一四箇所で視覚教育指導講習会を開き、映写技術の普及をはかった。映写機は、各府県別の人口、映画館数、学童人口の各比率に準じて配分された。四九年一二月二日、文部次官から全国都道府県知事に出された「連合軍貸与の映写機映画等の取扱いに関する通達」は、その具体的な運営法を示した。ちなみに、日本の学校教育、社会教育で「視聴覚」という言葉が公式に取り上げられ定着するのはこのときからである。他方、いわゆるソフトについては、CIEはすでにそれ以前の四七年四月から一六ミリのアメリカ製短編教育映画の無料貸付を行っていた。これがいわゆるCIE教育映画である。これらのフィルムには、東亜発声社をはじめとする日本の映画会社が製作した日本語版ナレーションが吹き込まれた。その数は最終的に四〇六本に及び(8)、内容もアメリカの政治や経済の紹介、風景、音楽、教育、時事解説など多岐にわたっていた。

2　ナトコの「受け入れ」の実態

本節では映教の機関誌である『映画教室』の記事にもとづいてナトコ「受け入れ」時の問題点とナトコのもたらした影響を整理する。なお、文中では『映画教室』の該当箇所を、たとえば［48-6: 16］のように略記して一九四八年六月号一六頁を意味する。なお、『映画教室』に掲載されたナトコまたはCIE映画に関する記事の一覧を本章の末尾に掲載した。

まず、ナトコ貸与の経過と実態を簡単に見ておきたい。先に述べたように、一九四八年四月から六月にかけて全国一四箇所で視覚教育指導講習会が行われた。四月二一、二二日の大分市を皮切りに、六月九、一〇日の札幌市までである。それを受けてナトコの実物が各都道府県に順次発送されていった。六月には北海道［48-8: 23］、八月には関東各都県、さらに東北、東海、中国、四国と続き、近畿と九州はやや遅れたようである［48-10: 10］。

貸与されたナトコの台数は、一三〇〇台とも一五〇〇台とも言われるが、『映画教室』四九年六月号によれば各都道府県への貸与数は以下のとおりである。

北海道八〇、青森二三、秋田二三、岩手二六、山形二四、宮城二二、福島三四、群馬一八、栃木二一、茨城三〇、埼玉二五、千葉二五、山梨一五、東京四四、神奈川一八、新潟三六、富山一七、石川二〇、福井一四、長野二八、岐阜二三、静岡二八、愛知三〇、三重二二、滋賀一四、京都二三、大阪二六、奈良一六、和歌山一九、兵庫二九、鳥取一二、岡山二五、島根一八、広島二八、山口二一、香川一六、徳島一六、愛媛二一、高知二〇、福岡三四、佐賀一一、長崎二〇、大分一三、熊本二三、宮崎一二、鹿児島二一

これを合計すると一〇八四台である。なぜか『映画教室』の一覧表では「計一〇七〇台」となっている。どこで食い違いが生じたかは不明である。なお、技術者——学校関係、官公吏、一般指導者——は計一万三〇五二人だった［49-6: 10-11］。

さて、ナトコ「受け入れ」に関して『映画教室』で指摘されている問題点は以下のとおりである。（1）天下り的施策と運用面における官僚主義の弊害、（2）映画教育の実践をめぐる抗争、特に社会教育と学校教育との関係、（3）技術的な制約やトラブル、特に日本製フィルムとの相性の悪さ、（4）CIE教育映画の内容に対する不満。このうち（4）については次節にゆずり、他の三点について具体的に見ていこう。

(1) 官僚主義の弊害

ナトコ貸与はCIEが一方的に決定し、日本側にその対応を要請したものである。文部省の担当官僚は、これが「日本人の啓蒙と民主化」のための「アメリカの好意」であることを強調し、「日本人が世界人にまで伸びることによって連合軍への心からのお礼にすべき」であると語っている[48-6: 17, 19]。こうして、中央から資源が配分され、それを「受け入れる」体制を形式的に整えるために地方の官僚組織が汲々とするという図式ができあがる。そこから生じる弊害については匿名のコラム「映教時評」が歯に衣着せず批判を加えている。ボス支配、つまり情実と利権の構造を排して「受入態勢の民主化」を実現せよ、という提言や[48-7: 5]、末梢的な事情で体制作りがモタモタしているという指摘がある[48-10: 7]。

また「ナトコは迷う」と題したコラムでは、視覚教育係が新設されて係長が任命されたがこれが役立たずで、夏のころにはナトコによって日本の映画教育は黄金時代を現出するかのように説かれていたにもかかわらず、その後ナトコ講習会のあったことは聞いたがナトコが府県内をフルに動いているという話を聞いたことがない、と指弾している[49-3: 18]。また一九四九年六月号は「ナトコ運営の実態」について総特集を組み、その巻頭言「ナトコは活かされているか」は、作品の選択が官僚の独善にまかせられていて上映会が単に映画を楽しむ場になりがちで教育的機能を果たしていないと不満を述べている[49-6: 1]。

(2) 映画教育をめぐる抗争

四九年六月号の巻頭言はもう一つ興味深い問題を提起している。「地方での過去の巡回映写屋的な、思想的に古い人々が映写技師として指導の前線に出ていて、はたして新しい国民文化をうちたて大衆の再教育を目指す視覚教育の体系が確立されるであろうか。もっと進歩的な若い人々が欲しい」[49-6: 1]。ここで提唱されているのは、戦前の巡回上映という実践慣行との切断である。つまり、CIEの政策と戦前からの日本における地方での映画上映や映画教育の伝統との葛藤の存在を示唆している。この問題はナトコ貸与の目的を社会教育のためであるとするCIEと、日本では社会教育も学校が担わざるをえないとする学校教育関係者との対立にも関連している。四八年六月号に掲載された「座談会　Natco（米国貸与の16粍発声映写機）の受入体制」に出席した日教組文化部長はこの点を特に強調している[48-6: 17]。ここに見られるのは、思いがけず贈与された――押しつけられた?――資源の利用権をめぐる学校と官庁との抗争だけでなく、戦前からの映画教育の担い手たちとCIEとの映画教育の主導権をめぐるより大きな対立である。先に引いた「ナトコは迷う」は、社会教育用だからという理由で学校には貸してくれないという失望の声も聞かれたと指摘している[49-3: 18]。しかしまた、ナトコによる映写会をもっぱら学校教員が実施している例も報告されている。そのため、一方ではナトコが本来は社会教育を目的としているという理解が地域の成人に浸透せず、他方では子どもたちがつまらない映画をいやいや見せられるという弊害が生じたというのである[49-6: 20–22]。

(3) 技術的な制約やトラブル

映教の調査によると、「運営上一番困る点」として現場の担当者が挙げたのは次のような問題だった(回答数一五二)。電気四〇、フィルム三三、機械二八、運搬一九、技師一一、予算不足四、暗幕不足四、一般の理解不足四、手続きの煩雑さ四、その他三。このうちフィルムに関しては、そもそも絶対量が不足していることに加えて、日本製映画のプリントの状態の悪さや「日本製フィルムの損傷率の高さ」が指摘されている［48-6: 14］。その原因について「嫌われる「ナトコ」」というコラムは次のような事情を紹介している。日本製フィルムをかけようとしても映画会社が貸し渋り、せいぜい古いフィルムしか貸してくれない。その理由はナトコにかけるとサウンドトラックの境目に押し板の筋が入ってフィルムが傷むからだというのである［49-10: 11］。

ところで、先に挙げた「運営上一番困る点」に「暗幕不足」が含まれている。当時、ナトコ上映にかぎらず映画館以外の施設で映画を上映する際の大きな障害は、必要な暗闇を人為的に作り出すことだったのだ。もちろんモノ不足が原因ではあるのだが、『映画教室』には何度かこの問題が取り上げられ、新聞紙に墨を塗って暗幕を作る方法が紹介されたりしている。

次に、運営の実態についていくつかの興味深い事例を紹介しておきたい。

一〇〇〇台を超えるナトコの貸与は、日本における一六ミリ映写機の総数をおよそ一・五倍増加させるものだった。官製の映画教育政策とはいえ、これによって映画を上映する機会が飛躍的に増大したことは間違いなく、現場の担当者の大きな励みとなった。たとえば、北海道の講習員の意気軒昂な談話はそのことを如実に示している。北海道は広大だけれど「移動映画教室列車を編成、二条の鉄道のあるかぎり奥地にまで巡回していきます」と、この講習員はメドヴェトキンの「映画列車」を思わせるような壮大な抱負を語っている［48-8: 23］。この案は実現されたのだろうか、大いに気になるところである。

先に、学校教員による運営のために弊害が生じた例に触れた。しかし、この事例を報告した「記者」は、同じ「ルポルタージュ」で次のような試みも紹介している。埼玉県三保谷村では、新制中学の生徒が自主的に映画を選定し、映写機の操作も自分たちで行う。彼らは椎茸やヒマ（唐胡麻のこと、ひまし油の原料）の栽培をテーマとした日本製文化映画を上映し、村に椎茸やヒマの生産を導入する。これによって上がった収益を次の上映の資金に充てるのである。記者はこのルポルタージュを次のように結んでいる。「日本の現状では、ナトコはこういうかたちで、日本の民主化を行うのである」[49–6: 24]。末尾に「編集部　古山高麗雄」と署名が記されている。のちの芥川賞作家である。

長野県下伊那郡では、ナトコが一台貸与されることになったとき、下伊那公民館運営協議会がナトコ特別委員会を設け、この委員会によって巡回上映を行うことに決めた。フィルムの選定や宣伝、鑑賞指導についてもすべてこの委員会が責任を持ち、実際の上映においては村民総出で協力するという体制がとられた。

> 巡回日程が村々に通知されると、各戸一枚宛のストリー《（ママ）》をその都度配布して、「今度来る映画の内容」を予備知識として知らせるという徹底した村もあるようになりました。また、映写開始前に、巡回中の技師はその観客層に応じた解説を、マイクロフォンを通じて行っていますが、そのことが村人に大へん親しまれもし喜ばれもしております。そして映写後の批評討論会も行っていますが、この試みは、最初のうちは団体の幹部のみの集りで行なわれていたが、最近では、その幹部が司会者となって次のフィルムを掛換えるほんの十分間くらいの機会を捉えて、活発な討論を催すほど、一大進歩の程を見せております。[49–12: 18]。

しかし、映画を農山漁村の人々にとって身近なものにし、非劇場運動への認識を高めたという声もあるとはいえ［49-6: 9］、上映された映画の内容については不満が多かったことが繰り返し指摘されている。では、そのソフト、CIE教育映画とはどのような映画だったのだろうか。

3　CIE教育映画を求めて

日本国内で刊行されたCIE教育映画の作品目録としては『USIS映画目録』が残っている。(9) CIE映画は、占領の終結にともない、国務省の管轄の下、米国情報教育交換計画の一環として行われる米国文化情報局（United States Information Service）のUSIS映画へと引き継がれた。所管はアメリカ大使館である。『USIS映画目録』はその貸し出し用フィルム目録であり、一九五三年以後、五五、五七、六三、六六年に刊行されたことがわかっている。当然のことながら、この目録には日本の独立以後の映画も含まれているので、これをそのままCIE映画の目録として扱うことはできない。しかし他方で、「連合国軍総司令部民間情報局教育映画課編のCIE映画・目録解説パンフレット類」にもとづいて阿部彰が作成した「CIE映画フィルム一覧（一九五一年末現在）」は、五一年四月一日までの公開作品および同年末までの公開予定作品（CIE番号三〇四まで）の一覧表であり、(10) 両者を照合するとCIE番号とUSIS番号とは正確に一致している。谷川建司によればCIE映画は合計四〇六本ということなので、USIS目録の四〇六番までをそのままCIE映画とみなしてよいだろう。ただし、封切日が講和条約発効後にずれ込んだものも含まれている。

『USIS映画目録』の最初の版である一九五三年版は同内容の英語版と日本語版の合本という体裁になっている。それぞれ表題のアルファベット順と五十音順で配列されたリストが別々に掲載されている。つまり、原題と邦題の対応は示されていない。そこで、どちらにもUSIS番号が付されているので、これにもとづいて番号順に並べ替え、邦題、原題、封切年月日、上映時間を対照できる簡略なリストを再構成した[11]。この整理からわかることは、五三年版目録には一番から五二四番までの番号のついたタイトルが採録されているが、欠番が非常に多いことである。タイトルが示されているのは三三三本、つまり、一九一本分が欠けている。もっとも、四〇七番から五〇〇番までは、CIE（四〇六番まで）からUSISへの移行にともなって番号だけを飛ばしたものとも考えられる。また、USIS目録で欠けていても「CIE映画フィルム一覧（一九五一年末現在）」に表題などが示されているものも少なくない。これらは何らかの理由でCIE映画からUSIS映画に引き継がれなかった作品ということになる。

CIE教育映画の内容については、阿部彰が教育学の見地からその傾向ないし概要を整理した[12]。同時代の『映画教室』においては、一九四九年六月号の「特集　ナトコ運営の実態」に「CIE教育映画から何を学びとるか――その内容の解説と分析」という記事で、筆者の高萩龍太郎がその目的という観点から次の五つに分類している［49-6: 38-41］。

A　日本民主化の角度から、新しい社会相への示唆を多分に含んでいる。

B　新しい教育のあり方について、教えられることが多い。

C　海外事情（主として英米）を多く吸収することができる。

D　民主的な物の考え方や科学的な知識をやさしく分からせてくれる。

E　レクリエーションに役立ってくれる。

以下では、そもそもこれらのフィルムがどのようにして製作されたものか、あるいはむしろ、どのような映画がCIE教育映画として転用されたかを『映画教室』の記事にもとづいて簡単に紹介する。五〇年一月号（四巻一号）に掲載された赤峰峻「アメリカのドキュメンタリー映画――CIE教育映画、教材映画、その他」はわずか四頁という短い文章だが、貴重な情報をいくつも含んでいる。まず、赤峰は原稿執筆の時点でCIEが「百四十本余りの教育映画」を配布したと述べている。ちなみに赤峰が具体的にタイトルを挙げている作品でCIE番号が最も大きいものは一三七番で、これはロバート・フラハティの『ルイジアナ物語』(48) である。CIE映画にはこのような映画史上に名高いドキュメンタリー映画も含まれていたわけだ。フラハティの作品としては *Nanook of the North* も『北地のナヌック』という題で上映された（一四一番）。また、ヨリス・イヴェンスの *Power and Land* が『電力と農園』という正確な邦題で公開されている（六番）。

しかし、まとまった量のフィルムを供給したのはシリーズものの商業的ノンフィクション映画である。それは『マーチ・オブ・タイム』(35-51) と『これがアメリカだ』(42-51) であった。前者はタイム社が製作した有名な時事解説映画である。後者は戦時中にRKOパテ社が製作を開始したシリーズである。『マーチ・オブ・タイム』については赤峰が挙げているタイトルをすべて引いておこう。かっこ内はCIE（USIS）のフィルム番号である。『アメリカの首都』（二〇番）、『世界の食料問題［*World Food Problem*］』（二一番）、『アメリカの音楽』（二二番）、『ニューカナダ［*New Canada*］』（三三番）、『明日の医学［*Modern Medicine*］』（三四番）、『原子力』（三六番）、『テキサス［*Texas*］』（四四番か?）、『ニューイングランド［*New England*］』（四五番か?）、『合衆国新南部』（四六番）、『フィリッピン共和国［*Philippine Republic*］』（九一番）、『新しい教育』（六九番）、『クリーヴランド市』（一二七番）、『米国西北州』（五番）。このうち、映画史家レイモンド・フィールディングによる『マーチ・オブ・タイム』に関するモノグラフの巻末リストでまったく同一のタイトルが確認できるのは『世界の食料問題』（46）と『原子力』（46）である。[13]『これがアメリカだ』シリーズのものとしては一五本が挙げられている。さらに赤峰の指摘では、ハリウッドの高名な脚本家ロバート・リスキンが戦時中に部長を務めた戦時情報局海外部の製作による作品も含まれていた。『トスカニーニ』（一番）、『アメリカの国立図書館』（一〇番）、『青白き騎士』（四七番）である。「映教時評」は、「マーチ・オブ・タイムのシリーズは歯切れがよくて良いが、官製のものはプロパガンダの形式なのでつまらない」と評した［48-8: 7］。なお、アメリカの戦時情報局および戦後その業務を引き継いだ国務省国際映画部の活動とCIE映画の関係については谷川建司が行った調査を参照されたい。[14]また、『映画教室』の記事からは離れるが、音響技師の木村哲人がCIE映画について回想した文章、特にその演出の作為性――「やらせ」――に対する醒めた感想は、同時代の日本側映画製作者の反応の例として興味深い。[15]

こうして、CIE教育映画はそのほとんどがアメリカ製で、しかも教育映画だけでなく、商業的時事解説映画の流用も含まれていた。これらは主にアメリカ国内の観客を想定して製作されたものである。したがって、「日本の大衆の現状から考えると、理解点からはずれているというのが一番多い批判である」というのは当然だろう。また、「解説も翻訳語を画の尺数に単に合わせてはめ込んだ」ものが多いという日本語版の問題もあった。例外的に好評だったのは日本の製作者のシナリオ、演出により、日本で撮影された映画だったという［49-6: 15］。そこで、アメリカ製のCIE映画と邦画を適宜組み合わせて上映するという工夫もなされ［49-3: 40］、総司令部の担当者が日本の教育映画も積極的に購入するよう地方の視覚教育本部に促すなどの動きもあった［49-5: 30］。

しかしまた、ナトコによるCIE教育映画の上映への不満は、そもそも映画を見るという行為を学習の一環として受けとめる用意が観客の側になかったという事情にも由来するようである。その点は『映画教室』の記事でも「映画といえば娯楽という先入観」という表現で指摘されている。また、「堅すぎる、程度が高い」という不満が少なくなかったという。この点も、ノンフィクション映画に対する抵抗感があったのではないだろうか [49-6: 15]。実際、大人は劇映画を、子どもは漫画映画の上映を熱望したと伝えられている。一方では日本製教育映画の製作の促進が、他方では現場における上映前後の指導の必要性が早い時期から提唱されていた背景にはそのような状況があったのである [48-8: 7]。

資料　『映画教室』のナトコとCIE教育映画関係の記事一覧

一九四八年

六月号（二巻四号）

「座談会　Natco（米国貸与の16粍発声映写機）の受入体制」

「全国に一五〇〇台を　米軍貸与の一六ミリ映写機」（「映教ニュース」）

七月号（二巻五号）

「受入態勢の民主化」（「映教時評」）

「視覚教育指導者講習会　全国各地で開催される」（「映教ニュース」）

「貸与されるCIE教育映画」（「映教ニュース」）

「「ナトコ」のための日本映画」（「映教ニュース」）

八月号（二巻六号）

柳下貞一「ナトコ北へ行く」

「ＣＩＥ教育映画について」(「映教時評」)
九月号（二巻七号）
「関東地区に「ナトコ」二四七台、同地区各都県へ発送中」(「各地の動き」)
一〇月号（二巻八号）
小橋邦夫「フィルム・ライブラリーの設置を提唱する」(巻頭言)
「官僚とナトコ」(「映教時評」)
「ナトコ映写機の運営体制着々整う」(「映教ニュース」)
一一月号（二巻九号）
「巡回業者の将来」(「映教時評」)
中桐光彦「ナトコと電気事情」
一二月号（二巻一〇号）
「名古屋市で開かれた「全国視覚教育研究大会」」(「各地の動き」)
一九四九年
一月号（三巻一号）
「岐阜県でナトコ映写機運営研究協議会を開催」(「各地の動き」)
二月号（三巻二号）
「四国地区教育映画サービス本部でＣＩＥ映画特別研究会を開催」(「各地の動き」)
三月号（三巻三号）
落合矯一「映画教育の現段階」
阿部慎一「ナトコ映写機の運営」
「ナトコは迷う」(「映教時評」)

「各県各様　特色あるナトコの運営」（「映教ニュース」）
四月号（三巻四号）
「ナトコ技術者の再教育を始めた新潟県」（「映教ニュース」）
五月号（三巻五号）
「学校向けにもナトコ向けにも」（「映教ニュース」）
「全国視覚教育本部長会議に於けるジャドスン氏の意見」（「映教ニュース」）
六月号（三巻六号）
「ナトコは活かされているか」（巻頭言）
特集　ナトコ運営の実態
「新しき教育映画の出発」「ナトコはどう配置されたか」「技術者はどうなっているか」「予算はどう使われているか」「運営上の隘路は何か」「CIE教育映画に何を要望するか」「フィルム不足にどう対処しているか」「運営のための組織はどうなっているか」「我々はかく実行している」「ルポルタージュ　ナトコを追って」「ナトコ映写機をどう取扱うか」「日本フィルムの向上」「受入」という「ことば」（「映教時評」）
高萩龍太郎「CIE教育映画から何を学びとるか――その内容の解説と分析」
一〇月号（三巻一〇号）
「嫌われる「ナトコ」」（「映教時評」）
「CIE教育映画紹介」（「新作教育映画紹介」）
一一月号（三巻一一号）
「CIE映画試写会と日本製映写機各社競映会」（「集会だより」）
一二月号（三巻一二号）
坂田達郎「ナトコをめぐる明るい話題二つ」

千葉悉仁人「農山村へ映画文化を――山間下伊那に於けるナトコを語る」
加藤賢悦「北海道における視覚教育の現況」
一九五〇年
一月号（四巻一号）
赤峰峻「アメリカのドキュメンタリー映画――CIE教育映画、教材映画、その他」
三月号（四巻三号）
「CIE教育映画紹介」（「新作教育映画紹介」）
四月号（四巻四号）
関晶「ナトコ三百六十五日」
「文部省教育映画等審査委員会報告」
六月号（四巻六号）
亀井実「ナトコの次に来るもの」

Ⅳ　敗者の映像

——ＣＩＥ映画教育と日本製ＣＩＥ映画

1　敗者も映像を持った

「敗者は映像を持たない」とは大島渚のあまりにも有名な断言である。[1] この簡潔で雄勁な一文は、「文化財と呼ばれるものが文化の記録であることには、それが同時に野蛮の記録でもあるということが、分かちがたく付きまとっている」[2] というヴァルター・ベンヤミンの洞察とはるかにこだまを交わしつつ、歴史の暴力性や権力の非対称性の問題を圧縮した表現としてわれわれの思考を刺激してやまない。とはいえ、この言葉がしばしば一般化されて格言のように引用されるのに反して、大島の原文の「敗者」はアジア太平洋戦争の末期から終戦にかけての日本に限定され、「映像を持たない」とはその間の日本が映像製作の主体になりえなかったことを意味する。[3] その意味では、時期を戦争終結後の占領期にまで延長し、映像の範囲を製作だけでなく上映や観覧にまで拡張するならば、この敗者、すなわち敗戦国とその国民は、まさしく敗者として映像を持ったと言える。それはＣＩＥ教育映画である。

第二次世界大戦後のアメリカの対外文化政策において重要な位置を占めた教育短編映画の利用は、日本に対する占領政策においても決定的な役割を果たした。連合国軍最高司令官総司令部（ＧＨＱ／ＳＣＡＰ）の民間情報教育局（ＣＩＥ）、その情報課、映画演劇班の教育映画配給部による民主化促進プログラムである。(4) この映画教育は、戦勝国の映写機と映画作品《フィルム》を占領軍が貸与し、敗戦国の官吏と教育者が主たる担い手となって自国民を対象として実施した。既存の短編映画も多く含まれ、ほとんどは、著しく異なる社会文化的背景を持つ敗戦国の観覧者（＝「再教育」の対象）を想定して作られたものではなかった。所与の教材と学習者との間には大きなギャップがあったので、敗戦国側の教育関係者はそれを埋める努力をしなければならなかった。さらに、この問題への対策として日本製のＣＩＥ映画が製作されることになる。

当時の日本側の担い手たちには「敗者」という自己意識は希薄だったかもしれない。だが、それは否定しようのない客観的事実である。ＣＩＥ教育映画の技能普及と教材指導において中心となって活動した小学校教諭の高萩龍太郎（一九一六―九二）は、ＧＨＱによる一六ミリ映写機の貸与に関する文部省通達（発社第一〇三号通達改正、一九四九年一月二六日）について、長い歳月を経て一九九〇年に上梓した自伝の中で次のような感慨をもらしている。

今読み返してみると、占領政策のねらい、その政策を効果的に進めるための方法、組織などが綿密に立てられており、単純に映画教育再建などと喜ぶようなことではなかったことがよくわかる。もっと広く考えれば、第二次世界大戦の勝敗は、始まった時から、こうなる運命だったのかと思い知らされるようなことが感じとられるようである。(5)

本章の目的は、戦争の勝敗、その帰結としての占領と被占領という決定的に非対称な力関係に支配された空間において、戦勝国の教材と敗戦国の学習者との間のギャップを埋めるために当の敗戦国側の担い手が行った二つの実践、すなわち教材指導と作品製作のいくつかの面に焦点を合わせ、ＣＩＥ教育映画の研究に若干の新たな知見をつけ加えることにある。

2　ＣＩＥ教育映画とそのギャップ

ＣＩＥが最初に着手したのは占領下の映画教育の実施基盤となる全国組織を整備することだった。戦前から日本で映画教育を担ってきた代表的機関である文部省外郭団体の財団法人大日本映画教育会に注目した担当者のＨ・Ｌ・ロバーツ大尉は、関係者への面接を実施し、教育会の組織内容、性格、運用法などを調査した。その結果、教育映画を急速かつ大量に製作し有効な配給制度を確立する必要があること、従来の官製団体的色彩を払拭して民主的に改組することを提言した。他方、ＣＩＥは、映画法廃止にともない文化映画の強制上映もなくなって実質的に仕事を失っていた既存の短編映画業者に働きかけ、その結果、一九四六年四月に教育映画製作協議会が発足する。協議会の活動目標は、配給網の確立、機材の大量生産、優秀作品の計画的大量生産であった。一九四六年一〇月一日、協議会と教育会が合併して財団法人日本映画教育協会（映教）が発足した。[6] 映教は四七年二月に機関誌『映画教室』を創刊する。[7] この雑誌がＣＩＥからの映写機と映画作品の貸与を核とする占領期映画教育の実質的な機関誌として機能することになる。

このように、ＣＩＥ教育映画の政策は、戦前からの既存の組織を再編して日本側の担い手を整備することで始まった。むろん、そこには組織の連続性だけでなく人的な連続性もあったわけで、その代表が前述した高萩龍太郎である。一九一六（大正五）年生まれの高萩は三六年に東京府青山師範学校を卒業して麻布区南山小学校の教諭となり、以後、映画教育に精力的に取り組んだ。戦前から戦時期にかけて、東京市ライブラリーの利用、講堂映画会の開催、映画館への引率観覧などの多様な活動に従事したという。引率観覧については、特に『空の神兵』（42）が子どもたちに強い印象を与えたことを回想している[8]。その後、応召、そして復員、教職に復帰して映画教育の活動を再開するが、その高萩に注目したのがCIEだった。自伝によれば「映画教育再建の仕事」をしていた高萩がCIE視聴覚教育課長のフランクリン・B・ジャドソンと出会ったのは、四七年八月に東京大学を会場として催された「映画利用による子ども自治会の指導」の場であり、これは「ナトコ映写機利用の最初の公開授業」であったという[9]。このとき上映された『こども議会』は一九四七年に東宝教育映画部が製作した作品で、後にCIE映画に組み込まれた（CIE番号一八八番。CIE映画としての公開日は一九五〇年五月一九日）。

CIE映画の全国的展開が本格的に始まった一九四八年四月から、文部省とCIEは特別仕立ての専用列車を用い、全国一四箇所で視覚教育指導講習会を開き、映写技術の普及をはかった。高萩はCIEのジャドソン他三名、文部省の檜垣良一課長と鈴木勉ほか二名、教育者側から参加した波多野完治らとともに全国を巡回した[10]。心理学者として著名な波多野完治は戦前戦後を通じて映画教育の発展にも大きく貢献した人物である。波多野は高萩の自伝に寄せた序文で、「動員された」という表現を用いてこのときの体験を次のように述べている。

日本人に汽車一輛があてがわれ、ソファ・ベッド（ママ）に寝起きした。食事はジャドスンの特別な配慮で、米軍並みのが三回きちんと配給された。そのかわり、ジャドスンのいいつけで、「闇のものは決して買ってはならぬ」ときびしくいいわたされた。つまり、ケーキの類もときどき米軍から、おすそわけがあった、ということだ。[11]

この巡回講習会の主たる目的は、アメリカ陸軍から貸与された一六ミリ発声映写機（通称「ナトコ」）の操作方法を教えることにあった。しかし、映写される教材がアメリカ製の短編教育映画、ニュース映画、産業映画などの寄せ集めだったので、その内容や教え方を解説する必要が生じた。それを担当したのが日本の映画教育関係者だった。

CIE映画上映の全国的体制がひとまず整ってからまもない一九四九年四月、一冊の雑誌が創刊された。視覚教育研究所編『教育映画』（七星閣教育映画部）である。[12] 文部大臣所管の教育映画等審査委員会の委員たちを執筆陣に擁し、ジャドソンの巻頭言を掲げたこの雑誌は、『教育映画』という一般的なタイトルにもかかわらず、その内容は、ほかならぬCIE映画の内容解説と使用法の指導に特化していた。「CIE教育映画　内容と解説」、「鑑賞の手引」、「ナトコ十六粍発声映写機の取り扱いについて」などの項目に加え、「CIE教育映画を利用した討論会――「みんなの学校」を見て　PTAを語る」という記事が目をひく（三一―三四頁）。[13] 筆者は高萩龍太郎、「「みんなの学校」の映画を利用した討論会の具体例」（三三頁）と説明されているこの記事の目的は、架空の模範的討論によって会の進行の仕方を教えることにあり、娯楽的な内容の映画を併映するなどの人集めの工夫を勧めたり、司会者の心構えを説いたりもしている。

しかし『教育映画』は二号で廃刊となった。事情はわからない。その後、CIE映画の内容の紹介や解説という役割を一時的に引き継いだのが『映画教室』を改題した後継誌『映画教育』の「今月のＣＩＥ映画から」という欄である。一九五〇年一〇月号の同欄には次のように経緯が説明されている。筆者はこれも高萩龍太郎である。


　さいわい『教育映画』という雑誌が創刊されて、ＣＩＥ教育映画の解説を中心に編集され、そのような要望にそうものと喜んだのもつかの間で、二号で廃刊になってしまった。

　然しこのような解説を要望する声は各地に多いので、本誌がそれを取り上げていくことになり、又私が今までのいきがかりからお引き受けすることになった。

　ジャズソン《（ママ）》氏、デューク氏にお話をして便宜をはかっていただくことになった。

　ただＣＩＥ教育映画は既にかなりの本数がでているので、［…］解説の内容は、梗概と指導と討論問題と参考資料とを適当におりまぜていくこととしたい。(14)


ＣＩＥ映画には作品一本ごとに「研究と討論の栞《しおり》［*Study-Discussion Guide*］」が添付されていたことが知られている。たとえば教育学者の阿部彰によれば「各フィルム毎に添付されたパンフレットには、内容梗概、ねらいと解説、映画会の企画、実施方法、展示品の指示、等に加えて、必ず討論の進め方、討論課題の例示がなされた」という。(15) すなわち、『教育映画』誌の全体と『映画教育』誌のＣＩＥ教育映画の欄の内容は、「研究と討論の栞」の内容にほぼ相当するものだった。「研究と討論の栞」がいつから添付されるようになったのかは明らかではないけれども、最初は雑誌が担っていた機能を映画作品一本ごとのパンフレットに統合したのだと思われる。

では、この「研究と討論の栞」は実際にどのように利用されたのか。映画監督の羽仁進は一九五九年の文章で、『平和への提携』（ＣＩＥ三一六番、一九五一年四月二〇日公開）の「研究と討論の栞」に言及して、「まことに一六ミリ映画会の主催者は、映画館の支配人のしごとの一部を学ばねばならないのかと思わせるほどである」と、皮肉を交えつつ次のように指摘している。

栞では観客という言葉はほとんどつかわれず、来会者とか会衆という呼び名が使われている。つまりそれは「映画を見るための」会ではないのである。ある目的をもった会に映画が上映されるのである。(16)

ここで羽仁が指摘しているような集会のあり方として模範的と見なされた例がある。石川県鶴来町《つるぎまち》公民館では、一九五二年の春から青年学級のプログラムをＣＩＥ映画中心に進めることに決定し、三分の一を「ナトコ学級」に充てた。司会や書記を決め、当該の問題の専門家を講師に招き、事前に関連資料を準備する。司会者は上映に先立って梗概を説明し、論点を提示する。上映後はさまざまな形式を使い分けて効果的な討論を行い、事後の個別研究や共同研究を課した。「ナトコ学級」といっても「単に映画を観覧するのではなく又青年学級へ出席するのみでなくて入場することによって自己も機能に参加すること」が目的とされる。このような方式の導入によって、青年学級の出席率は前年度の四八パーセントから八〇パーセントに跳ね上がったと誇らしげに報告されている。(17)

とはいえ、ＣＩＥ映画を用いる討論会の運営は概して多くの困難に直面したようだ。阿部彰は次のようにまとめている。

会場の問題（大講堂、野外）、観衆の問題（娯楽としての映画認識、討論に対する不慣れ、年齢経験の広範多様性）、司会者の問題（司会技術の未熟、準備不足）、フィルム自体の問題（絶対数不足のためテーマによる番組編成不可能、および観衆の問題関心や実生活から遊離した内容）等々の諸事情は、その意図が達せられるためにはあまりにも複雑かつ多難であった。[18]

阿部が整理した問題点の中で映画固有の問題は「観衆の問題」と「フィルム自体の問題」であり、具体的にはそれぞれ「娯楽としての映画認識」と「観衆の問題関心や実生活から遊離した内容」が大きな障害だった。一方では映画観覧を「娯楽」としかみなさない一般的な「認識」があり、他方、CIE教育映画として上映される作品の内容は、当時の日本人、特に農村部の人々にとっては彼らの現実からかけ離れていた。これらの問題点は映教の機関誌『映画教室』や『映画教育』でも再三にわたって指摘されている。たとえば『映画教室』一九四九年六月号の「特集◆ナトコ運営の実態」の中に上記の二点をともに取り上げている記事がある。それによれば、CIE教育映画についての「声」として、日本の大衆の現状からはずれているという批判が最も多い。内容の水準が高いか否かにかかわりなく観覧者の日常生活から乖離しているという不満である。他方で、「我国」の「特殊事情」として「映画といえば娯楽」という先入見があり、観覧者は「有名スターの顔が出る劇映画」を期待して集まってくるという「実状」も見のがせない。記事は、結論として「教育映画における表現技術の研究」にいっそうの努力を傾注すべきだと提言する。[19]

「娯楽としての映画認識」は、日本の特殊事情というだけでなく、映画の本質的な特性に根ざしている。映画は知覚を高度に組織化する技術である。ところが知覚は言語による分節化を逃れる。ゆえに、知覚を組織的に利用する映画には一般に、観覧者をコミュニケーションにおける一元的な合意圧力から回避させるという独特な効果がある。合意圧力からの自由というこのメディア特性は、映画が娯楽と、さらには物語とも高い親和性を持つことの主たる要因である。特に、複数の人物の言動によって展開する劇映画の形式は、その複数性や多義性によって合意圧力からの自由を高い水準で保障する。ひるがえって、合意の実現を目的とする宣伝や教育と映画との間には原理的に親和性が乏しい。したがって、当時のある著者が「出鱈目すぎる運営」だと嘆いたような、「日本人の旧弊思想の打開という成人教育という使命を持ちながら実際には漫画映画や「お涙頂戴映画「母三人」など」が上映されていたというCIE教育映画の実態[20]は、映画の特性を考慮すればむしろ当然生起しうるものなのである。[21]

他方、「観衆の問題関心や実生活から遊離した内容」という問題に関しては、先の「特集◆ナトコ運営の実態」の記事は、評判のいい作品は「日本で撮影され、日本の製作者のシナリオ、演出で全く新に作られたもの」だと指摘している。[22]この点については、その対策としてアメリカ製教育映画と併用すべき日本製教育映画の製作が早期から検討されていた。

アメリカの教育映画と併用すべき日本映画については、日本映画教育協会や日本映画連合会内の社会教育映画委員会で真剣に検討されており、各製作会社でも着々対策が立てられている。［…］とりあえずは既製作品から選ばれ近く番組が発表される。[23]

また、総司令部の担当者ジャドソンが「日本教育映画の購入について」という談話で日本の教育映画を積極的に購入するよう地方の視覚教具本部に促すという動きもあった。[24] 事実、一九五〇年の春以降、日本製CIE映画の数が急増しているのである。[25] 述べてきたような問題への対処がその主な理由であったことは間違いない。さらに、日本製CIE映画では、ルポルタージュ風のものや純然たる劇映画も含む多様な形式が採用され、教育映画としての一元的なメッセージに還元されない曖昧さ（ambiguity）が増してゆく。このことは、映画の特性を活かした作品作りを意味すると同時に、特にその曖昧さは敗者の映像という観点から見るときわめて興味深い問題を提起する。

3　日本製CIE映画の多様性

日本製CIE映画に対する評価は高かった。それは当時の文献資料からもうかがい知ることができる。アメリカ陸軍省再教育部ニューヨーク事務局は、一九五〇年一二月一二日付のCIE宛書簡で、五タイトルの作品の一六ミリ・プリントを二本ずつ送るように要請している。それらのプリントは、占領地域会議（The Conference on Occupied Areas）での上映の結果として試写が要求された場合にそれに応じるために使われるだろう、と記されている。[26] 挙げられているタイトルは『いとしき子らのために』（CIE番号二〇〇、一九五〇年一〇月二〇日公開）、『明るい家庭生活』（CIE番号二一一、一九五〇年一〇月二〇日公開）、『漁る人々』（CIE番号二一四、一九五〇年一二月一五日公開）、『格子なき図書館』（CIE番号一九四、一九五〇年一二月五日公開）、『公民館』（CIE番号一九二、一九五〇年一二月二九日公開）、書簡中にその点に関する言及はないけれども、すべて日本製CIE映画である。また、五一年二月に鹿児島県で開催された全国視聴覚教育係長会議で、前年度に好評を博したCIE映画五作品が発表された。『いとしき子らのために』、『農村の生活改善』(CIE番号一九八、一九五一年一月一二日公開)、『公民館』、『腰のまがる話』(CIE番号一三八、一九四九年九月二日公開)[27]、『明るい家庭生活』である[28]。すべて日本製であり、そのうち三タイトルは、先述した書簡でニューヨーク事務所が求めていた作品と重複している。

日本製CIE映画には題材として身近な問題を扱っているだけでなく演出面の工夫もこらされているものが目につく。たとえば『わが街の出来事』(CIE番号一八九、一九五〇年六月三〇日公開、シュウ・タグチ・プロ)も『農村の生活改善』(理研映画)も、短編教育映画の常套手段であるナレーション主導の構成を採用しているが、どちらも登場人物が台詞を発し、しかもその台詞が画面とシンクロしている。当時の映画のスタイルを考慮すると、これは明らかに劇映画を志向していることの証左である。『わが街の出来事』は、鎌倉の住宅地におけるゴミ処理問題を扱っている。橋の上からゴミを豪快にぶちまける喜劇的な演出があり、川をはさんで住民同士が罵り合う場面の演出や撮影の空間処理も巧みである。撮影は岡崎宏三が担当した。登場人物たちが平然と自己主張し合う前半部分はとぼけた雰囲気の風刺的ナレーションもあいまって導入部として効果的であり、そのため、「口汚い怒鳴り合い」が「秩序ある討論」を経て自然発生的な市民運動に成長してゆく展開[29]も、この作品のあからさまなメッセージにそったものとはいえ、より受け入れやすくなっている。

『農村の生活改善』も題名どおりの内容の短編教育映画だが、ある農家に嫁いだ革新的な女性が次々と生活を改善してゆく過程が劇映画仕立てで物語られる。先に述べたように台詞はシンクロしているし、分析的なカット割り、視線の切り返し、空間の深さを活かした演出、滑らかなカメラ移動、クロースアップとそれを支える周到な照明、ディゾルブ(オーヴァー・ラップ)による場面転換、ちょっとぎこちないがアクションつなぎの編集——これらの諸技法を駆使することで全編を構成している。「CIEの生活改善映画」への自己言及もあるし「天気の良い日はふとんを干しましょう。衛生上、ぜひ実行したいものです」といったあからさまなメッセージも発せられるが、画面は劇映画としての自立性をそなえていて、物語もそれ自体において完結している。

とはいえ、日本製ＣＩＥ映画がすべて劇映画のスタイルを採用したわけではない。たとえば公開時期としては遅い方に属する『わたしの大地』（ＣＩＥ番号二九〇、一九五一年七月公開、シュウ・タグチ・プロ）は、農地改革による農民の生活と農業の大きな変化を題材とするドキュメンタリー映画である。ただし、このころまでのドキュメンタリー映画の支配的なスタイルは再現的演出であり、語られる内容は事実にもとづき撮影も現地ロケだとしても、多くの場合、作り手の台本と指示にもとづいて当事者たちが演じる光景を記録するものだった。このフィルムの場合、多くの場面が山形県で撮影されたものでありながら、「主人公」の「オオツカ・セイゾウ」は、日本のすべての小作農を代表する農民として語られていて、実在の人物かどうかも定かでない。他方、映画の終盤では福島県の公民館での近代的農業技術の講習や岡山県における農業の機械化の例も取り上げられている。その福島県の公民館のショットが興味深い。というのは、大広間で聴衆を前に居並ぶ講師たちのショットと聴衆の一人が挙手する俯瞰のロングショットという連続する二つのショットは、日本映画社が製作した『公民館』に出てくるショットと同一だからである。ただし、ショットの順番が逆になっている。『公民館』では、挙手のショットが先で、それと切り返すような形で講師たちのショットが続く。いずれにせよ、他の製作会社が撮ったフッテージがわずか数カ月後に流用されている事実は、「日本製ＣＩＥ映画」の製作のあり方について何を物語っているのだろうか。

その『公民館』は、題材と形式において明らかに異色である。冒頭のプレクレジットシーン、東京駅前に日本映画社の自動車がやってくる。取材者と演出者を兼ねるスタッフが登場し、全国に一万七〇〇〇あるという各地の公民館を取材に出かけるのだと説明する。こうして、東北から中部、近畿、北海道、北九州、瀬戸内の六つの市町村の公民館が紹介される。このスタッフは俳優が演じているが、実在する公民館を紹介するルポルタージュ形式をとることで、作品は言及対象の現実に向けて開かれている。同時に、スタッフの存在が全体に枠組みを与えるのみならず、撮影中のカメラと傍らのクルーの姿がインサートされる画面もあり、伝達の行為そのものが映画の内部に組み込まれるという自己言及的な形式を採用している。

この作品の製作は公民館運動の展開と連動していると考えられる。公式には一九四六年七月の「公民館の設置運営について」（発社一二二号、各地方長官宛文部次官通牒）[30]をもって始まった戦後の公民館制度の発展において、「文字通り全国的規模での公民館関係者の結集の年」となったのは、まさに映画『公民館』が作られた五〇年であったという。四月に文部省主催による全国公民館指導者講習会が開かれ、六月には全日本社会教育連合会主催による全国公民館職員講習会が催された。この講習会は最終日には全国公民館大会に切りかえられ、これが全国公民館連絡協議会結成の契機となる。[31]そもそも初期の公民館構想はＣＩＥ成人教育担当官ジョン・Ｍ・ネルソンの積極的な支持を受けたとのことであり、[32]ＣＩＥ映画『公民館』の製作とネルソンと文部省との関係は今後の調査の課題であろう。ともあれ、四八年からは文部大臣による優良公民館の表彰が始まっていて、映画『公民館』に登場する六館――福島県柳津《やないづ》町、岐阜県菅田町《すがたちょう》、滋賀県大津市、北海道帯広市、福岡県水縄《みのう》村、香川県苗羽《のうま》村――のうち五つが優良公民館あるいは準優良公民館として表彰されたばかりだった。[33]

とはいえ、映画での六館の扱い方は均等ではない。全体がわずか三二分のフィルムであるのに、最初の柳津町に一〇分以上も費やしている。菅田町が約七分、最後の苗羽村がおよそ六分ほどである。水縄村は、公民館主事の林克馬がその体験や「生産公民館」構想をまとめた本を上梓しているにもかかわらず(34)、映画では「農業技術の指導」の話題がごく短時間で取り上げられるにすぎない。その林克馬とともに、公民館長・相沢正美が一九五〇年の全国公民館職員講習会で講義を担当した帯広市についても、ごく簡単な紹介にとどまっている。逆に、小豆島の苗羽村が映画の結末部に置かれたのは、公民館がすべて手作り、建材も寄付、備品も家庭や同窓会が寄贈したものであるという点が「公民館の設置運営について」の自治の考え方に一致しているというイデオロギー的な動機づけや、瀬戸内海を行く船から見える白い燈台をエンディングで公民館のメタファー——「生活に光明をもたらす」もの——として語る構成的な動機づけのゆえであろうか。それにしても、明らかに構成上の均衡を無視した柳津町の長い扱いはなぜだろう。

柳津町の公民館を紹介する部分にこんな場面がある。館長の苦労話、講演会を開いても聴衆がわずか二名しか来なかった過去の様子がフラッシュバックで示される。演出された再現場面である。ところが、「今はよく集まってくれています」と館長が画面左オフに視線を向けると、次のショットは所狭しと参加者がひしめいている現在の実際の集会風景に転じる。ユーモラスな対照だ。しかし注目すべき場面はこのあとである。望遠レンズがとらえたのであろう人々の表情やしぐさは、まるで羽仁進の『教室の子供たち』(54、岩波映画製作所)の子どもたちのように自然で生き生きとしているのだ。講師と参会者の質疑応答がすばやいパンで交互に示され、質問に空白が生じると笑顔が張りついたまま微妙な沈黙におちいる講師、せっせと編み物をしている婦人、頬杖をついてちょっと難しげな表情の男性などが次々と映り、質問者の「麦踏み」という言葉を講師が「雪踏み」と言い間違えるといっせいに爆笑する人々、そして何よりも、土地の言葉のその響き……。

このような生々しい場面の映画的魅力が、先に述べた『わたしの大地』による流用にもつながったのかもしれない。その自己言及的な構成も含めて、ＣＩＥ教育映画という枠組みの中で作り手たちが独自の映画作りに挑んでいたことがわかる。しかし、そのような試みは形式や技法にかかわるものだけであったろうか。

4　日本製ＣＩＥ映画の曖昧さ

知覚の高度な組織化であることによって、映画はコミュニケーションにおける合意圧力から観覧者を回避させるような効果を及ぼす。換言すれば、映画には意味が一義的に決定されない曖昧さがその固有の特性としてそなわっているということでもある。ＣＩＥ教育映画のような、軍事占領のもとでの非対称の権力関係の中で教育メディアとして作られたフィルムの場合、とりわけその原理的な曖昧さが提供者や作り手の意図を超えた読みに向けて作品を開く余地がある。

たとえば『わたしの大地』は他のシュウ・タグチ・プロの作品がそうであるように、全体として手堅い撮影と編集によって作られた随所に見ごたえのある作品である。しかし、この映画にも、その曖昧さが観る者を魅惑して考えさせるシーンがある。農地改革で自分の土地を所有できるようになっても農民たちには未だ解決すべき問題は多いと画面外のナレーターが語った直後に、農民たちが刈った稲藁《いなわら》を積む作業をしている向こうの道を、チンドン屋とそれを追って走る子どもたちの姿が右から左へ横切ってゆく。その動きを、ナレーションによる何の説明もないまま、カメラがパンして追い続ける。画面奥のこのチンドン屋と子どもたちは、作業に精を出す手前の農民たちとの対照において、その直前のナレーションの意味の一元性を掘り崩し、それに対する皮肉なコメントとなっているようにも見える。(35)

さらに、劇映画として作られたことによって、そのような曖昧さを超えてほとんど寓意的な作品となった日本製CIE映画が『いとしき子らのために』（東宝）である。物語の軸は地方教育行政の腐敗に抗する若い進歩的な教員たちの闘いだが、主人公はその小学校の用務員であり、どこか謎めいたこの男はいつも教員たちに寄り添い、そのつど適切な示唆や助言を与える。寓意的であるのは、民主主義の師として描かれているこの人物のクライマックスにおける行動である。

取り上げられている具体的な民主化政策は教育委員の選挙である。公選による教育委員会はアメリカ教育視察団の勧告にもとづき一九四八年七月に法制化された。教育委員会法第一条によれば、教育委員会は「教育が不当な支配に服することなく、国民全体に対し直接に責任を負って行われるべきであるという自覚のもとに、公正な民意により、地方の実情に即した教育行政を行う」。作中、主人公が教育委員会の仕組みや役割などを別の登場人物に説明する場面がある。しかし、単に教育委員会の解説を目的とした映画ではない。公開は五〇年一〇月二〇日、第二回教育委員選挙が一一月一〇日に実施される直前だった。実際、この作品は台詞でもはっきり言及されているように、近づく「一一月の選挙」に向けた関係者の動きを巧みに劇化し、クライマックスでは「最も適した方に清い投票を」――これは主人公の台詞――と呼びかけるのである。教育委員の適性と不適性というこの主題は、すでに四八年一〇月の第一回選挙の際、総司令部や地方軍政部、東京PTA研究会などの団体から声明が発せられたほど重要な問題と見なされていた。

『教育委員会による地方教育行政』について朝日新聞調査研究室が社内用にまとめた報告が国会図書

館に所蔵されている。そこには教育委員について次のように述べられている。

教育委員として望ましい人、望ましくない人についての基準は、原則的には、アメリカの場合に掲げられているもの［アメリカの教育委員会の事例］を参考としても、十分役立つと思うが、［昭和］二十三年秋初の教育委員選挙に当って、不適任者の立候補や現職教員立候補の乱立が予想されたとき、東京、大阪の両軍政部その他から適任、不適任の基準が公表されているので参考までに掲げておこう。(36)

挙げられている「不適当な人」のうち、以下の諸項目が『いとしき子らのために』の敵役の人物設定に対応している。すなわち、総司令部オーア教育部長声明における「不適当な人」（六項目）のうち「(4)学校と商売することによって、その地位から財政的にもうけようと期待する人。例えば教科書または学用品会社と関係をもつ人」、東京PTA研究会発表の「不適格者」（一四項目）のうち「(9)学校と関係ある教科書、教具、建築などの会社に関係ある人」、および「(11)いかがわしい人によって推薦されて立候補した人」である。(37)『いとしき子らのために』は、このような候補者に投票しないようにと呼びかけることで現下の状況に積極的に介入する宣伝啓発映画だった。

しかし、きわめて興味深いのは、明確に表明された公式の主張とは別に、この映画の物語が独自の寓意性を帯びていることだ。主人公は「民主主義の師」であるだけでなく、かつてある村の村長として若者を戦場に送り出したことを深く悔い、今では子どもたちの「保護者」たらんと決意した人物である。(38)公式の主題からすると彼のような人間こそが「保護者」としての教育委員にふさわしいことになるのだが、主人公が実際に「保護者」ぶりを発揮する場面は豊かな暗示に富んでいる。それは、校舎の屋根にのぼって下りられなくなった児童を救う場面である。国旗を掲げる適切な場所がないので屋根の上に旗を立てることを思いつき、首尾よく実行した少年たちは、しかし、地上で大騒ぎする人々を見下ろして初めて高さに気づき、恐怖に身がすくんでしまう。そこに主人公がやってきて、少年たちを誘導して無事に地上に下ろしてやるのである。

　この場面の視覚的イメージは途方もなく寓意的である。この映画のわずか五、六年前の日本では、数多くの若者たちが日の丸とともに次々に空にのぼったまま、ついに地上に帰ってこなかったではないか。日の丸のために高いところへのぼって下りて来られなくなった少年たちを救出し、地上に下ろしてやること、これこそ、この映画の実質的なクライマックスにおける主人公の行動にほかならない。実際、この場面を締めくくるショットで、青空を背景にへんぽんと翻る日の丸の手前に静かに映っているのは、少年たちを救助するのに使われたロープと梯子なのである。

　主人公を演じる御橋公《みはしこう》は、戦前の成瀬巳喜男監督作品の好演で記憶に残る[39]。『いとしき子らのために』で御橋が一度ならず見せる虚ろで翳りのある表情は、民主主義の明るい未来を謳っているはずのこの映画に不気味な深淵をうがち、この作品のＣＩＥ教育映画としての一元的な意味を掘り崩す過剰な曖昧さを加えている。それは、映画作品それ自体が、勝者と敗者の非対称な力関係の中で、明確な発言の形をとることのない、ある種の折衝の場を構成していることを暗示するのだ。

5　敗者のヴィジョン

一九五二年四月二八日に対日平和条約が発効したあと、占領期の民主主義的改革に対してさまざまな修正が施されてゆく。占領期の政策の大枠での形式的継続と局地的だが実質的な多くのキャンセルが対米従属的「独立」の体制を固めていった。たとえば映画に関連する事柄では、占領下の四九年にハリウッドの業界自主規制の体制をモデルとして作られた映画倫理規程管理委員会が、五六年には第三者からなる映倫管理委員会に改組され、業界による自主規制という本来の理念は廃棄されてしまった。本章で述べたCIE教育映画が取り上げた主題にかかわる修正としては、『いとしき子らのために』の主題であった公選教育法が、やはり五六年に廃止された。

公民館については、制度の変更ではないけれど、大島渚の『白昼の通り魔』(66)が戦後民主主義の敗北の象徴のようにそれを回顧して描いていたことをここで思い出してもよいだろう。公民館の夜の集会に集って蝋燭の灯で学習と討論に励む山村の若者たち。ある晩、そのリーダー格の中学教師(小山明子)と、公民館での青年たちの活動に冷ややかな無教育な男(佐藤慶)との性的関係が、ほかならぬ公民館で演じられる。「ここは公民館よ!」という小山明子の叫び。カメラは無人の集会室の暗がりに固定され、そこから画面奥の明るい部屋の二人を見つめ続ける……。

CIE教育映画は二重の意味で敗者の映像であると言えるかもしれない。本章で述べてきたような、敗戦国の国民のための/による映像という意味と、ともかくも占領期に当のCIE教育映画を通じて表明された民主主義的な理念の多くがその後にキャンセルされてしまうという意味で。けれども、映画がそれを上映して観覧する者に繰り返し未来を志向する現在時の体験を反復するものであるかぎり、それに固有の曖昧さは、意味の不毛ではなく、そのつど新たな意味の生産をもたらす条件でもありうるだろう。映画はドキュメントであると同時にヴィジョンでもあるのだ。CIE映画を、「文化の記録」であれ「野蛮の記録」であれ単なる「記録」としてではなく、まさに「映画」として見直すことの意義はそこにある。

［付記］

本章で論じたCIE映画のほとんどは、次の共同研究において見る機会を得たものである。平成二一～二三年度日本学術振興会科学研究費補助金（基盤研究B・研究代表者：土屋由香）「占領～ポスト占領期のアメリカ広報宣伝／メディア政策――映像とラジオ中心に」。

第2部　共同を求めて——岩波映画から土本典昭へ

V 「暁にあう」まで
——「岩波映画」と見ることの社会的創造

1 岩波映画製作所と「岩波映画」

一九五五（昭和三〇）年一一月、第二回の教育映画祭が開催された。その年の受賞作が発表されたときの様子を映画ジャーナリストの草壁久四郎が伝えている。[1] 会場内に一瞬異常な反応があり、その後拍手が湧き起ったという。「異常な反応」の理由は、三つの部門の最高賞をすべて同じ製作会社の作品が受賞したことにあった。学校教育部門が『かえるの発生』、社会教育部門を『ひとりの母の記録』、そして一般教育部門は『教室の子供たち』、すべて岩波映画製作所の作品だった。さらに翌年二月、『キネマ旬報』の一九五五年度日本短編映画ベスト・テンでもこの三作が上位を独占したばかりか、『野を越え山を越え』（七位）、『佐久間ダム（第二部）』（同点九位）、『北海道』（同上）を加えて同社の作品六本がベスト・テン入りを果たした。[2] 前年に『佐久間ダム』（54）が第一位になったのに続き、一九五〇年の発足後わずか六年にして短編映画業界での地位をゆるぎないものにする快挙であった。

高い評価を得た三本は「部門」を異にするだけでなくスタイルにも著しい違いがあり、戦後に生まれた若いプロダクションが持つ複数の特長をそれぞれのフィルムが明確に代表していた。『キネマ旬報』第一位の『ひとりの母の記録』は長野県下伊那郡の養蚕農家の主婦に焦点を合わせて農家の苛酷な生活を描いた秀作である。隅田川の水上生活者を題材とした『方面船』(39)で知られるベテラン京極高英の演出によるこの作品は、ドキュメンタリー映画史上に名高い『アラン』(34、ロバート・J・フラハティ)と同様、実際には赤の他人である人々を集めて一つの家族の役に配し、農村が抱える諸問題を手堅い演出で再現した。このような再現的構成の手法は戦前からのノンフィクション映画の常套手段である[3]。『かえるの発生』は、岩波映画製作所発足の中心人物だった物理学者中谷宇吉郎が戦前に製作した『雪の結晶』(39)に連なる科学映画の傑作で、中谷研究室以来の生え抜き吉田六郎のカメラがとらえた細胞分裂の過程は人知を超えた美しさで観る者を圧倒する。以上の二本がそれぞれ従来の「文化映画」の伝統を継承する作品であったのに対し、『教室の子供たち』は、岩波映画製作所発足時のメンバーである若き羽仁進が小学校一年生の教室にカメラを持ち込み、再現的手法によらずに子どもたちの生き生きとした姿をとらえた斬新さで人々を驚嘆させた。

こうして岩波映画製作所は新旧の人材とスタイルを十分に活用して短編映画業界の中心的存在となった。留意すべき点は、羽仁のような新しい試みだけが評価されたわけではないということだ。とはいえ、それらの作品には一つの共通する特質を認めることができる。それが他社の作品にまったく欠けていたというわけではないし、逆に岩波映画製作所の歴史を一貫してそれが堅持されたかどうかもここでは問わない。だが、少なくとも発足後一〇年ほどの期間の同社の作品を観ると、テレビ放送用の作品も含むその画面の多くに、まぎれもない映画の力がみなぎっている。本章は、この映画の力を戦後の短編映画の領域に導入し追求した点にこそ「岩波映画」の真髄があったという仮説的視点から、予備的な考察を行うことを目的とする。

2　戦後の短編映画業界と岩波映画製作所

岩波映画製作所は短編映画の製作を主な業務とする会社として一九五〇年に発足した。[4]「短編映画」とは、吉原順平の定義によれば、「商業的な映画館で独立した興行の主役となれる「長編」に必要とされる長さに及ばない」映画である。単に尺の長さが問題なのではなく、むしろ興行的な観点からの分類概念である。[5] ゆえに「映画館で長編の劇映画と併映されることもあったが、多くの場合、映画館以外の常設、臨時あるいは仮設の施設で上映されてきた[6]」。ジャンル的には「文化映画、教育映画、教材映画、児童映画、漫画映画、ニュース映画、記録映画、ルポルタージュ映画、ノンフィクション映画、ドキュメンタリー映画、プロパガンダ映画、科学映画、医学映画、技術映画、訓練映画、広報映画、広告映画、PR映画、産業映画」など、きわめて多岐にわたる。吉原は続けて「これらの言葉はそれぞれ異なる視点から生まれたものであるから、詮索しても意味ある概念が導かれるわけではない」と付け加えている。[7] とはいえ、これらの多様な用語の存在が示しているのは、ひとたび娯楽興行というメインストリーム以外の領域に置かれたとき、映画がいかに多様な機能と形態をとりうるかということだ。その中で戦後日本の短編映画業界が製作した映画は、先の引用中の言葉の中では主に「教育映画」と「PR映画」の二つに収斂する。

岩波映画製作所が生まれた当時の日本の短編映画業界はどのような状況だったか。『映画年鑑』一九五一年版の「短編・教育映画界」という項目の中の一節がよくまとまっているので、やや長くなるが引用する。

戦時中は映画法によつて文化映画を映画館が上映すべく強制されていたので、短編映画、教育映画の製作業者は企業的にある程度保証されていたが、戦後は映画法の廃止にともなつて強制上映もなくなり、短編業者は自ら販路を開拓しなければならなかつた。しかし映画館は一回上映時間の膨張を嫌つて短編映画を番組に加えることを歓迎しなかつたために、興行的に吸引力のある性病予防映画のような特殊なものを除いては、一般に短編映画が興行界から閉め出されることになつた。

その結果、短編映画の製作業者は、官庁や大会社などの委託映画をつくつて、委託者に製作費を負担して貰う方法と、教育映画をつくつて興行以外の配給網に流す方法と、この二つの方向に活路をもとめた。(8)

短編映画業界が活路を求めた二つの方向、委託映画と教育映画は、企業広報や学校教育ないし社会教育という、娯楽興行とはまったく異なるコミュニケーションのシステムに属している。短編映画業界は、娯楽興行とは別の社会的領域に、通常の映画館の観客とは別種の「観客を発見し、あるいはつくりあげる」ことから始めなければならなかった。羽仁進は、一九五〇年代の末に発表した文章で、日本のドキュメンタリー映画の歴史という視点からこの点を次のように回顧した。

敗戦にひきつづく十年間は［…］、ドキュメンタリイ《ママ》映画の観客をいかに発見し、あるいはつくりあげるかという模索と努力の時代であったということもできる。［…］企業と観客、そしてその関係がいかに映画の内容を規定していくかを知ろうとするなら、この十年間は興味ある時であったといえよう。映画の誕生以来六〇年、二〇世紀もすでになかばに、このように原始的な、率直なすがたで、観客の問題が意識されたことは他にないであろう(9)。

発足時の岩波映画製作所は観客の発見ないし創出というこの課題にいきなり直面することになった。岩波書店の『岩波写真文庫』シリーズの制作・編集によって「出版」というさらに別のシステムと接続したことはよく知られているが、ここでは映画の問題だけに限定して、同社がこの課題にどう取り組んだかを見てみよう。

中谷研究室プロダクションとして発足し、文部省委託の『凸レンズ』を製作した後、岩波映画製作所となった一九五〇年六月完成の第一作『はえのいない町』は『社会科教材映画大系』というシリーズの一本だった。本書の第Ⅵ章で詳しく論じるとおり、『社会科教材映画大系』は、教育界の指導者、教育映画の業界団体、映画教育に従事する教員組織、そして教材である映画の製作を担当する短編映画業者たちの協同組合による合同プロジェクトとして企画され、学校教育の場への普及がはかられた教材映画のシリーズである。

のちに桜映画社を設立する村山英治の回想は、『社会科教材映画大系』が当時の短編映画業界にとってどれほど大きな意義を持ったかをよく伝えている。

社会科は、戦後の教育の中心的な教科だったが、その社会科とまともに取り組んだ教材映画を作ろうという意図は画期的なものだった。この仕事には新鮮さがみなぎっていた。教育学者の海後宗臣

（東大）、梅根悟（東京教育大）、矢口新（中央教育研究所）らが指導的な役割をしたが、教育映画製作者の協力が必要となる。製作会社は、社会科教材映画大系を自主製作するとなると製作資金の導入も計らなければならなかった。そこで教育映画各社によって「教材映画製作共同組合」がつくられた。メンバーのほとんどは戦前からの各社が解散した後に生まれた小プロダクションばかりだったが、なかにまだ生き残ってどうやら旧態を保っていた理研映画と解散前の東宝教育映画株式会社があった。

その理研映画の教育映画部にいた友人の若山一夫君から「うちには社会科教材映画の企画製作を担当できる人間がいないから来ないか」と誘われ、私は幸運にも新世界映画社の解散後の失業時代を半年余りで終え、理研映画の教育映画部にプロデューサーとして迎えられた。『社会科教材映画大系』の誕生に助けられたのであった。(10)

岩波映画製作所は、一九五六年までに『社会科教材映画大系』の作品を三本、続いて『日本百科映画大系』を七本と、学校用教材映画を自主作品として製作する。『かえるの発生』は『日本百科映画大系』の一本として作られた作品だった。しかし、経営の安定化のためには、むしろ官公庁や企業からの委託製作を積極的に行わなければならなかった。

委託映画はまもなく「PR映画」と呼ばれるようになる。ちょうどこのころ、アメリカ起源のPR（Public Relations）の思想を日本にも広めようという運動が進められ、特に一九四九年一二月に資本市場の強化と拡大を目的として設立された財団法人日本証券投資協会は、翌五〇年には雑誌『パブリックリレーションズ』を創刊した。同誌の五一年九月号で「PR映画・映画PR」を特集し、五二年二月七日には第一回PR映画会を開催し、その後も旺盛に上映活動を展開するなど「PR映画」の普及に積極的に取り組んだ。五九年から『PR映画年鑑』の刊行を始めたのも同協会である。同協会の『小史』（非売品）はその活動の意図を次のようにまとめている。

　パブリック・リレーションズの思想は、戦後初めて米国から輸入された。PRの原則は自己の真実の姿を広く外界に表明し正しい認識と理解とを求め、そこから真の協力と援助をかちとろうとする意図にある。これを復興に邁進しつつあった各産業及び企業がとりいれた。即ち設備、技術、生産、製品、販売、経営の実体を映画化し、これを広く一般大衆の観覧に供しようとした。これがPRとして最も大衆に入り易く有効な方法と認識されたからである。この映画をPR映画となづけ、まず株式投資家に、証券会社従業員に、そして若い学生諸君初め一般大衆に見せ、そして日本経済復興発展の一助たらしめようとしたのが本会のPR映画活動の端緒である。(11)

「PR映画」の起源については漠然とした理解しかされていないようだが、元来は委託された宣伝映画一般を意味したのではなく、このように特定の明確な役割を担っていた。企業が社会との信頼関係を築いてより多くの株式投資を募るためのメディアとして明確に位置づけられ、その機能を期待されていたのである。

　ともあれ、戦後復興期から高度経済成長期へと時代が遷るにつれ、PR映画を委託する企業は急増し、短編映画業界も大いに潤うことになる。PR映画の製作に関して岩波映画製作所の評価を決定づけたのは一九五四年の『佐久間ダム』（第一部）だった。町村敬志が明らかにしたとおり、クライアントの電源開発は、官僚や政治家をはじめとする開発エリートを対象とした上映会を盛んに開催するなど、この映画を情報伝達のメディアとして国内外の開発促進のために積極的に利用した[12]。以後、岩波映画製作所はいわゆる重厚長大産業のPR映画を大量に受注製作することになる。

3　「岩波映画」的なものの驚き

前節で述べたような教育映画やPR映画としての短編映画は、一般に、学校や地域社会あるいは資本市場などの固有の機能をそなえた社会的活動領域において、特定の情報やメッセージを伝達するメディアとして機能することを期待される。教材映画は言うまでもない。『社会科教材映画大系』や『日本百科映画大系』には必ず「指導書」が添付されていた。作品の内容を解説し、教育の場でどのように利用するかを指導するための小冊子である。占領軍が民主的な社会教育の推進を目的として一六ミリ発声映写機やフィルムを日本全国の都道府県に貸与したCIE映画（ナトコ映画）には作品ごとに「研究と討論の栞」が添付されていた。その影響もあったかもしれない。この場合、教えるべきこと、伝えるべきことはあらかじめ決まっていて、画面や音声はそのようなメッセージに奉仕するものとして使われることになる[13]。では、岩波映画製作所の作品が受けた高い評価は、このような情報伝達のメディアとしての質の高さによると考えるべきだろうか。

当時の岩波映画製作所の作品に関する紹介やレビューを読むと、興味深い事実に気づく。そこには、どうも何かが違う、という漠然としたとまどいから、かなり明確な認識に至るまで、情報伝達のメディアとは異質の映画的な特性に対する反応が見られるのである。たとえば、雑誌『映画教育』の『はえのいない町』についてのレビューは、「全くの所この作品で一番印象に残るのは蝿の生ずる過程であり」と驚きを隠さない[14]。「その部分の印象が強すぎて」、生徒の保健衛生活動の指導という目的にどのようにつなげたらよいのかと、いささか困惑した様子で筆を運んでいるのが読み取れるほどだ。事実、『はえのいない町』の蝿のクロースアップには、害虫の根絶という本来の問題を忘れて思わず見入ってしまうほどの生命の輝きと迫力がある。その力強いショットは、蝿を駆除するためにその生態を学習している子どもたち自身の目で発見されてゆく光景として編集されている。優れた映画的構成である。

『映画教育』の継続誌である『視聴覚教育』に掲載された『佐久間ダム』についての解説記事では、戦前からの映画教育運動の中心人物である関野嘉雄が、このフィルムが工事の過程を説明するのではなく、それを「痛切に感得させること」を狙っていて、そこに「異色性」があると指摘し、さらに次のように続ける。

> この映画が、工事現場の迫力をそのまま伝えているのは、何よりもその性格と態度がまともに題材ととりくんでそれを意義深く記録していく線にしっ《（ママ）》ているからである。その構成と表現にはなお不備の点が見られるとしても、それがいわゆる文化映画的なかたちをととのえることにうちこまなかったのは結局においてプラスになっている[15]。

ここで注目すべきことは、「いわゆる文化映画的なかたちをととのえること」にこだわらなかったこの映画が、ゆえに「工事現場の迫力をそのまま伝えている」という肯定的な評価の仕方である。関野自身は具体例を挙げていないけれども、たとえば岩波映画製作所の『佐久間ダム』を、同じ工事を対象とする英映画社の『佐久間ダム建設記録』(54)と比較すれば、関野が言わんとすることが推察できるだろう。同じ仮排水路のトンネル工事でのハッパのシーンを、英映画社版は作業員の緊張した顔や広がる煙をモンタージュして爆破そのものは見せずにすませているのに対して、岩波版では、その瞬間、砕け散った岩がこちらに向かって猛烈な勢いで飛んでくる。3Dであれば観客が思わず身をのけぞらせてしまうかもしれない。[16] 大胆な撮影であることは間違いなく、その効果は歴然としている。同時代のハリウッド映画にも負けていない。たとえば、ほぼ同時期に日本公開されたいずれも傑作である『大砂塵』(54、ニコラス・レイ。日本公開は五四年一〇月)と『恐怖の土曜日』(55、リチャード・フライシャー。日本公開は五五年七月)にも特殊効果ではない実際のハッパのシーンが含まれているのだが、どちらも安全な位置から撮られたロングショットである。

一九五〇年代半ばの短編映画に対する人々の見方については、およそ二〇年後に佐藤忠男が、ほかならぬ『教室の子供たち』や『ひとりの母の記録』に言及しつつ振り返っている文章が参考になる。

教室にカメラを持ち込み、子どもたちがそれに馴れてカメラを意識しないようになってから撮ったという、その撮り方の新しさにはみんな舌を巻いて驚いたのだが、当時の批評家たちの意識のなかでは、これはまだ、賞賛するに足るひとつの奇手ではあっても、記録映画のオーソドックスな方法だとは感じられなかったものであろう。むしろ「ひとりの母の記録」のように、すべてやらせで、作家が農民の最大公約数的な現状と思われる姿をつくりあげ、あるべき姿についてのスピーチを行う、ということこそが記録映画の正統であると考えられていたように思われる。[17]

ここで佐藤が、当時にあっては「記録映画の正統」と受け取られていたと書いているタイプの映画こそ、関野が言うところの「文化映画」に相当するフィルムである。反対に、当時は「奇手」と見なされたと佐藤が考える『教室の子供たち』について、『キネマ旬報』の紹介記事は、この映画の子どもたちの姿があまりに生き生きとして自然なので、てっきり盗み撮りに違いないと思い込み、何も知らずに出演させられた——と筆者が考えた——子どもたちの人権を心配しているほどである。[18] ただし、ここで留意すべきことは、佐藤忠男が当時の「記録映画の正統」として引き合いに出し、その再現的演出が記録の真実性を損なうという理由で批判されることがあった『ひとりの母の記録』にしても、「正統」のスタイルを踏襲しつつ、そのかぎりにおいて随所に優れたショットを含む良質の映画だということである。たとえば、農家の室内で手前と奥に人物を配してその複数の動きを同時に収めた画面などは、奥行きの深さを活かした空間演出や照明の処理という点で日本の劇映画の伝統にも通じる立派な成果と言えるだろう。

こうして、さほど多くはない事例ではあるが、以上のような当時の受容からも、人々に強い印象を与えた「岩波映画」的なものの特性をうかがい知ることができる。その特性を言い表すのに、岩波映画製作所の作品についてしばしば口にされてきた「科学的」という言葉は必ずしもふさわしくない。むしろ、それは「映画的」としか言いようのない画面の力なのである。

4 「岩波映画」的なものの系譜

羽仁進は、一九五九年に戦後日本の記録映画を回顧した文章の最終節「将来への展望」で、映画が持っている「実写」の力を強調する。興味深いことに、羽仁は「映画をまじめにとりあげた科学者、思想家の先駆」として寺田寅彦を挙げ、寺田が人為的な映画に対する実写映画の優位をつねに説いていたことに注意を促した。寺田が言いたかったのは「作者も知らない「天然」の複写から、見る人の目は、いろいろなものを引き出せる」映画の能力であったろう、と。(19)「アフリカのライオン」に言及していることや「天然」という語の使用からも、ここで羽仁が言及している寺田の文章が一九三〇年に発表された「映画時代」であることは間違いない。

寺田はその随筆で、映画で面白いのは実写の画面だと言う。その説明は含蓄に富んでいる。寺田は「おそらく映画製作者の意識には上らなかったような些事で、かえって最も強くわれわれの心を引くものが少なくない」と、次のような例を挙げる。

たとえば獅子《しし》やジラフやゼブラそのものの生活姿態のおもしろいことはもちろんであるが、その周囲の環境ならびにその環境との関係が意外な新しい知識と興味を呼び起こす場合がはなはだ多い。たとえばライオンと風になびく草原との取り合わせなどがそうである。このいかにも水に渇したように風にそよぐ草によって始《(ママ)》めてほんとうに生きたアフリカのライオンが眼前に現われる。(20)

このような背景や環境をもっと見たいのに、通常の映画ではそれが節約されてしまう、「そのためにせっかくのありがたい体験がややもすれば概念化される恐れがある」と寺田は危惧する。「演劇フィルム」はプロットにとって余計なものは写さないことになっているようなのだ――。だが演劇と映画は違う。映画の可能性を活用するためには「もう少し天然の偶然的なプロットを巧みに生かして取り入れて、それによって必然的な効果をあげたらよくはないか[21]」と寺田は提唱するのである。

「天然の偶然的なプロットを巧みに生かして取り入れ」るとは、映画の真髄をしっかりつかんだすばらしい言葉ではないか。ここで誤解してならないのは、「雰囲気」などは言うに及ばず「客観性」だの「実証性」だの「現実性《リアリティ》」だのといったありがちなキーワードで納得されるようなことが問題になっているのではない、ということだ。映画で「ライオンが眼前に現われる」のは「いかにも水に渇したように風にそよぐ草によって」である。人為を否定するわけではなく、自然の偶然性を「巧みに生かして取り入れて」「必然的な効果」を上げる、そういう意味での実写の画面こそが映画の力であり、そのような画面の力を感受できるかどうか、そのような画面を本当に見ることができるのかどうか、それこそが問題なのだ。

先ほど羽仁進が寺田寅彦に言及したことを「興味深い」と書いた。岩波映画製作所設立の中心人物の一人中谷宇吉郎が寺田門下の物理学者だからである。狭義の学問的影響だけでなく映画についても中谷が寺田から継承するものがあったと考えて不思議ではない。たとえば、ちょうど岩波映画製作所が発足した一九五〇年、中谷は「視覚教育について」と題された講義を行い、次のように述べている。

> 黒板の上にかいた図形は自然現象の死骸であり、剥製の自然でありまして、それからは死んだ知識しか得られないのですが、映画は生きた自然を写したものですから、生きた知識が得られます。映画を作る人も、こういう事を心に深く止めて作る事が大切だと思います[22]。

寺田寅彦に比べるといささか凡庸な表現かもしれないが、その精神は受け継がれていることがうかがえる。しかも、「生きた自然」を写したものから「生きた知識」が得られるのであり、作り手もそのことを銘記すべきだという主張は、「岩波映画」にとってきわめて重要である。だが、その点に触れる前に、寺田寅彦から中谷宇吉郎に継承された映画の力、画面の力に対する信頼を、羽仁進をはじめとする岩波映画製作所の若い作り手たちに実践的に伝授した最重要人物とおぼしき人物について書かなければならない。中谷の指導の下、科学映画史上の名作『雪の結晶』(39)の撮影を担当し、岩波映画製作所の設立に参加、プロデューサーを経て経営者となった吉野馨治《けいじ》である。

　科学者であると同時に文筆家でもあった寺田や中谷と違い、吉野馨治は劇映画のカメラマンからプロデューサーとなった映画人である。著述もきわめて少ない[23]。したがって吉野の映画に対する考え方は言葉ではなくその仕事ぶりから感得するしかない。だが、肝心の映画人としての評価はまだほとんど着手されていないと言って過言ではない。河合映画――後の大都映画――からキャリアを開始し、PCL、東宝を経て東宝文化映画部に移って中谷と出会うことになる吉野だが、少なくとも三〇本は手がけたことが確実な劇映画のカメラマンとしての仕事はまったく顧みられてこなかったのである。

　東宝文化映画部時代の同僚だった野田真吉は、吉野が劇映画から文化映画に移ったのは「息つくひまもなく撮りつづけたスタジオドラマ映画のむなしさに業をにやした」せいだと書いている[24]。だが、吉野の名がクレジットされている作品、たとえば『チョコレートと兵隊』(38、東宝、佐藤武[25])を観れば、スタジオ・システムの下での照明、美術、演出などとの協働という点を考慮しても、その仕事がきわめて水準の高いものであったことはただちに見て取ることができる。小さな印刷工場で働く工員(藤原釜足)一家がつましく暮らす長屋の室内の灯りと子どもたちが紙芝居を見るために集まる空地の外光のそれぞれのとらえ方、特に夫の召集令状を受け取る妻(沢村貞子)を屋内の縦の構図でとらえた沈痛な画面などは見事な達成である。実際に画面に残されている優れた仕事があるにもかかわらずそれを無視することは、映画人吉野馨治に対する敬意を欠いた振る舞いと言わざるをえない。

吉野は文化映画でも優れた仕事をした。たとえば、中谷宇吉郎との関係で科学映画のことばかりが話題にされるけれども、戦時下の『法隆寺』(43、日本映画社)のカメラも傑出している。国家主義イデオロギーを色濃く反映させている作品という評価もあるが、こと画面に関して言えば、建築物や彫像の表面をあたかも慎重に撫でてゆくようなカメラの移動が喚起するのは、かつてそれらを作った職人たちの緻密な手の動きにほかならない。

寺田寅彦から中谷宇吉郎を経て吉野馨治へ、さらに吉野馨治から羽仁進らの若い世代に受け継がれたもの、それは画面の力に対する信頼であったに違いない。本書第VI章の作品分析で明らかにするとおり、岩波映画製作所の第一作であり、実質的に吉野と羽仁の協働による作品と思われる『はえのいない町』がすでにそのような力をそなえた映画だった。慣習的なカット割りをしない『教室の子供たち』の大胆な撮り方を支持してくれたのが吉野だったという話は羽仁が繰り返し語っている。それは何よりも画面の力への信頼にもとづく新進作家への励ましだったはずである。

5 見ることの楽しき知

「岩波映画」的なものとは、「ややもすれば概念化される恐れがある」教育や広報などのコミュニケーション・システムの只中に、映画における画面の力、ひるがえって、見ることの体験を生み出したことにあるのではないだろうか。換言すれば、「岩波映画」的なものとは、映画によってこそ可能な見るという知を、ほかならぬ映画館という閉じた空間の外の社会的領域において実現し、そのことによって社会を批判的に見直すという別種の「教育」をめざしたのだ、ということにはならないだろうか。見ることを社会的に創造するのである。知覚をコミュニケーションの過程に還元したり単に利用したりするのではなく、むしろ、知覚という身体的な体験から発する別種のコミュニケーションの可能性へと開かれた「教育」、それは見ることの喜びと不可分な、そして見ることから出発して見えないものへと進んでいく知の経験なのである。

社会的機能としての教育や広報さらには記録などにも限定されない映画に特有の力を、ほかならぬ社会の多様なコミュニケーション・システムの只中に出現させること、そしてときには、吉野馨治の紹介と羽仁進の映画の衝撃から岩波映画製作所で映画作りのキャリアを始めた土本典昭の仕事のように、それらのシステムを超える未知の領域に出現させること――。羽仁はあるインタビューの中で、映画に対する吉野馨治の夢はついに実現しなかったと語りながらも、「本当に岩波映画の正統派の映画作家を一人だけ挙げるとしたら、それは土本さんだと思います」と明言している[26]。土本典昭の『水俣――患者さんとその世界』（71）を観て吉野は非常に喜んだと伝えられている。その喜びは、スモン病に苦しんだ吉野の個人的事情だけでなく、「映画人」吉野馨治の「夢」に由来するものでもあっただろう。

一九五一年、『はえのいない町』が文部大臣賞を受賞した際、『視聴覚教育』誌の五月号に「岩波映画製作スタッフ」の署名で一編の文章が掲載された。そのなかで匿名の著者は、教育映画にとって重要なのが「科学的正しさ」であることは言うまでもないけれども、「まず自分の目でみて、たしかめなければ」何も映画に写せないと述べている。そして「知識のごたまぜを与えるよりは問題への観点を与える」ことが有効であり、社会的な問題の場合には「社会観察」から機能に目を向けるように促す必要があると主張する。ドキュメンタリー映画の場合「一つ一つのショットは単なる結論へのプロセスではなく、観点をもってくり返してみれば無数の問題を探究していくことができる」のだから、と。そしてさらに続ける。

> いついかなる時代にあっても、文化的な任務に携わる者は大勢の人達を啓蒙する努力をやめることはできません。しばしばその努力はまどろしく《(ママ)》思われるにしても、決して無駄である筈がありません。地球がすべて灰色におおわれてしまうような時代にあっても、たゆみなくつづけられる——とくに若い人達を啓蒙する努力は必ず暁にあうわけであります。[27]

引用部分の最後をふつうに読めば、たゆみなく努力を続ければいつか報われるという一般的な意味にしかとれないかもしれない。また、そのかぎりにおいて、戦後「啓蒙」の近代主義という紋切型の批判をこの文章に向けることもできるかもしれない。だが、実質的に「岩波映画」宣言であるこの文章の「暁にあう」という隠喩は、「啓蒙」(lumière)が内包する光の原義を未来に向けて豊かに解き放ってはいないだろうか。映画がもたらすのは光に媒介された見るという知の喜びであり、「岩波映画」のような映画を観ることは、この「暁にあう」体験の反復、繰り返し「問題を探究する」ことの何度でも反復される開始なのである。

VI　見えるものから見えないものへ
――『社会科教材映画大系』と『はえのいない町』

1　忘れられた教材映画とその映像論

かつて『社会科教材映画大系』という教育映画のシリーズが作られたことがある。一九五〇年代前半のことだ。視聴覚教育の通史や概説書では、戦後の早い時期の画期的なプロジェクトとしてつねに重い位置を与えられてきた(1)。しかし時が移り、技術革新によって教育の現場も方法も変貌を遂げ、この教材映画が教室で活用されることはなくなった。用済みのフィルムは廃棄されたり放置されたりして、このシリーズのこともすっかり忘れ去られてしまった。

長い時を経て、世紀も改まった二〇一〇年、茨城県常総市の二つの小学校で大量の視聴覚教材用フィルムが発見された。この地域のフィルム・ライブラリーの活動で利用された一六ミリ映画が実に一〇〇四本も姿を現したのだ。戦後日本の教育史、映画史、地方史などにとって大変貴重な映像資料であり、記録映画保存センターが「常総コレクション(2)」として保存することになった。その中に『社会科教材映画大系』の作品が三二タイトルも含まれていたのである。シリーズで製作されたのは全三九タイトルだったから、その八割を超えた。記録映画保存センターでは、その後も作品の発掘を続け、二〇一八年三月現在、三八タイトルまで所有するに至った（表1）。

言うまでもなく『社会科教材映画大系』はまずもって教育史や教育学が扱うべき対象である。その分野の研究は専門家に委ねるとして、本章の目的は『大系』の映像論としての意義を考察することにある。ただし、このプロジェクトが何か統一的な指導理論を確立し、それにもとづいて教材の製作や教室での活用を首尾一貫した形で組織したというわけではない。むしろ、教育学者、教師、文部官僚、映画製作者などの多様な関係者が異なる見解を提出し合い、ときに対立し、そのずれや葛藤をはらんだまま、企画が立てられ、作品が作られ、教材として使われた、というのが実態である。したがって、本章で論じる『大系』の映像論とは、第一に、そのような複数の声によって言説の水準で語られた不均質な映像論のことであり、第二に、このプロジェクトの範例的な作品と呼べる一本の映画《フィルム》作品に具現された、いわば実践としての映像論も含意している。まさにそのようなものとして、『大系』の映像論は今なおきわめて現代的な意義を有しているのである。

以下、本章の概略をあらかじめ示しておく。第2節では、『社会科教材映画大系』の構想が、まさに「社会科」という新しい未知の科目の創設と緊密に関連していたことを踏まえ、一方で「初期社会科」の子ども中心の経験主義的＝問題解決型の教育理念と、他方では映画教育における映画の作品性への批判が、『大系』の映像論の地平を設定したことを述べる。第3節では、『大系』のプロジェクトの中で論じられた真に重要な問題が、実は、従来考えられてきたような「作品か教材か」という映像の形態や利用法をめぐる対立だけではなく、経験の間接性や視点の他者性という映画の特性にかかわるものでもあったことを明らかにする。映像のそのような特性は、「初期社会科」の理念と滑らかに接続できるものではなかったのである。第4節では、『大系』の最初期に製作された『はえのいない町』（50）を対象として、この作品が、『大系』の言説においては障害として意識された映画の特性を、むしろ実践的に活用し、しかも「社会」の発見という目的に適うように、その特性を範例的な形で具現してみせたことを画面の分析によって論証する。

2　見ることの「新教育」――「初期社会科」と『社会科教材映画大系』

繰り返し指摘されてきたとおり、社会科は戦後の教育改革において中心的な意義を持った教科である。一九四五（昭和二〇）年一二月にGHQが発した三教科目停止指令（「修身、日本歴史及ビ地理停止ニ関スル件」）は、「軍国主義的及ビ極端ナ国家主義的観念」を植えつけるものとして、従来の修身、国史、地理を否定した。これを契機として新しい教科が模索され、四七年三月に文部省が公表した「学習指導要領一般編（試案）」において、小中学校の新しい教科課程に「社会」が登場する。[3] その内容は続いて五月に公表された「学習指導要領　社会科編」で詳しく示され、さらに五一年の第一次改訂版に引き継がれた。[4]

一九五五年に大きな改変を施されるまでの社会科は、のちに「初期社会科」と概念化され、教育学の主要な研究テーマの一つとなる。小原友行によれば、それは昭和二〇年代の「成立期社会科」を意味し、「その理論的背景をジョン・デューイに代表されるアメリカの経験主義教育論に負っていることから、「経験主義社会科」と規定されたり、問題を解決させることによって社会生活の理解（知的側面）と市民的な態度・能力（実践的側面）を統一的に育成することをねらいとしていることから、「問題解決社会科」と規定されることもある」[5]。

表1『社会科教材映画大系』作品リスト（注1）

	タイトル	社会機能	製作年	製作会社	スタッフ（注2）	所蔵（注3）		備考（エンド画面表記）
						DFPC	NFAJ	
1	新聞のはたらき	交通通信	1950	理研映画	製作・脚本：村山英治，演出：岡野厳，撮影：竹内光男	○	○	後援　朝日新聞社
2	流れ作業	生産	1950	東宝教育映画	製作：平松幸彦，監督；西沢豪，撮影：浦島進	○	○	
3	青果市場	分配消費	1950	科学映画社	脚本・演出：岩堀喜久男，撮影：岸次郎	○	○	後援　農林省 東京青果協會
4	魚のとれるまで	生産	1950	教材映画製作共同組合		○	×	
5	私たちの新聞	交通通信	1950	日本映画社	脚本・演出：柳澤寿男，脚本：多胡隆，撮影：橋本正	○	○	後援　朝日新聞社
6	はえのいない町	保健衛生	1950	岩波映画製作所	演出：村治夫，撮影：吉野馨治・吉田六郎	○	○	
7	伝染病とのたたかい	保健衛生	1950	都映画社	監督；松岡祐，撮影：広川今朝次郎	○	○	
8	発電所	生産	1950	東映製作所		○	×	
9	私たちの図書室	教養娯楽	1950	教材映画研究所		×	×	
10	かんづめ工業	生産	1950	科学映画社		○	×	協力　日本缶壜詰協会
11	小売店の仕事	分配消費	1950	東宝教育映画	脚本：松崎與志人，演出：野田眞吉，撮影：仲澤半次郎	○	○	
12	炭坑の人々	生産	1950	日本映画社	製作：新庄宗俊，脚本・編集：金台銀之助	○	○	
13	鉄道電化	交通通信	1950	理研映画		○	○	
14	私たちの学校	政治	1950	理研映画	指導：矢口新，原案・監督：村山英治	○	○	
15	ラジオの役割（やくわり）	交通通信	1950	日本映画社，NHK		○	×	※役割（ルビあり）
16	造船工業	生産	1951	理研映画		○	×	協力　株式会社播磨造船所
17	山をみどりに	生産	1951	科学映画社		○	×	後援　林野庁
18	手工業	生産	1951	岩波映画製作所	脚本・演出：羽仁進，撮影：小口禎三	○	×	
19	工業とその資源	生産	1951	科学映画社		○	×	後援　紙・パルプ連合
20	ゆうびん	交通通信	1951	内外映画社	制作：松崎啓次，監督：樋口源一郎	○	○	
21	裁判のはたらき	保全	1951	日映学芸映画		○	×	協力　最高裁判所事務総局
22	火事をなくする仕組	保全	1951	三木映画社	脚本：道林一朗，監督：三木茂，撮影：長谷川直美	○	○	
23	貨物輸送	交通通信	1951	東宝教育映画		○	○	

24	海上輸送	交通通信	1951	理研映画		○	×	
25	水害対策	保全	1952	東映製作所		○	×	
26	都市と水道	分配消費	1952	東京映画技術研究所		○	×	協賛　東京都水道局
27	製鉄所	生産	1952	内外映画社	演出：岩佐氏寿	○	×	
28	かんがいの改善	生産	1952	記録映画社	演出：上野耕三	○	×	
29	道路のはたらき	交通通信	1952	東映製作所	演出：中村敏郎	○	×	後援　社団法人日本道路協会
30	日本の茶業	生産	1952	東京映画技術研究所	演出：吉田長治	○	×	
31	けいさつのしごと	保全	1952	三木映画社	脚本：秋元憲，監督・撮影：三木茂	○	×	協賛　国家地方警察本部，警視庁
32	生活と塩—天然資源とその条件—	生産	1952	東映製作所	演出：矢部正男	○	×	後援　日本専売公社
33	鉄道の人たち	交通通信	1952	内外映画社	制作：松崎啓次，演出：田中喜次	○	×	
34	産業と電力	分配消費	1952	岩波映画製作所	演出：柳澤寿男，撮影：藤瀬季彦	○	×	
35	こどもを守るもの	教養娯楽	1953	三木映画社	脚本：岩佐氏寿，監督・撮影：三木茂	○	○	
36	町と下水—公共の施設—	保健衛生	1953	岩波映画製作所	演出：羽仁進，撮影：藤瀬季彦	○	×	厚生省推薦
37	電信のはたらき	交通通信	1953	三木映画社	脚本：三木茂，監督：丸山章治，撮影：三木茂	○	×	後援　日本電信電話公社
38	通信の発達—電話—	交通通信	1953	教材映画製作共同組合		○	×	後援　日本電信電話公社
39	いものの町　郷土の産業	生産	1954	東京映画技術研究所	脚本・演出：樋口源一郎，撮影：木塚誠一	○	×	後援　川口市

（注 1）本リストの作成にあたって，村山英世氏（記録映画保存センター）と大傍正規氏（国立映画アーカイブ）のご協力を賜りました。謝意を表します。

（注 2）スタッフ名は，原則として各作品の指導書や下記の文献からわかる範囲で記載した。『映画教室』，『映画教育』，『視聴覚教育』（以上，日本映画教育協会機関誌），『映画年鑑』（1951 ～ 55 年），田中純一郎『日本教育映画発達史』（蝸牛社，1979 年）。

（注 3）「DFPC」は記録映画保存センター所蔵。「NFAJ」は国立映画アーカイブ（旧・東京国立近代美術館フィルムセンター）所蔵。以下の 6 本は DVD 化された。『はえのいない町』（『子どもたちと民主主義』［ドキュメンタリー映像集成 文化・記録映画でよむ現代日本 第 1 期 戦前から戦後へ：民主主義と科学映像の系譜 シリーズ 2。占領と，民主主義の新しい「教育映画」へ］，企画・構成：映像文化製作者連盟，紀伊國屋書店，2006 年。『日本のドキュメンタリー　産業・科学編』［岩波 DVD シリーズ］岩波書店，2010 年）。『青果市場』（『復興へ向かう生産と労働』［ドキュメンタリー映像集成 文化・記録映画でよむ現代日本 第 1 期 戦前から戦後へ：民主主義と科学映像の系譜 シリーズ 2。占領と，民主主義の新しい「教育映画」へ），企画・構成：映像文化製作者連盟，紀伊國屋書店，2006 年）。『流れ作業』（『復興へ向かう生産と労働』［ドキュメンタリー映像集成 文化・記録映画でよむ現代日本 第 1 期 戦前から戦後へ：民主主義と科学映像の系譜 シリーズ 2。占領と，民主主義の新しい「教育映画」へ］，企画・構成：映像文化製作者連盟，紀伊國屋書店，2006 年。『昭和こどもキネマ 第 4 巻「社会科教材映画編」』ケー・シー・ワークス，2006 年）。『小売店の仕事』（『昭和こどもキネマ 第 4 巻「社会科教材映画編」』ケー・シー・ワークス，2006 年。一部音声欠落）。『ラジオの役割』（『昭和こどもキネマ 第 4 巻「社会科教材映画編」』ケー・シー・ワークス，2006）。『私たちの新聞』（『昭和こどもキネマ 第 4 巻「社会科教材映画編」』ケー・シー・ワークス，2006 年）。

そのような経験主義的＝問題解決型の理念は、文部省の動きとは別個に各地で意欲的に進められた自主的なカリキュラム編成運動にもおおむね共有され、具体化されていた。「初期社会科」は国家の教育政策に限定されない多様な広がりを持っていたのだ。文字どおり「社会科」の教材シリーズとして一九四九年一〇月に原案が作成された『社会科教材映画大系』も「初期社会科」のプロジェクトの一つとして位置づけることができる。たとえば初期社会科の代表的実践として有名な「川口プラン」との間に、その理念や方法、担い手などの点で関係があったように、『大系』は「初期社会科」のコンテクストから生まれたのである。ただし、次節で論じるように、映画の特性と経験主義的＝問題解決型の教育理念との間には一筋縄ではいかない問題がはらまれていたのだが……。

「川口プラン」とは、川口市新教育研究会の社会科委員会が民間の研究機関である中央教育研究所の指導の下で作成した独自の社会科カリキュラムである[6]。文部省の「学習指導要領 社会科編」に先行して一九四七年三月に発表された。その基本方針は、地域の社会生活の現実から出発して社会科という教科の内容を構成しようとした点にあった。すなわち、市内のすべての施設機関を「生活構成体」として抽出することから始め、それらを社会的機能によって七つに分類し、それぞれの「生活構成体」が直面する課題をつきとめて解決することを学習課題としたのである。

プロジェクトの出発点となった「生活構成体」の「抽出」について、教員のリーダー的存在だった村本精一は次のように書いている。

生活実態調査の着手方法として、生活構成体を抽出し、これについてその社会的機能を明かにする調査を行った。ここに生活構成体というのは社会生活を作り上げている単位となるものであって、公共施設をはじめその他諸々の施設物を指しているのである。教材構成の第一段階はこの生活構成体を一つ一つつかまえてゆく仕事から始まるわけである。社会の現状及び問題を明かにするためには、種種の方法があるであろう。われわれはまずこのような目に見えるものにとりつき、そこから社会の内実を掘り起して行こうとしたのである。(7)

「生活構成体」という抽象的な術語を使ってはいるけれども、その意味するところは、近所を歩けば実際に「目に見える」具体的な施設であり、公共施設の警察署や市役所、消防署など、交通通信関係では駅や郵便局など、あるいは工場、学校、映画館などなどである。これらの「抽出」は教師の指導の下、市内の小学生たちによって行われた。

以上の様な施設や機関を各学区内から漏れなく抽出するため各校の最上級生を通学班に分け各班の調査区域を明確にきめ、調査の順路まではっきりと示し、洩れる地域や見のがすもののない様、充分に細かい注意をして調査にとりかかった。調査用紙を持って順路を漏れなく然も重複せぬ様に歩きながら、目につく前記のような施設機関の一切を書き取らせて来たのである。(8)

のちに、教育学者の伏木久始は、当時の関係者への聴き取りを踏まえて、このような調査の意義を次のように評価している。

子どもたちにとって、生活構成体調査は、地域の実態をさぐる体験的学習であった。知っているようで知らないことの多い地元地域の現実を、事実に基づいて理解する方法を身につける学習になっていた。また、同時に教師たちにとっては、このような地域調査を通して、客観的なデータの収集とは別に、その土地に生きる人々の視点でとらえた社会の課題を、心情的・共感的に理解する貴重な研修機会でもあった[9]。

こうして、子どもが主体になり、地域社会の現実を自分の目で観察してデータを収集し、その問題解決をめざすという「川口プラン」は、「初期社会科」の理念を典型的に体現した実践であった。しかし、このような地域限定のプロジェクトが、全国の学校での利用を想定した『社会科教材映画大系』とどのような関連性を持ったのだろうか。それはまず、「社会」なるものを認識の対象として設定する方法にかかわっていた。

「川口プラン」では、先に述べたような手法で収集した膨大なデータにもとづき、多様な「生活構成体」を「社会的機能」によって以下の七つに分類した。「1．生産（鋳物工場、ビール工場〔…〕）、2．消費（八百屋、魚屋、青物市場〔…〕）、3．交通通信（川口駅、通運会社〔…〕）、4．健康（保健所、病院など）、5．保全（消防署、警察署〔…〕）、6．政治（市役所、市会）、7．教養娯楽（学校、公民館、映画館）[10]」。これによって「川口市の社会構造が次第にはっきりして来た」という[11]。つまり、社会的機能の概念そのものは抽象的で普遍性を持つはずであるが、「川口プラン」におけるその分類はあくまでも地域の具体的な現実の解明を目的とするものだった。

では、『社会科教材映画大系』が、その対象としての「社会」をとらえる視点はどのようなものだったのか。その原案（一九四九年一〇月作成）（図6-1）によると、『大系』は、教材フィルムの主題を次のような方針で決定した。「教材の大系を考えるに当っては、社会機能の点からと、補説の基底単元の点からと両方から考慮して行き、尚その他出来るだけひろく、教材を集めた」[12]。ここで「補説」と言われているのは「小学校社会科学習指導要領補説」（一九四八年八月）のことである。その「第二章　作業単元の基底」によれば、「社会科学習指導の任務は、児童が現実の生活で直面する問題の解決を中心として、有効な生活経験を積ませること」にあり、その有効な「まとまりのある、組織された経験」を「作業単元」と呼ぶ。「作業単元」の構成が教師の仕事であるのに対して「作業単元の基底」は自治体の教育組織が設定すべきこととして、参考となる主題の例を挙げている。たとえば第四学年では「地域社会の現在と過去、昔の交通・通信、資源の保護・利用、昔の商工業」である[13]。事実、『大系』の「一覧表」（図6－2）を見ると、「補説の基底単元」がそのまま適用されている[14]。

図 6-1　『社会科教材映画大系（原案）』表紙（岩手大学図書館所蔵）

ところが、もう一つの基準である「社会機能」については、「補説」が提示した例を『大系』は採用していない。まず「補説」の「第一章　序説　第一節　現在の問題」における「社会的機能」は以下のとおりである。「一、生命・財産および資源の保護保全　二、生産・分配・消費　三、運輸・通信・交通・交際　四、美的および宗教的欲求の表現　五、教育　六、厚生慰安　七、政治」[15]。それに対して『大系』では、全教材（一三七タイトル）を「社会機能」によって同じく七つに分類

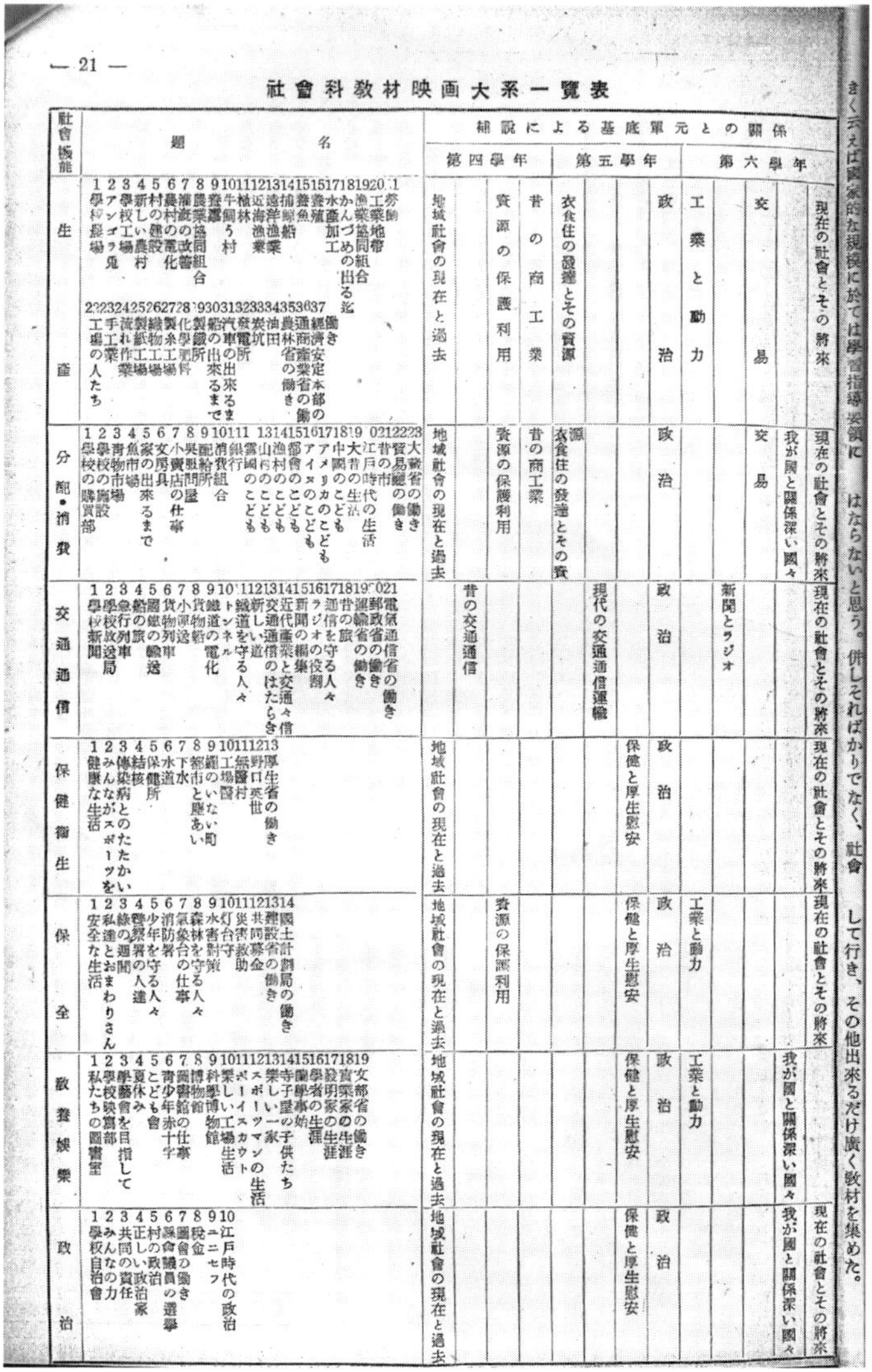

— 21 —

社會科教材映画大系一覽表

社會機能	題名	補說による基底單元との關係 第四學年				第五學年				第六學年				
生産	1 學校農場 2 アンゴラ兎 3 學校工場 4 新しい農村 5 村の建設 6 農村の電化 7 漁業の改善 8 農業協同組合 9 養蠶 10 牛飼う村 11 植林 12 近海漁業 13 遠洋漁業 14 捕鯨船 15 養魚 15 養殖 17 水産加工 18 かんづめの出るまで 19 漁業協同組合 20 工業地帯 21 勞働 22 工場の人たち 23 手工業 24 流れ作業 25 製紙工場 26 織物工場 27 製糸工場 28 化學肥料 29 製鐵所 30 船の出來るまで 31 汽車の出來るまで 32 發電所 33 炭坑 34 油田 35 農林省の働き 36 通商産業省の働き 37 經濟安定本部の働き	地域社會の現在と過去		資源の保護利用	昔の商工業	衣食住の發達とその資源			政治	工業と動力		交易		現在の社會とその將來
分配・消費	1 學校の購買部 2 學校の[illegible]設 3 青物市場 4 魚市場 5 家の出來るまで 6 文房具 7 小賣店の仕事 8 呉服問屋 9 配給所 10 消費組合 11 銀行 13 雪國のこども 14 山村のこども 15 漁村のこども 16 都會のこども 17 アイヌのこども 18 アメリカのこども 19 中國のこども 20 大昔の生活 21 江戸時代の生活 22 昔の市 23 貿易廳の働き 23 大藏省の働き	地域社會の現在と過去		資源の保護利用	昔の商工業	衣食住の發達とその資源			政治			交易	我が國と關係深い國々	現在の社會とその將來
交通通信	1 學校新聞 2 學校放送局 3 急行列車 4 船の旅 5 鐵鑛の輸送 6 貨物列車 7 小運送 8 貨物船 9 鐵道の電化 10 トンネル 11 鐵道を守る人々 12 新しい道 13 交通通信のはたらき 14 近代産業と交通通信 15 新聞の編集 16 ラジオの役割 17 通信を守る人々 18 昔の旅 19 運輸省の働き 20 郵政省の働き 21 電氣通信省の働き		昔の交通通信				現代の交通通信運輸		政治		新聞とラジオ			現在の社會とその將來
保健衛生	1 健康な生活 2 みんながスポーツを 3 傳染病とのたたかい 4 結核 5 保健所 6 水道 7 下水 8 都市と塵あい 9 蠅のいない町 10 工場醫 11 無醫村 12 野口英世 13 厚生省の働き	地域社會の現在と過去						保健と厚生慰安	政治					現在の社會とその將來
保全	1 安全な生活 2 私達とおまわりさん 3 綠の週間 4 警察署の人達 5 少年を守る人々 6 消防署 7 氣象台の仕事 8 森林を守る人々 9 水害對策 10 灯台守 11 災害救助 12 共同募金 13 建設省の働き 14 國土計劃局の働き	地域社會の現在と過去		資源の保護利用				保健と厚生慰安	政治	工業と動力				現在の社會とその將來
教養娯樂	1 私たちの圖書室 2 學校映寫部 3 學藝會を目指して 4 夏休み 5 こども會 6 青少年赤十字 7 圖書館の仕事 8 博物館 9 科學博物館 10 樂しい工場生活 11 ボーイスカウト 12 スポーツマンの生活 13 樂しい一家 14 寺子屋の子供たち 15 蘭學事始 16 學者の生涯 17 發明家の生涯 18 實業家の生涯 19 文部省の働き	地域社會の現在と過去						保健と厚生慰安	政治	工業と動力			我が國と關係深い國々	
政治	1 學校自治會 2 みんなの力 3 共同の責任 4 正しい政治家 5 村の政治 6 縣會議員の選擧 7 國會の働き 8 税金 9 ユニセフ 10 江戸時代の政治	地域社會の現在と過去						保健と厚生慰安	政治				我が國と關係深い國々	現在の社會とその將來

図 6-2　「社会科教材映画大系一覧表」出典：『映画教室』1950 年 1 月号、21 頁。

しているのだが、それは「生産」（三七）、「分配・消費」（二三）、「交通・通信」（二一）、「保健衛生」（一三）、「保全」（一四）、「教養娯楽」（一九）、「政治」（一〇）である。両者は全体として類似しているとはいえ、たとえば「生産・分配・消費」を一括するか「生産」と「分配・消費」に分けるかなど、分類の思想としては決定的な違いがある。お気づきのとおり、『大系』の「社会機能」の分類は、指導要領ではなく、実は先に挙げた「川口プラン」と一致しているのだ。[16]『大系』は、分類の二つの基準の一つとして「補説の基底単元」を採用したのに対して、もう一つの基準である「社会機能」の分類は「補説」に従わず、あえて「川口プラン」に則ったのである。[17]

「川口プラン」と『社会科教材映画大系』とのこのような関係は、そもそも社会科教育と視聴覚教育の媒介者として活躍した中央教育研究所の矢口新《はじめ》の貢献によるものだったと考えられる。矢口は飯島篤信らとともに中央教育研究所の所員として「川口プラン」に参加し、「特定指導者」という役割で調査方法やデータの整理法などを指導し、現場の教員の「理論的支柱」ともなった。[18]その一方で、当時の映画教育の動向や社会科における映画の利用にも大きな関心を持ち、独自の見解を積極的に公表して、映画教育運動の方向にも大きな影響を及ぼした。

映画教育にかんする当時の矢口の思想は、日本映画教育協会（映教）の機関誌に寄稿した一連の論考に明らかである。まず、社会科における映画の利用についてはその重要性を強調しつつ次のように述べている。社会科の教育においては、子どもが現実生活の問題について経験的な学習を行うことが必要であるけれども、子どもは「無駄なものを見たり、或は見たものから本質的なものを読みとらないで余り意味のない見方をしていたりする」[19]。この「見方」を養うことが「視覚教育」の役割である。すなわち、「ただ目にうつる影像《（ママ）》だけでなく、それを或は他の影像と比較し或は連関づけ、組合わせ、その影像の表側にはなかった意味をちゃんと抽き出して、世界を構造づける目」[20]を養わなければならない。すなわち、子どもが「生活問題」にもとづいて自分の経験を構造化できるようにすることが重要なのだ。言い換えれば「観点を立てて現実を見る」ことだが、そこで映画の特性が役立つのである。

> 映画や幻燈は唯現実のかわりに使われるものではなく、それは自己の眼でみた現実でないという特徴をもつと共に、一方に於て人によって或る観点でみられた表現物である。それは内容をそこに表現していると共にそれをまとめた観点をも明らかに表現する。この観点に対決することにより、我々は自分の観点を検討することが出来る。[21]

映画は他者の観点によって作られたものだという指摘は事柄の本質に迫っている。ところが矢口は、他者の観点で作られていることの理解を十分に行うのではなく、ほとんど性急に、それと「対決」して「自分の観点を検討すること」を提唱している。矢口にとって、映画は他者の観点を媒介として自己の経験を構造化する見方を涵養するのに役立つ道具なのだ。あくまでも「自らの眼でみて、自らの世界を構成すること、そこに社会学習がある」[22]からである。

他方で矢口は、当時の映画教育の状況を痛烈に批判する論陣を張った。『社会科教材映画大系』の実現に直接つながったのはこちらの議論である。批判の具体的な標的は「映画教室」だった。「映画教室」とは、特に一九四六年から四九年ごろに盛んに行われた映画教育の形態で、特定の時間帯を借り切った映画館に教師が生徒を引率して観覧するという方式である。プログラムは教育映画や教材映画を中心として組まれた。[23]この「映画教室」を矢口は「課外読物指導」的な限界を持つものとして批判した。[24]学校教育においては教科書や参考書が主で課外読物は副次的なものであるから、映画は教科書や参考書のように扱われなければならない。つまり、映画教育における映画は、映画館で「作品」として鑑賞されるべきものというよりも、教室で「教材」として利用されるべきものである。――このような考えにもとづいて、矢口は「フィルム・ライブラリー運動」を提唱する。

教材として映画が使われるためには、第一に映写機とフィルムが生徒の手元に存在することが必要であろう。そのためにはあらゆる種類の映画が生徒に利用されるように生徒の前に提出されて居なくてはならぬ。商業主義によつて勝手に編成された番組を生徒が強制される如きことであつてはならない。それがたとえ教育的に考慮されたとしても現場の教育に於ては既に限界があるのである。かくして第一に必要なことはフィルム・ライブラリーの設置を実現することである。[25]

この論考が発表された一九四九年の夏には、社会教育――学校における「社会科」教育ではなく主に地域社会の成人を対象とした教育――の領域では、GHQのCIE教育映画の全国的体制がすでに整備されつつあった（本書Ⅲ、Ⅳ章）。しかし、学校教育の現場では、教材としてのフィルムはきわめて乏しい状況だった。『社会科教材映画大系』はまさにこの欠落を埋めることを目的としていたのである。矢口新は「川口プラン」と同様、ここでもプロジェクトの中心的担い手として活動することになる。したがって、次節で検討する『大系』の映像論において矢口の思想が重要な役割を果たしたことは言うまでもない。その映像観を、吉原順平が現代的な広い視点から簡潔にまとめている。吉原によれば、矢口は「最初から映画館を離れ、どこでも利用できる映像情報のパッケージとして映画を見ていた[26]」のである。

このような立場は「当時の映像技術を超越したラディカルなものであり、現在の高速インターネットやDVDがようやくその条件を整備しつつあると言えるだろう」[27]。そのような「ラディカルな」教育理念を追求していたかぎりにおいては、まさに当時の技術や制度の制約ゆえに『大系』の企てが失敗するのは必然的だった。矢口自身、後年、この試みには「まったく意味がなかった」と公言したという[28]。『大系』の映像論の一つの限界がこの点にあったことは間違いない。

しかし、『大系』のプロジェクトにおいて発せられた声は決して単数ではなかった。複数の異質な声が交錯する議論を読むと、その映像論には別の問題が潜在していたことがわかる。それはまさに「初期社会科」の教育理念とも関連する問題、経験の直接性と間接性、自己の視点と他者の視点、見えないものと見えるものなどの諸関係にかかわる問題なのである。

3　経験の間接性と視点の他者性——『社会科教材映画大系』の潜在的な問い

教材映画の大系は初めての試みというわけではなかった。すでに戦前、全日本映画教育研究会監修の『小学校地理映画大系』（34-35）や十字屋映画部の『理科映画大系』（36-39）が製作されていた[29]。『社会科教材映画大系』が過去のシリーズと違って画期的だったのは、「初期社会科」の熱気あふれる状況の中で、教育学者、教師、文部官僚、映画製作者の団体や組織が協働し、オリジナル作品の製作と配給を行い、教室における使用法まで指導する系統的なプロジェクトだったという点にある。企画は映画教育の統括団体である財団法人日本映画教育協会（映教）、これを受けて『大系』の原案を作成したのが現場の教師の組織である日本学校映画教育連盟（学映連）、教材あるいは作品の監修は教育学者や文部官僚で構成された社会科教材映画大系審議会、そして、映画の製作は教材映画製作協同組合が担当した。組合には短編映画業界の有力な会社が参加し、分担して製作にあたった。数は少ないながら組合協同製作の作品さえあった。

経緯は以下のとおりである。

一九四八年一一月、映教は、不足している教材映画の新規製作に向けて「今後の教育に必要な映画や幻灯画の系列や内容」を検討する研究委員会を設けた。メンバーは矢口新、関野嘉雄（映画教育研究家）、小川一郎（国立教育研究所）だった。委員会は当初、簡便な幻灯画の検討から始めて脚本作成まで進んだが、「事情によって」実現に至らなかった[30]。その事情とは、青地忠三によると、損失を出すことを恐れた業者が曖昧な態度をとって、結局、製作に着手しなかったからだという[31]。

しかし研究委員会は、引き続き「教材映画の体系と内容」などの研究に着手した。その後、四九年四月三〇日と五月一日に長野市で開かれた「全国映画教育振興大会」で「映画教室」や「巡回映画」が批判され、学習に直接役立つ教材映画の製作が必要であることが確認された[32]。同年七月、教材映画の確保を主な目的として学映連が設立された。さらに同年一〇月下旬の滋賀県における学映連と地元の映教が共催した「新教育と視覚教育全国研究集会」で『社会科教材映画大系』の原案が承認された。これを受けて短編映画製作会社九社が教材映画大系製作研究会を立ち上げ、これはまもなく教材映画製作協同組合に改組されて協同組合法の融資を受けることが可能になり、いよいよ製作に着手することになった。

このような、教育者と映画製作者という異なる立場にある者の協働は、『大系』[33]の映像論を考える上できわめて重要である。単なる依頼主と請負業者の関係ではない。特に審議会のメンバーと製作スタッフの間ではかなり熱いやりとりが交わされたようで、証言がいくつも残っている。たとえば、高萩龍太郎（学映連）は、テストピースの四本の主題と担当製作会社が審議会で決まったあとの作業の様子を、当時の記事に書いている。

> これをそれぞれ具体化するためにボード（委員会）を矢口新氏を中心として設け、原案は各社に示し、それにもとづいて各社が脚本を書き、さらにその脚本をボードと共に検討しあうという方法をとったので、そのために要した時間は非常なものであって、今までの教育映画製作には見られなかった位、異常な努力が払われたのである。新しい教材映画のあり方を創造する苦しみがそこにあるわけである。[34]

この高萩の記述によれば、審議会の下に、さらに作品ごとにボード（委員会）を設けて作業にあたったということになる。岩波映画製作所で『大系』の製作にかかわった羽仁進が、後年、審議会について次のように回想しているのも、実際にはこのボードのことだと思われる。

> この審議会がたんなる御意見拝聴の機関にならなかったのは、矢口新氏ら異常に熱心なグループが参加していたからであろう。[…] シナリオをつくるまえに、そしてシナリオを完成するまでに、徹夜の話しあいが何度もつづけられた。ロケハンにまで立合い、撮影の相談にものり、ラッシュは一々検討し、編集は何度でもやり直し、アナウンス原稿まで執筆したのであるから、製作者の中には悲鳴をあげる者ができ（ママ）たのも当然だろう。もちろんこのようなプロセスには、現場の先生方も、東京から何人か参加した。[35]

脚本の執筆から撮影、そして編集に至るまで、ボードは製作の全過程に積極的に関与した。この熱い協働は、教育者と製作者を近づけるというよりも、むしろ両者の考え方の違いを浮き彫りにした。加納龍一（日映、教材映画製作協同組合）は次のように書いている。「協力者やスタッフの間で意見が一致しない場合が多く、ことに脚本の作成には、少なくとも二、三稿、多いときは七、八回の改稿を必要としたことがあった[36]」。とはいえ、このような「異常な努力」に駆り立てたしかるべき動機があったのである。同じく加納によれば、「教材映画を通じての教育の改造という、いわば大それた野心」がしばしば製作スタッフを困らせたという[37]。要するに、すでに確立した一教科のための教材作りではなく、「社会科」という未知の教科それ自体を映画教材によって構築しようという大望があったのだ。まさに宮永次雄（映教）は、『大系』には「今日の教育を一歩前進させるために、映画教材によって新しい学習形態を確立してやろう、というねらいが含まれている」と明言した[38]。

実際、「社会科」は新たに創造しなければならない教科だった。高萩龍太郎は、本書の第Ⅳ章で述べたとおり、戦前、戦時下、占領期をとおして、映画教育に従事してきた。その高萩は自伝の中で、社会科という教科の正体がはっきりせず「再講習を受けたり、手びきや参考書と首っぴきになってとりくんだが、具体的にはやはりつかみにくかった。ＣＩＥ教育映画なども一つの参考にはなったりした[39]」と回想している。同じ著書で高萩は、社会科教材映画は「社会科学習とはということを理解させるのに大いに役立った[40]」と書いてもいるのだが、肝心の「とはということ」については何も語っていない[41]。『大系』の言説や作品が、社会科の学習にとって、ひいては社会の認識にとって、どのような意味を持つものだったのか、その解明は今日まだ残された課題である。

以下では、『社会科教材映画大系』の言説における一つの問題に焦点を合わせる。それはメディウムの特性の問題、映画を観ることは直接的な経験ではなく作品は他者の視点によって作られているという、ほとんど自明でありながら見過ごされやすく、その意味がいまだ十分に解明されたとは言えない問題である。映画のこのような特徴は明らかに、経験主義的＝問題解決型の「初期社会科」にとって、まさに解決すべき問題を提起するはずであった。実際には、『大系』の言説において映画のその特性は意識されつつも、必ずしも明確な問いとして定式化されることはないまま、しかし結果的にはそれに対する一定の答えとなりうる見解がいくつも提出されたのだった。

たとえば本章第2節で引用した「社会学習の視覚化」という文章で、矢口新は、映画は「自己の眼でみた現実」ではなく、「人によって或る観点でみられた表現物」であると述べていた。つまり、映画を観ることが間接的な経験であり、それが他者の視点によって構成されていることを明確に認識していたわけである。では、そのような特性を持つ映画が実地の経験と主体的な問題解決を重視する社会科の教材となりうるのはなぜか。これについて矢口は、他者の観点と対決することで、それを観る自分の観点を検討することができる、と主張する。そのことによって「世界を構造づける目」を養うことができる、ということである。しかし、他者を媒介にして自己が形成されるという論理は、それ自体としては一般的な社会的相互作用の説明と同型であり、その他者が映画でなければならないという理由はない。これは映画を道具と位置づける発想と整合しているけれども、映画の特性が社会科に対して突きつけている問いへの答えとはならない。ともあれ、経験の間接性と視点の他者性という映画の特性を、それを観る子どもの主体性を準拠点にして処理する方略ではある。だからこそ矢口は、製作者に対して率直な注文をつける。すなわち、教材映画を製作するにあたって最も留意すべきことは、「子供の心理」に合わせて構成することである、と。[42] 結局、教材は他者の視点ではなく子ども自身の視点に立つことが望ましいのであり、そうすれば映画の経験も自己のものとなるだろう、という発想である。

だが、そもそも準拠枠として想定された「子供の心理」なるものが曖昧なのだ。テストピースの一本『新聞のはたらき』（理研映画）の製作と脚本を担当した村山英治は次のように書いている。この文章は、先に言及した「教材としての映画のありかた」の座談会に出席していなかった村山が、その記録を読んで書いたものである。

実は、私ども（製作者側）もはじめは、新しく発足した教材映画の製作に対して、いささか神妙な気もちで製作審議会というものに出席した。私どもは教育者から、子供について具体的なヴィヴィドな意見が出るものと期待していた。そして大へん失望したことは事実である。〔…〕「子供の心理や生理に即して」と注文される教育者自身の頭に、おっしゃるところの意見が子供の心理や生理に即して具体的にヴィヴィドな形でつかまれていないのに、本日登場の映画人がどうして、つかんだらいいのか。[43]

ちなみに村山は、「創造性の源泉は、生きた内容と表現を無尽蔵にもつ子供の世界である」と書いてもいる。のちに「母親プロダクション」として知られる桜映画社を設立し、地域の衛生改善を主題とした秀作『百人の陽気な女房たち』（55）を作ることになる村山は、ここで「子供の世界」というとき、個人の心理に還元されない集団の生活世界のようなものを考えていたのかもしれない。何らかの「世界」に準拠するということであれば、経験の間接性や視点の他者性という特性にもとづいた映画作品を製作する余地はある。

いずれにしても、映画を観る個人としての主体に準拠して、その主体が映画を道具として利用するという考えは、結局のところ映画の独自性を否認することでしかない。しかし、それとは異なる準拠点を設定することによって映画の問いかけに答えようとした議論もある。

たとえば岩井龍也（堺市教育研究所）の視覚教育に関する問題提起は、『社会科教材映画大系』に言及してはいないけれども、時期や主題を考慮すれば『大系』のプロジェクトと問題関心を共有しているのは明らかである。「新しい視覚教育の課題の在り場所は先ず単元学習の場である」と主張する岩井は、しかし「視覚教育が盛になると共にそれが単元学習のねらう教育構造を破壊する因子を多分にもってい る」と言うように、映画の特性が提起する問題を意識していた。

現実に使用する視覚教材は既に作り上げられて作品となっている以上、その内容の編成にあたつてある一定の方向をもたされているのが常である。記録映画やニュースにしてもやはりそこに製作者のアイディアが流れている筈である。しかもそれを使用する場は作品のアイディアとは別個に、単元学習自体がもつ課題性から来るねらいにもとづいて展開されて行く子供の主体的学習活動の場である。(44)

言い換えれば、映画を教材として使う場は単元学習の課題にもとづく子どもの主体的活動の場であるにもかかわらず、その映画は作り手という他者の観念にもとづいて構成されている、そこに齟齬が生じる、ということだ。ポイントは「作品」の一語である。経験の間接性や視点の他者性という特性は、映画の技術的な条件だけでなく、それが作品として構成されているがゆえに問題となるのだ。だからこそ岩井は、作品の「知的な概観的完成美には教師ばかりでなく子供まで幻惑される」と警告する。教室の中で上映しても、作品の鑑賞を目的とする「映画教室」と同型の教育構造を持つことになってしまうからである。このように、岩井の議論は作品の概念を導入することで、「課外読物」的として「映画教室」を批判した矢口の議論をさらに徹底したものになっている。

では、どうしたらいいのか。岩井はこう主張する。「単元学習における子供の主体的学習活動を進展させるべく視覚教材を構成しなければならない」。つまり、子どもが主体的に活動する単元学習の場に準拠し、作品を解体して映像素材にまで還元し、それを再編集するようにして利用すべきだと言っているのだ。文章の最後には、作品として全体を見せるよりも、問題を明確に設定して関連のある部分だけを適切な方法で見せることが効果的だったという授業の実施例が報告されている[45]。映画の作品としての特性が破壊的因子であると明確にとらえ、単元学習の場に準拠して映像を再編集するかのようにして使うという戦略は、「子供の心理」に準拠するといった発想よりもはるかに事柄の性質をとらえている。これは作品としての映画の独自性を、否認するというよりもむしろ明確に否定する方略である。

こうして、映画の特性が経験主義的＝問題解決型の教科に提起した問いは、結局、その特性を否定することによって、解決というよりも解消されてしまったのだろうか。いや、『社会科教材映画大系』の議論には、別種の解答も提出されていた。審議会のメンバーである大野連太郎（文部省初等教育課）が示唆したのは、映画の特性それ自体を学習の対象として組み込むプログラムである。大野も「初期社会科」の理念にもとづいて、「映画を教材として問題解決に位置づけるためには、先ず何よりも、それが、教科の活動――こゝでは単元学習の活動――として児童の主体性に基づいて取り上げられなければならない[46]」という認識から出発する。単元とは、経験のまとまりとしての問題解決過程である。ところが、視覚教材は特定の視点から実在を再構成したものであり、直接的な経験を超えている。それは「特定の立場において、特定の問題に基いて、実在というものを再構成したものである[47]」。

　このような性格を持つ教材を単元学習に活用するとはどういうことか、と大野は問う。その答えが独創的だ。単元学習において学習者に求められているのは「問題解決や、プロジェクト遂行の仕方――道といってもよい――を探求していくこと」である。したがって、さまざまな問題解決の過程で人々が現実にどのように対処したか、「どのように、めに見えない世界をえがき、構成していったか」ということを学ぶことが大切である。そして、このような問題解決の「道」を視覚教材から学ぶことが必要だと大野は言う。だが、それはどのようにしてか、残念ながら十分に議論が展開されないまま結論だけが示されるのだが、その方向は明らかである。

　視覚教材を分析し、そこにえがかれている現実のとらえ方を理解することによつて、自己の問題解決への新しい道を発見していく。これが、視覚教材を活用する方法である。視覚教材には、そのような総合的な性格がふくまれている[48]。

単元学習の「場」に準拠するのではなく、単元学習の「道」、つまり問題解決の過程に準拠するという力動的な把握は、その過程に学習の対象として視覚教材それ自体を再帰的に組み込むという発想に至る。大野が言う「総合的な性格」とは、換言すれば、視覚教材にそなわる自己言及的な利用を可能にする性格ということだろう。つまり、特定の立場から特定の問題について実在を再構成したものであるという作品の特性にもとづいて、その「とらえ方」自体を作品の分析を通じて学習するのである。

しかし、映画の特性そのものを学習の対象とすることは『社会科教材映画大系』において課題として取り組まれることはなかった。現代では映像リテラシーの教育と呼ばれるような内容も必要だという発言が当時なかったわけではない。たとえば、映画作家の柳澤寿男と教育者の高萩龍太郎との間で、子どもたちのリテラシーをめぐって次のような会話が交わされたことがある。

柳澤　一つの画面から次の画面へうつる時、ワイプを使うと混乱しますか。

高萩　それも学年によりますね。低学年はきつと時間の連続として考えるでしょう。学習の中で映画の文法を教える事も必要ですね。(49)

この会話は、「子供の心理」に即して教材を製作すべきだという主張に関連して、ある技法を使うときに子どもの理解力を考慮すべきだということを含意している。その発展として「映画の文法」の教育の必要性が想定されてはいる。

とはいえ、大野連太郎の主張には、このようなリテラシーの教育という水準をはるかに超える思考が潜在していたのではないか。つまり、単元学習の過程に映画の特性の学習を組み込むことで、その過程において何か別種の主体を形成すること、映画によって経験の間接性や視点の他者性に開かれた新しい主体を創造するという課題である。このような思考が『社会科教材映画大系』の言説にまったくなかったというわけではない。しかし、その考えの萌芽とでも呼べるものは、『大系』の中心メンバーではあるけれども「初期社会科」の担い手ではない人物から出された。戦前から映画教育運動に従事してきた理論家の関野嘉雄である。

関野嘉雄は戦前の映画教育における「動く掛図」論争の主役として知られている。「動く掛図」とは関野自身が用いた言葉で、教育における映画の利用に際して「映画の再現伝達の側面にひたすら関心を集中して、その表現構成の側面は積極的に排除しようとする態度」[50]であり、関野はこのような態度を厳しく批判したのだった。ここで「動く掛図」論争[51]に立ち入る余裕はないけれども、断片的な映像メディアと構成された作品との二項対立にもとづく論争は戦前から行われていたのである。

ここで注目したいのは、戦後の「映画教育の根本問題に就いて」と題する矢口新との対談における関野の発言である。映画の鑑賞指導について関野は、「僕が一番望ましいと思うのは、映画の具体的な組み立てを子供の頭の中で再生させることです」と明言する。それに対して矢口は、「映画を鑑賞する眼は即ち世の中を見る眼だ」という立場から、「映画の見方」といっても「映画ファンの先生」は「末梢的な映画鑑賞」をやっているだけだと応じる。そうだとすれば問題だと認めながらも、関野は言う。

映画の構成を子供の頭の中に再生させるというが、映画で表現している事が一体何であるかを把握しない限り、その映画による人生勉強なり、自然研究なりは成り立たない。その限りにおいて、映画の文法的なものをある程度説明してやる必要がある。それだけの話だ。[52]

言うまでもなく、「映画を鑑賞する眼は即ち世の中を見る眼だ」という素朴な映像観に反駁しているのだが、話が通じない相手に業を煮やしたのか、最後は議論の水準を下げたように見える。実際、「それだけの話」ではないのだ。関野の言う「映画の構成を子供の頭の中に再生させる」という課題は、映画の文法を教えるという、いわゆる映像リテラシー教育――それすらも『社会科教材映画大系』では真面目に取り組まれなかったわけだが――を超える射程を持っている。すなわち、映画的な思考の主体を創造するという課題である。

関野は、『大系』の製作が始まったころの文章で、映画の特性について次のように論じている。すなわち、今日の映画の認識には二つの相反する偏向がある。一方は映画言語が洗練されたせいで、「映画の基盤が動く写真におかれているということの意義を、とかく軽視しさろうとするかたむき」である。しかし他方で、「映画の抽象的性格をほとんどまたはまったく無視して、映画のなかにいわばガラス戸越しの体験と同じものを求めようとする」反対方向の偏向がある。

> 映画は単なる動く「写真」の連続体であって、文字どおりの代用体験を提供するにとどまるという考えは、ことに教育者の場合支配的のようであるが、これは映画の本質についての無知にあるとともに、人々がいまなお言語主義からぬけきれずにいることにもとづいている。一般化の機能は言語だけがもつのであって、視覚的手段はそこに必要とされる手がかりや裏づけを提供するだけの存在である、こういう見地からすると、視覚的手段が表現的であり構成的であることは無用のわざで、それらは結局個々の要素や部面に解体されねばならぬことになってくるのである。
>
> あらゆる表現的なものが、実在的なものによって基礎づけられ、あらゆる実在的なものが、表現的なものによって意義づけられている。そこでは、体験的なものにつきまとう雑然とした印象が、言語的なもののはたらきによってみごとに整理されており、言語的なもののともすればひからびがちな内実が、体験的なものにささえられて力強い充実を見せている――映画はこのようにして、具

体と抽象との最も意義深い橋渡しをなしとげるばかりでなく、また体験及び言語とならぶ独自の世界をつくりあげることとなる。映画とはこうしたもので［あ］り、映画的とは本来こうしたありかたをさすものである。[53]

引用前半の「教育者」に対する批判は、本節で述べてきたことからもわかるとおり、やや単純化されたものだ。経験主義的＝問題解決型の教育において、映画が単なる「代用体験を提供する」ものではないという点は意識されていなかったわけではない。しかし、その問題にどう答えたかという点では、最終的に関野の批判は的を射ている。たとえば、単元学習の場に準拠して視覚教材の作品性を否定した岩井龍也が、映像の選択的使用、つまり「個々の要素や部面に解体」する方法の成功例で強調していたのは、子どもたちに「台風の被害の恐ろしさから来る現実感がはっきり意識され」[54]たというリアリズムの効果にほかならなかった。岩井はそれを「ガラス戸越しの体験」と表現したのだ。

関野の言う「表現的なもの」はモンタージュなどの形式的・構成的な面を指し、「実在的なもの」は写真映像の写実的な面を意味している。フォーマリズムとリアリズムという対立は、映画理論の歴史で繰り返されてきたけれども、どちらか一方が映画の本質であるという議論は不毛である。映画が両者の総合であることは言うまでもない。しかし意外なことに、この事実は必ずしも自明とは見なされていない。その点で引用後半の議論はむしろ貴重なものだ。とりわけ、具体と抽象との関係について、経験と言語の関係について、ここには『社会科教材映画大系』の基礎となるはずの思想が示唆されている。たとえ目に見える経験にもとづいた問題解決の課題から出発するとしても、「社会」とは目に見えない抽象的なものだからである。見えないものを見る、と言ってもレトリックにすぎない。見えないものは思考の対象であり、考えなければならない。つまり「映画の構成を子供の頭の中に再生させる」という要請は、「映画的」な主体という独自の思考の主体――あえて言えば脱自的な主体――の形成を含意することになるだろう。

そして、『大系』で最も成功した作品は、まさに関野の「映画的」なものを体現していたのであり、作品自体が「映画の構成を子供の頭の中に再生させる」効果を持つものだった。その作品こそ『はえのいない町』である。

4　見えないものの方へ――作品『はえのいない町』の事例研究

岩波映画製作所の第一作でもある『はえのいない町』(50)は『社会科教材映画大系』の中で最も成功した作品として知られている。営業的には最初の一年間で一二五本を売り上げてシリーズ中最高のヒットとなり、作品としても文部大臣賞を受賞するなど高い評価を受けた[55]。実際、力強い画面が聡明な手法で構成された魅力的な映画である。この全体で一二分の短編映画は、『大系』の社会機能の分類で「保健衛生」に含まれるもので、ある小学校の生徒たちが蠅を駆除する活動を描いている。最初は保健部の生徒を中心にして校内の蠅を退治し、さらに校内から校外へ出て行き、保健所の衛生班や住民と協力して町中の蠅を駆除してゆく。自分たちで蠅の生態を観察し、繁殖の場所を見つけて清掃や薬剤撒布を行うなど、まさに経験主義＝問題解決型の内容になっている。しかし、この作品が優れているのは、このような過程を映画特有の技法を用いて的確に構成し、最終的に、経験を超えた「社会」の思考にまで導く点にある。本節では、いくつかの文献資料も参照しながら、この作品を分析する。

図 6-3 『はえのいない町』指導書（表紙）（著者所蔵）

『はえのいない町』に関連する基礎的な文献資料としては、『社会科教材映画大系（原案）』、撮影前に公表されたシナリオ、そして『指導書』（図6-3）が存在する。シナリオは『映画教室』誌の一九五〇年六月号に掲載された。[56] タイトルは『蝿のいない町』となっていて、クレジットが「演出　羽仁進　遠田富士夫　撮影　吉野馨治」と記載されている。映画はおおむねこのシナリオにそって製作されたが、いくつかの点で重要な改変が施された。さらに、その完成版映画作品《フィルム》にもとづいて『指導書』が作成された。これは教材映画の一タイトルに一冊ずつつけられた教師用の指導書である。教科書の指導書と同様の発想によるものだが、解説の対象は教科書ではなく映画である。そのため、解説の言語と教材の映画的意味との関係が問題になる。この点はあとで検討することにしよう。

『はえのいない町』の『指導書』は二〇頁の小冊子で、[57]「一、製作の意図」、「二、内容とねらい」、「三、この映画を学習にどのように使うか」、「四、学習展開の一例」、「五、参考資料」と続く内容で、巻末に「この映画の製作スタッフ」の欄がある。[58]「二、内容とねらい」は上下二段から成り、上段は「画面」で、完成版作品をショットごとに切って画面を簡潔に記述している。下段は「画面のねらい」と題されていて、当該の画面に対する注釈である。スタッフは、「演出　村治夫　撮影　吉野馨治　吉田六郎　撮影地　茨城県水海道町　其の他　作曲　柴田南雄」と記されている。柴田南雄の名前に目をひかれるが、秋山邦晴は次のように書いている。「ともかく柴田南雄は理研には一年間ほど勤務しただけだったが、戦後をふくめると二十本ちかい記録映画の音楽を作曲した。そのなかには〈蠅のいない町〉1950、下村兼史の〈或日の沼地〉1951など注目すべき作品が含まれている」[59]。

さて、これらの文献資料を参照すると、『はえのいない町』という作品が、小さいけれども一つの「独自の世界」として生成した過程が明らかになる。まず原案によれば、この教材の「ねらい」は「蠅や蚊をいなくするのは、社会人の関心が高まり、協力が行われることが必要であること　それが如何に快適な生活であるかを示すもの」であり、「構成」は「町の人々が協力して、蠅を退治する運動を起し、徹底的な対策を立てゝ遂に実現する物語として描く」となっていた[60]。要するに、地域住民の協力の必要性を説くことが目的として設定されていた。ところがシナリオでは、映画の焦点となる人物を小学校の生徒として設定した。それによって、生徒たちが主体的に問題を発見してこれを解決してゆく過程に次のような論理的展開を与えることができるようになった。すなわち、ある種の虫は病原体の媒介者であり有害である。病気を防ぐために、この媒介者を退治しなければならない。効果的な退治法は、繁殖の場所を見つけ、それを破壊したり幼虫を絶滅させたりすることである。その種の作業には人々の協働が必要になる。

このような論理構成は、『指導書』の「五、参考資料」に挙げられている短編映画『飛来する疫病［*The Winged Scourge*］』と同型である。この作品は一九四六年三月に公開されたＣＩＥ教育映画で（ＣＩＥ八番）、マラリアを媒介する蚊の害とその駆除を主題にした防疫映画だった。記録映画プロジェクトの活動の中で、私たちは岩波映画製作所の初期のスタッフの方々にお話をうかがう機会を何度も持つことができた。ＣＩＥ映画について尋ねられると、皆さん一様に影響を否定されたのが印象的だった[61]。しかし『はえのいない町』と『飛来する疫病』に関しては、『指導書』の参考資料にタイトルが明記され、実際に作品の基本的構成も一致しているのだから、岩波映画製作所の作品がCIE教育映画を参考にしたとみなしてよいだろう。さらに興味深いことに、この映画はなんと七人の小人《こびと》たちが活躍するテクニカラーのアニメであり、それもそのはずディズニー・プロダクションが四三年に南北アメリカ問題調整局（CIAA）の後援で製作した作品の一本にほかならない。(62) CIE教育映画にはこのように既存のフィルムを流用したものが多かった。その結果、CIE映画を介してディズニーのアニメと岩波製作所の教材映画が結びつけられることになったのである。

原案を映画作品として具体化するにあたり、シナリオは、焦点人物を地域の住民から小学校の生徒に設定し、物語に一定の論理的な構造を与えた。しかし完成した映画作品は、シナリオではまだ曖昧さを残していた部分を改変して作品の形式をさらに厳密で明晰なものに整えた。それは、生徒たちが活動する世界の境界設定にかかわっている。シナリオでも完成版映画でも、蠅の退治は、最初は学校の建物の中で始まり、次いで校庭に出て、さらに学校を出て町のあちこちに展開し、最後は他の町にも蠅がいることが暗示されて終わる。しかし、このような世界の拡大が、映画では明確な境界設定にもとづいて段階的に進行してゆくのに対して、シナリオの段階ではまだ曖昧で徹底していなかった。

たとえばシナリオでは、オープニングで教室の蠅が生徒たちを悩ませている様子が描かれたあと、生徒たちが全員で「蠅取りデー」の行事を開催することになっている。さらに、教室で蠅を退治している子どもたちに「近所の魚屋さん」も参加し、店先の陳列台に置かれた魚に蠅がたかるショットが提示される。その後、場面は教室に戻り、大量に退治していなくなったはずの蠅がまたしても現れて……、という具合にプロットが展開する。しかし完成版映画では、オープニングショットは弁当箱の蓋のご飯粒にたかる蝿のクロースアップであり、映画全体の運動が、この閉ざされた空間から出発し、内と外を行き来することもなく着実に段階を踏んで境界を越え、生徒たちの世界が外へと拡張していく。生徒の一人が「はえとりデー」のポスターを掲示するショットはあるけれども、それは活動の場を学校の外に広げたあとである。しかも、町で活動するのは生徒たちか保健所の衛生班の職員らしき人々で、一瞬だけ画面に映る「魚屋さん」は、子どもたちが店先で蝿を退治しているその奥で、ふだんの仕事をしている。

映画研究者の原田健一は、岩波写真文庫を統括していた名取洋之助がドイツの新聞に発表した「蝿取りデー」の組写真のグラフが『はえのいない町』と「内容」が「同じであり、企画の原案であったことが考えられる」と述べている。[63] 原田が指摘したのは *Berliner Illustrirte Zeitung* の一九三三年一〇月一五日号である。[64] しかし、掲載された当該の組写真を実際に見てみると、記事は「蝿取りデー」が地域のレクリエーションを兼ねたイベントという性格を持つことを強調するものであり、大きな箱いっぱいに集めた蝿を笑顔で誇示する少女の写真などで構成されている。「企画の原案」となった可能性はあるとしても、完成版の映画『はえのいない町』と「同じ」とは言えない。

シナリオと完成版映画との違いをもう一つ指摘すると、自分の町の蝿を絶滅させても隣町からやってきた馬車が蝿を連れてくるという最後の場面で、シナリオではカメラが隣町まで出て行き、その様子を示すショットが続くことになっている。ところが、映画ではカメラは町の外に出ていくことは一切ない。

こうして『はえのいない町』という映画は、狭い内部から広い外部へと、重層的に構成された世界の境界を順々に越えて、子どもの主体的な活動の場が拡張していく構造を持つ。しかしそのような過程は、映画特有の技法によって実現されているのである。その技法の使用法こそが、『はえのいない町』にかぎらず、それぞれの映画の「独自の世界」を創造し、しばしば教材としての意図とは別の意味を生み出すことになる。

たとえば『社会科教材映画大系』の別の作品で、同じ「保健衛生」のカテゴリーに含まれる『伝染病とのたたかい』（50、都映画社）を例に挙げてみよう。原案によると、この作品は「社会の人々を伝染病からまもるためにどのような組織がどのように活動するかを理解させる」ことを「ねらい」とし、「伝染病の発生を見た場合の防疫陣の活動を描き出す。病人の隔離、消毒予防注射、検疫等、一連の防疫活動をまとめて示す」という「構成」である[65]。完成版フィルムはこの原案に比較的忠実に従って製作されている。この映画に次のような場面がある。ある町で発疹チフスに感染した患者が発見され、保健所の担当者たちが防疫活動を開始する。その一場面、『指導書』の「内容とねらい」の「画面」の記述を引用する。「群衆に対するＤＤＴの撒布が行われる。ある家では、頑固な主人の拒否に会って、防疫班の人々は追い出され、消毒具はほうり出される[66]」。そして、この前後の場面も含めて「画面のねらい」の欄には次のような注釈がつけられている。「伝染病に打ち勝つためには社会の全員が自主的に協力しなければならない[67]」。

しかし、このような「ねらい」にもかかわらず、実際の画面はまったく別の意味を生み出している。先の引用に該当する場面で、民家に入った防疫班が布団にＤＤＴを撒布して白い煙のように粉末が立ち込める。幼い女の子が撒布の道具を髪の毛の間にまで差し入れられて、頭から真っ白にされる（図６‐４）。それに続いて、ある民家から追い出される防疫班、バケツからぶちまけられてフレーム一杯に広がるＤＤＴの粉、怒りの形相で撒布器具を放り出す男、というショットが続くのだ（図６‐５）。この場面は、防疫活動に協力しない困った住民がいる、ということを意味するのだろうか。いや、当時の日本の状況を踏まえるなら、このモンタージュはＤＤＴに対する抵抗のイメージではないだろうか。ＧＨＱの占領

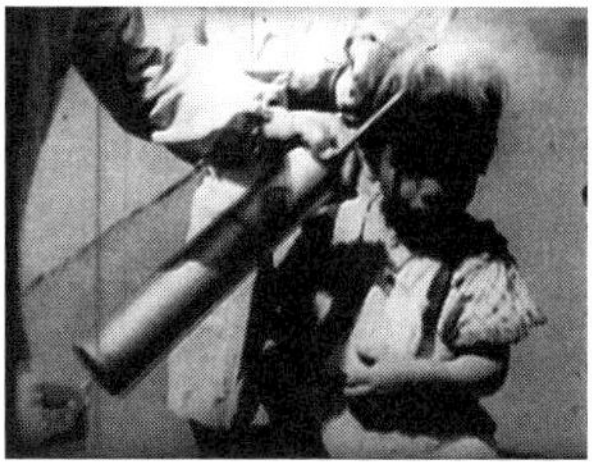
図 6-4　『伝染病とのたたかい』より

図 6-5　『伝染病とのたたかい』より

政策の課題の一つは日本人の身体を衛生的にすることだったが、その手段としてのＤＤＴ撒布は、しばしば性的な侵犯にも等しい屈辱的なものとして体験されたのだった。[68] 言うまでもないが、『伝染病とのたたかい』や『はえのいない町』が作られた一九五〇年はまだ占領期なのである。

それでは『はえのいない町』において、どのような技法がどのような意味を生み出し、独自の映画的世界を創造しているのだろうか。それは子どもの視点にもとづいた視線の一致とその反復である。視線の一致（eye-line match）とは、さしあたり映画研究における教科書的な定義を示すと、「アクション軸の原則にしたがったカットの一種。最初のショットはショットの外のある方向を見ている人物を、次のショットはその人物が見ている対象を含む近接空間を見せる」[69]。文中の「アクション軸の原則」とは、たとえば人物が画面の右側に視線を向けるなら、次のショットで視線の対象が映ったとき当の人物は画面の左側にいるというように、位置関係に混乱が生じないような撮影と編集の方法を意味する。

『はえのいない町』という映画の基本構造は、子どもたちが蠅や汚物を見るときの視線の一致の反復である（図６－６と図６－７、図６－８と図６－９で、それぞれ視線の一致が生じている）。『指導書』の「内容とねらい」の「画面」の記述——完成版映画の採録——から、連続する二つの場面を引用してみよう（ナレーションは省略する）。

図 6-6　『はえのいない町』より

図 6-7　『はえのいない町』より

図 6-8　『はえのいない町』より

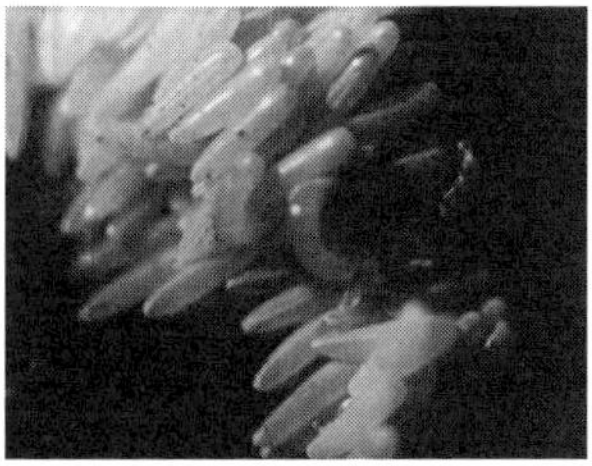

図 6-9　『はえのいない町』より

25、隣の男の肩にとまる蝿。サッとにげる。／26、にげた方をみつめる男の子の顔。／27、窓ガラスにぶつかる蝿。／28、校庭の隅のゴミ捨て場、子供が来て、しゃがんでのぞきこむ。／29、ごみの中にうごめく蝿とうじ。／30、しゃがんでみつめている子供。／31、蝿の輸卵管から出てくる卵。／32、うみつけ終った蝿がうごきまわる。／33、みつめる子供の顔。[70]

これは一例にすぎないが、視線の一致の反復が作品に形式的統一を与えている。それだけでなく、蝿がどこから来たかという疑問を抱いた子どもがその繁殖の現場を見つけて観察するという内容が、教室の内部から校庭の片隅へ出ていくという作品そのものの力動的な形式と合致している場面である。このような構造をそなえた作品において、なまなましい蝿のクローズアップがどのような役割を果たしているかは明白である。実際、この映画の蝿の画面は鮮烈であり、当時のレビューには「全くの所この作品で一番印象に残るのは蝿の生ずる過程であり」という感想もあったほどだ。[71]この蝿の画面について、審議会のメンバーが、社会科の教材なのだから理科の観察は最小限度にすべきだとして削除を要求したというエピソードが伝えられている。[72]事実とすれば、この作品がどのような観点から構成されているかをまったく理解できていない的外れな意見であり、驚かざるをえない。

子どもたちはどこか外からやってくる蝿に誘われるようにして、そのつど視線をその方向へ向け、みずからも境界を越えて外へと移動していく。対象を見つめ、その視線の方向へ、内から外へ出てゆく運動を反復すること、『はえのいない町』はそのような、見ることの運動の映画なのである。『指導書』は科学的観察の重要性と人々や組織の協力の必要性などを強調しているが、この映画の本質はそのような一般的な主題にはない。映画的に実現された見ることの運動によって、子どもたちは身近な経験の世界から経験を超えた見知らぬ世界へと誘い出される。見えるものをよく見ることから、見えないものを思考することへ。誤解してはならないが、それは観客としての子どもの心理とは何の関係もない。「映画の具体的な組み立て」における運動なのである。映画の結末で、よそから蝿を運んできたトラックが蝿のたかった魚を積んでまた遠くへ走り去ってゆく。カメラがそれを後ろから見送るのがエンディングのショットである。[73]その間、ナレーションがかぶさっている。

> もしよその町や村にも、すっかり蝿がいなくなったら、どんなによいことでしょう。みなさんの町や村では、どのようにして蝿を退治していますか。日本中から蝿をいなくするしくみを、みんなで考えましょう。

シナリオでは、この場面のナレーションはまったく違うものだった。「よその町や村」という外部性を強調する語句も、「日本中」という全体性を含意する表現も、完成版映画のナレーションで登場したものだ。このような言葉の追加によって、占領期末期のこの映画はいくぶんか政治的な寓意性を帯びることになったかもしれない。ともあれ、見えないものを思考するように誘う言葉とともに、画面の外、というよりもむしろ画面の奥の不可視の領域へトラックが走り去ってゆくのを見送りながら、映画は終わる。

『はえのいない町』は、現実の経験から出発し、身のまわりにありながらふだんは見えていないものを見るという視覚の働きを積み重ねることによって、その果てに直接的な経験を超えた見えないものを思考するに至る過程を映画的に実現する。それこそが「社会」を学ぶことだからである。見えないものは見えるものの外部のどこかに存在するのではなく、見えるもの自体の内部で生成してそれを超える思考を触発すると言ってもよい。それこそが「作品」に固有の働きであり、断片化されて道具化された「映像」には望むべくもない力である。技術や制度が映像の断片的で道具的な利用を容易にし、単に見えるものが支配的になった今日においてこそ、見えないものを思考させる映画の作品としての力を再評価しなければならない。

［付記］
『はえのいない町』のDVDは、表1「『社会科教材映画大系』作品リスト」の注3に記載したほか、本章注2の書籍の「付属DVD収録作品」にも含まれている。

Ⅶ　活動とは別の仕方で
――土本典昭の作品における映画的身体の生成

1　表象としての「人とカメラとの関係」

一九六三（昭和三八）年の『ある機関助士』を最後に岩波映画製作所の仕事から離れ、六四年に東洋シネマ製作の『ドキュメント　路上』がスポンサーに拒否されてお蔵入りになったあと、土本典昭は日本テレビの「ノンフィクション劇場」の演出を手がけることになる。その年の秋から翌年にかけて製作された二本の作品は、この記録映画作家の生涯の転機となった。予定どおりの枠で放送された『水俣の子は生きている』と、途中でテレビ局からキャンセルされたために初の自主作品となった『留学生チュア　スイ　リン』（藤プロダクション）である。[1] 冷徹な批評家でもあった土本典昭は、その後、これらの作品を作ることで自分が経験した危機と再生を繰り返し語った。[2] この転機は何よりも、その後の土本にとって最大の課題となる「人とカメラとの関係」にかかわっていたのである。

他方、一九六五年の二本が土本の転機となったことは観客の目にも明白な事実である。作品に決定的な変化が生じているのだ。しかし、この変化を画面に即して考察するという仕事は手つかずのままではないだろうか。[3]「人とカメラとの関係」についても、映画作りの作法や技法の課題としてだけでなく、映画作品の表象の問題として明確な形で問う必要がある。本章は、作り手自身の言葉や他の資料を踏まえつつ、あくまでも作品の映像と音響に焦点を合わせて、この転機の意味を明らかにしようとする試みである。

その「人とカメラとの関係」について、あるところで土本は、自分はクロースアップを好むけれども「その人とカメラとの関係においていかにアップにいたれるかをひとつのテーゼにしている」と述べ、次のように続けている。

最近ズームレンズという器用なレンズが主流をしめるが、これは甚だ横着なもので、撮影者が近づくことなく、相手のアップをひきつけるのである。しかしこれはいわばアップをかっぱらうのであって、近づくというカメラと対象との接近という難事業を解消してしまう。そうではなくて、にじり寄ってアップに到る、その撮影プロセスに私はひかれている。[4]

ここでは「難事業」という表現で、機械を媒介にして人間と向き合うときの技法と倫理を一体として問うている。土本は一九六五年の転機についても、二本の作品の事情の違いはあれ、根本はそのような「人とカメラとの関係」にかかわる問題として語ってきた。

『水俣の子は生きている』は、土本が初めて水俣病を題材として現地で撮った作品である。テレビ番組としての日程上の制約のため、患者たちとの関係を築く時間を得られず、便法としてケースワーカーの実習を行う短大生に焦点を合わせることにした。その撮影の中で、胎児性の患者である子どもにうっかりカメラを向けてしまい、わが子が盗み撮りされたと思った母親から激しく非難されるという出来事があった。これは記録映画作家としての土本のアイデンティティーがほとんど崩壊に瀕するほど深刻な経験だった。晩年のインタビューでは、「その後の水俣映画を考える上での原体験になりました」と総括している。(5)

『留学生チュア スイ リン』が記録したのは、本国の政情が原因で文部省から奨学金を打ち切られ、在籍していた大学からも正当な手続きを経ずに除籍された国費留学生が身分の回復を求める闘争である。もともと『ノンフィクション劇場』の一本として準備が進められたのにもかかわらず、撮影に入る直前にテレビ局が企画を中止したため、工藤充のプロデュースで自主作品として撮ることになった。スタッフは通常の仕事を抱えながら、事態に変化が生じるや現場に馳せ参じて撮影を行った。土本はやはり晩年の発言で、このような「被写体や現場の状況がどう動くか分からない、相手とどう関わってキャメラを動かしていくか、そうした中で臨機応変に撮っていくやり方」を強いられたことが「僕の映画としても転換点だったわけです」と回顧した。(6)

これらの「原体験」や「転換点」について、土本は著作の中で厳しい自己検証を行った。いずれも比類のない批評的テクストである。しかし、作家にとっては映画作りの課題である「人とカメラとの関係」は、他方、画面に現れる表象においては固有の意味を持つ。その「関係」は表象の基本構造をなしているのだ。映像が対象の直接的な提示（presentation）ではなく間接的な表象（representation）であるという自明の事実を、接頭辞「re」が示す反復や隔たりや相互性などの含意——つまり関係性の内包——も併せて、つねに念頭に置いておかなければならない。たとえばクロースアップの画面に現れるのは、結果として大写しにされる対象だけでなく、カメラと対象との「関係」そのことなのである。技法それ自体に良し悪しの区別はないにしても、ズームのクロースアップは、土本が「かっぱらう」と表現するように、しばしば下品なあつかましさのイメージとなるだろう。

かつて批評家のアンドレ・バザンは、彼の最もよく知られた評論の一つで、「映像を信じる監督」と「現実を信じる監督」の「対立する大きな傾向」を指摘したことがある。ここでの「映像」とは「表象される事物に対しスクリーン上の表象によって付け加えることのできる一切のもの」を意味する(7)。そこで「付け加えることのできる」ものとは「造形性」と「モンタージュ」である。「造形性」とはカメラの前に置かれる人や物にかかわる演出一般のことで、おおむね現在の映画学でいう「ミザンセーヌ(mise-en-scène)」に相当する。バザンは「映像を信じる監督」としてセルゲイ・エイゼンシュテインやアベル・ガンスを、それに対する「現実を信じる監督」としてエリッヒ・フォン・シュトロハイム、F・W・ムルナウ、ロバート・フラハティの名を挙げる。「現実を信じる監督」の作る作品は「現実に何を付け加えるかによってではなく、それが現実の何を啓示するかによって価値をもつような映画である(8)」。そして、この「啓示」において本質的なものが「関係」なのである。「フラハティにとって重要なのは、ナヌークとアザラシの間の関係であり、じっと待つ時間の実際の長さである」。ムルナウにおいては空間の現実性であり「ドラマに先んじて存在していた諸々の関係性」である。シュトロハイムの場合は、作り手が凝視することで「それがついには残酷さと醜さを露呈するに至らしめる」ような世界との関係である(9)。

このように、バザンは「対立する大きな傾向」を語りながら、実はどちらの場合にも映画が関係性の表象であることを論じているのだ。何かを「付け加える」という関係においても、うわべを飾るだけのこともあれば存在そのものを内奥から輝かせることもある。あるいは、そのとき「付け加えられるもの」がマイナスの値を持つこと、つまり、土本が「かっぱらう」というように、窃盗や剝奪に相当するような関係性もありうる。

この「関係」において主な対象的契機となるのが人間の身体である。もちろん、ジャンルや場面によっては生物や自然ないし人工の光景などが中心となるかもしれない。しかし土本の場合、「本来映画はその人の体、顔、声の特徴のすべてをまるごとうつしとる[10]」という言い回しに典型的に現れているとおり、かかわる対象はやはり人間の身体であり、特にその初期においては〈活動する身体〉だった。

以下の議論を先取りすると、本章で問題にする土本典昭の映画の転機とは、「関係」としての表象において、それまでは活動する身体を対象としていた画面に〈活動を妨げられた身体〉が登場することで生じるクリティカルな変化なのである。

2　活動する身体との協働——土本典昭の初期作品

一九六五年の転機以前を土本典昭の「初期」と呼ぶなら、その初期作品の特色は何よりも活劇的な力が横溢している点にある[11]。

土本が記録映画を志したきっかけは、岩波映画製作所に入る前に羽仁進監督の『教室の子供たち』（55）から受けた衝撃だったという。「構成やナレーションや筋書きじゃなくて、キャメラの見つめたものが原点だということ」に打たれたのだと語っている[12]。しかし初期の土本が採用したのは、演出によって現実を再構成し、ナレーションが内容を解説する伝統的な「文化映画」のスタイルだった。例外的にナレーションをいっさい使わず映像の力だけで、オリンピック開催前の東京をなまなましくとらえた『ドキ

ュメント 路上』（64）でさえ、主人公のタクシー・ドライバーの親子三人を赤の他人同士で構成した演出は、第V章で言及した『ひとりの母の記録』（55）の農民の家族と変わらない。だが、そのようなスタイルであっても、土本の映画は最初から、活動する身体の生き生きした動きをカメラが「見つめ」、その身体と協働する姿勢において卓越していた。

最初に演出した作品は『年輪の秘密』という表題のテレビドキュメンタリーで、二年間に七本を担当した。日本の伝統的な芸能や工芸などにたずさわる人々の仕事ぶりを紹介する番組だった。

職人の仕事は一般に三つの要素の組み合わせからなる。手をはじめとする身体部位、道具、そして品物として仕上げられるべき材料である。ところが、同シリーズで職人を扱った他の演出家の作品は、ともすれば手に偏り、あるいは顔を強調した。それらとは異なり、土本は正しい選択をした。すなわち、先の三つの要素をほぼ均等に画面上に配置し、三者の間の調和と接触面の動きをしっかり見せる。なかでも傑出しているのは『江戸小紋と伊勢型紙』（60）である。清水一彦のカメラによって、染物職人の手と刷毛と布の触れ合いが、なまなましく、ほとんど官能的にとらえられている。型紙の錐彫りでは、彫刻師が片手の指先に添えた錐をもう片方の手で回転させて直径一ミリたらずの円を掘ってゆく精妙なアクションが緊迫感を高める。すると画面は不意にその持続を断ち切り、錐の超クロースアップからオートバイで風を切る若者の笑顔へ跳ぶ。実に爽快な、まさに活劇的な編集である。この若者は伝統技術の後継者であり、このショットは新しい世代への希望を体現しているのだ。

ここで概念的な手がかりとして、ハンナ・アーレントによる人間の「活動［activity］」の分類を参照したい。生物として生命を維持する「労働［labor］」、有意味な世界を創造する「制作［work］」、そして複数性という条件のもとで他者と交わす「行為［action］」である。[13] ただし、人間の活動は上記の三つにつきるわけではない。アーレント自身、その著書で、「思考」という「人間がもっている最高の、おそらくもっとも純粋な」活動を考察の対象から除くとことわっている。[14]この最高にして純粋な活動を念頭に置きつつ、ここではあくまでもさしあたりの手がかりとして、先の三つの活動の区別を利用する。

この分類を土本の初期作品に適用すると、映画は対象となる身体との協働的な関係において労働＝制作＝行為の統合を実現していると要約できる。たとえば『江戸小紋と伊勢型紙』のような作品は、職人と映画の作り手の協働によって、両者のそれぞれの労働＝制作を社会的な行為の次元で統一する。他者に対する行為となるのは、最終的にテレビで放送されるという形で作品がメディアの連関に組み込まれるからだ。

とはいえ、労働は有形の品物を制作するだけではない。『年輪の秘密』のあとに手がけたテレビ番組『日本発見シリーズ』の中の『佐賀県』(61)で、有明海の干拓地の極貧の農民が干潟に出てムツゴロウを獲る場面は鮮烈だ。男は板切れをサーフボードのようにして左ひざを乗せ、右足で泥を蹴って進む。鈴木達夫のカメラはときに超ロングショットで、またときに農民の真後ろにつき従い、泥の上を前進する農民を写し続ける。[15]荒涼と広がる干潟で生活の糧を求めて独り滑走する男は、何かを制作したり誰かに対して行為したりするわけではない。だが、自然と格闘する剝き出しの労働は、それを追うカメラとの関係において制作に参加し、男の身体は無言の伝達によって行為を成就するのだ。

このような協働の最高の達成が『ある機関助士』(63)である。一九六二年五月の三河島事故の大惨事を受けて、国鉄は自動列車停止装置（ＡＴＳ）の導入による安全対策をテーマとするＰＲ映画を作ろうとコンペを行い、岩波映画製作所の企画が採用された。しかし土本による脚本は国鉄の最新のシステムを取り上げなかった。それどころか、ほかならぬ三河島事故が起きた常磐線を舞台として動力車乗務員の一日の業務を描いた。その一日は、そして映画も、「特に異状はありません」という上司への報告を紹介するナレーションで終わる。この結末に皮肉は込められていない。しかし全面的な解放があるわけでもない。一日一日の平穏は、まさに乗務員たちの苛酷な労働によって支えられているのだ。

映画は、過密ダイヤの危険性や定時運行主義のプレッシャー、信号や踏切の多さという設備上の問題点、信号の誤認の可能性、運転士の肉体的疲労や緊張などを画面上の随所で示唆し、さらには多重事故防止の訓練をユーモラスに再現して風刺したりもする。これらは、まさに三河島事故の裁判が始まり、事故における国鉄労働者の過失を糾弾する世論が高まっていた当時の状況に対する映画的な介入にほかならなかった。といっても、乗務員の仕事ぶりを美化する対抗的なプロパガンダになっているわけではない。安全な定時運行を達成するという目標に向けた乗務員の労働とそれをとらえる映画の製作との協働が、作品の世界を見事に成立させているのである。

たとえば、やはり機関士が主人公で蒸気機関車が疾走する場面で始まるジャン・ルノワールの傑作『獣人』(38)のオープニングと比較してみよう。『獣人』の機関士と機関助士は互いに声をかけ合うこともなく、必要があれば口笛を吹いて合図するだけだ。機関車はあたかも自分の意志で爆走していて、乗務員は、驀進する機械の自動運動を辛うじて制御する消極的な役割しか担っていないように見える。ときおりカメラが機関士を正面からとらえる客観ショットも、ここでは人間を主体化するのではなく対象化する効果を発揮する。機械の運動に対するこのような人間の従属は、主人公が遺伝的素質という本人に抗えない力のために殺人を犯す物語の内容に対応しているかのようだ。原作は自然主義を代表するエミール・ゾラの小説である。

それに対して『ある機関助士』では、二人の運転士は頻繁に確認の声を交し合い、きびきびした身ぶり手ぶりで機関車を走らせる。カメラの視点は運転士に寄り添う。人間と機械は、従属や操作という一方的な関係を超えて一体となり、いわば高次の新たな身体を形成する。実際、この映画はこの高次の身体の複層的な皮膚と触覚を主題としている。

機関士は次の乗務員に機関車を引き継ぐ際の車体の点検をどのように実行するだろうか。彼は、あたかも病人の容体を診るかのように、すばやく身を移しながら静まった動輪部分のあちこちに指先をそっと当ててその温度を確かめてゆく。労働の現場での人と機械の関係の確かさを測るのは、ここでは金属に対する皮膚の感触である。あるいは、機関助士は休憩に入る前に何をするだろうか。『わが谷は緑なりき』(41、ジョン・フォード)の炭鉱夫たちのように、彼は顔や手や首筋に付着した煤を石鹸で洗い落とす。肌の表面に塗りたくられた石鹸は泡立つこともなくたちまち灰色に濁る。重圧と緊張から解放される瞬間が、煤と石鹸が洗い流され、輝きを取り戻す皮膚の表面によって可視化される。さらに、むき出しの皮膚ではないが、同僚たちが雑談する手前に横たわって仮眠をとる一人の乗務員の腹部が、寝息とともにふくらんだりしぼんだりするショットが挿入される。

皮膚とは自他の境界面である。その表面で他者の他者性が感受されると同時に内側に折り返される形で自己なるものが成立する。文字どおりの皮膚以外にも多様な境界面が複層をなして自他を分化／接触させる。[16] 映画とはそのような複層的な皮膚からなる運動体であるのかもしれない。

『ある機関助士』において、驀進する機関車からカメラが乗り出して撮られた光景はそれ自体が一枚の鋭敏な皮膚を形成する。乗務員と機関車が皮膚で接触するのに対して、今度は人と機械が一体となった身体が光の変化と空気の動きをその皮膚に感受する。猛烈な速度ですれ違ってゆく対向列車、一瞬視界をかすめる線路への侵入者——機関士の怒声が響く——、通過駅のプラットホームを飛び去る駅員や乗客の奇妙に抽象化された人影、夜の踏み切りで遮断機に触れんばかりにぎりぎり迫って停止する自動車……等々をこの皮膚は次々と感受し、そのたびに映画の情動が高まる。

ある日の午後、緊急停車時に他の列車との衝突を避けるための防護措置の訓練を行う場面にも、そのような特質が現れている。『ある機関助士』は当時の動労の機関紙のレビューが取り上げ、評者は国鉄労働者の視点から特にこの場面に好意的に言及した。「発煙筒をふりかざし線路上を八〇〇米も走って線路上に雷管をとりつけるシーンなんかは、当局の保安施設の不完全さを象徴した滑けいな場面である」。なるほど、この滑稽さは「国鉄をささえているのが、現場労働者の言語に絶した労働によっていることを立証している[17]」ことのアイロニーに由来するのだろう。とはいえ、画面上では線路沿いという場所の設定が大きな役割を果たしている。走行中にはそこに人と機械からなる身体の鋭敏な皮膚が形成される緊張に満ちた空間が、今、あたかも干物のように開かれて晩秋の午後の傾いた陽にさらされる。線路際からのトラッキングショットや、ここでは機関助士の手元へのズームもさりげなく交えて作業の過程を躍動的にとらえているのだが、効果的なのは、唐突に超ロングに切り替えて、線路上を走る機関助士と競って線路沿いを併走する子どもたちを写し込む俯瞰のパンショットである。一見、ただの挿話的な点景のようだが、真剣な訓練と子どもたちの遊びが共存する光景がいわば開かれた皮膚となり、この映画の多くを占める機関車からの視点に対してドンデンを返す効果、そして何よりも鉄道というシステムにおける自他の境界についての示唆……等々を重層的に表象した含蓄に富むショットである。

こうして『ある機関助士』は、まずは動力車労働者と蒸気機関車との協働、さらにそれらとカメラとの協働という重層的な協働によって、人間と機械の一体化した喜ばしい運動を実現する。それによって労働する身体の名誉を回復し、労働＝制作＝行為を統合する作品となったのである[18]。

土本は映画作りに際して、実際に労働者たちと緊密な協働を行った。『ある機関助士』は三河島事故の当事者である田端機関区労働組合との連帯の所産である[19]。その点では次の『ドキュメント 路上』も同様だ。土本はタクシーの運転手を主人公とするために、ストライキ中で会社を自主運営していた労働組合の協力を得たのである[20]。しかし、この映画は『ある機関助士』とはまったく異質で対照的な作品となった。

警察庁の交通安全PR映画を依頼された好機を利用して、土本が作ったのはオリンピック開催を間近にひかえた東京を厳しく凝視する「都市映画」である。いたるところで急速な解体と建設が乱雑に進行している。あちこちが掘り返されている路上で大型ダンプをはじめとする自動車がひしめき合い、大気中には排気ガスや粉塵が充満する。土本によれば、それは人間を閉じ込める「殺虫装置」だった[21]。「交通安全」どころではなく、事故は必然である。そのような空間で働くタクシーの運転手は、『ある機関助士』の乗務員のように機械との協働を享受できる境遇にはない。仕事の目標が明確にデザインされているわけではなく、客を拾えるかどうかも車の行き先も、運転手にとっては偶然に委ねられ、しばしば交差点や踏切の渋滞に停止を余儀なくされ、走行中は傍らを走る巨大なダンプに圧迫されたりもする。一日中運転席に座り続けるせいで胃下垂に悩まされている者も何人かいる。

運転手たちは抑圧的なシステムの中で一貫して受動性を強いられる。このような身体と都市空間を、映画はナレーションをいっさい排し、鈴木達夫のカメラと土本のモンタージュによって鋭く再構成した。労働者の身体の受動性に対応して、この作品では作り手の側の能動性が顕著であり、意識的なスタイルが前景化する。渋滞の中でのカメラの唐突な傾きが運転手の一瞬の放心を視覚化し、無残に枯れた立木のショットが排気ガスの猛威をあらわにする。カール・Th・ドライヤー監督の「交通安全PR映画」、

『彼らはフェリーに間に合った』（48）の事故シーンを想起させる衝撃的な編集もある。主人公がついに事故に遭ったかと思わせるのだが、こちらはトリッキーなモンタージュで、画面にアイロニカルな揺らぎをもたらす。

『ドキュメント　路上』が描いたのは喜びなき街の喜びなき労働である。[22] 疲労と消耗、焦燥と倦怠、さらには不安や恐怖が画面から滲み出る。ラストシーンは職場の朝礼で、運転手たちが車の急発進と急停止を繰り返してタイヤを絶叫させる。ブレーキのテストを口実にした怒りのデモンストレーションである。これは結局、力強い行動《アクション》を物語る映画ではなく無力な受苦《パッション》＝情念の映画なのだ。それでも優れた活劇性をそなえているのは、カメラとモンタージュの妙技が、自動車の走行や停止からスリルとサスペンスを効果的に引き出しているからである。このような才能に恵まれた監督であれば、劇映画の世界で優れたエンタテインメントの作品を撮ることもできたかもしれない、と想像する（惜しむ？）観客も少なくないだろう。

土本の初期作品の活劇性、そして『ある機関助士』が成就した労働＝制作＝行為の統合は、しかし、対象となる労働の能動性を前提としていたのだった。ところが『ドキュメント　路上』で、土本は労働において受動性を強いられる身体と遭遇した。さらにその後、土本は活動を妨げられた身体と出会うことになる。活動する身体との協働によって映画を作ってきた土本にとって、それは映画作家としての本質的な危機にほかならなかった。それまでに土本が築いてきた「人とカメラとの関係」が転換を迫られる。その危機と再生の記録、それが『水俣の子は生きている』である。しかしほとんど同時に撮られた『留学生チュア　スイ　リン』において、土本は「関係」を再構築する方向を見出す。まさにそのとき、土本典昭に固有の映画的身体が真に決定的に生成するのである。

3　「間接話法」の挫折――『水俣の子は生きている』①

『水俣の子は生きている』は新聞の切り抜きから生まれた。一九六四年の秋、『ノンフィクション劇場』のプロデューサー・牛山純一から土本典昭に託されたその数枚の記事は、それに先立つ六二年一一月の胎児性水俣病の認定と、その後の患者をめぐるいくつかの動きを伝えていた。その中に、熊本短期大学の社会事業研究会というサークルのメンバーが水俣の患者を慰問し、「水俣病の子供を励ます会」が結成されたという記事が含まれていた。「映画の取材の重点」はこの会になった。[23] こうして土本は胎児性水俣病の患者たちと出会うことになる。

この出会い――正確には第1節で触れたように最初の出会いそこない――こそ、映画作家・土本とその作品の転機となった。「その後の水俣映画を考える上での原体験になりました」という言葉をすでに引用したが、その直前の箇所を補わなければならない。ここに「原体験」の複雑な意味が圧縮して語られているのである。

> 僕らは意識するしないにかかわらず、存在自体としてはテレビ局からやってきた、キャメラという〝正義〟を抱えた撮影隊ということになってしまう。しかし彼らにとって、撮られることに何もいいことなんかない、と撮影を拒絶されました。撮影のむずかしさは、予想していました。だから西北ユミさんを撮っているフリをして彼女の接する患者さんを撮るということを計ったんですが、痛烈に見破られ、批判されたわけです。これは幾度も書きましたが、その後の水俣映画を考える上で

の原体験になりました。[24]

母親たちの「拒絶」には十分な理由があった。土本たちのクルーが水俣で取材を始めた一九六四年秋は、水俣病がすでに「社会問題としては一段落」したとみなされていた時期である。[25] 水俣病は五六年に「発見」され、五九年一〇月には有機水銀による中毒であることが科学的に解明された。チッソ水俣工場の排水が原因であろうという疑いが強まる中、同年一二月、被害者家族団体はチッソとの間で不利な見舞金契約を締結することを強いられる。契約には、原因がチッソにあることがたとえ明らかになっても患者は再補償を要求しない、という「破廉恥な文章」が含まれていた。[26] これを新聞各紙は「円満解決」と報じたのだった。[27] 地元熊本放送の水俣病関連のテレビニュースにかんする研究によれば、その後、六一年から六七年までは「報道空白期」となる。[28] その陰で患者たちの孤立と苦しみは深まるばかりだった。

それでも一九六二年一一月に胎児性水俣病が認定されると、その報道は一部の人々の目にとまった。六三年三月には北海道の北星学園の高校生が患者である子どもたちを見舞うために水俣を訪れる。この慰問も報道され、その記事は土本が牛山から渡された切り抜きに含まれていた。[29] この生徒たちと病院で出くわしたのがきっかけで初めて患者を目の当たりにすることになったのが、のちに水俣病対策市民会議会長として患者の支援に尽力する日吉フミコである。病気のことは知っていたが「市民の多くがそうであるように、私もまた、いっこうに関心を示さなかったことをそのとき深く恥じた」と日吉は言う。[30] 当時の地元の雰囲気をうかがい知ることができる証言だ。胎児性水俣病の認定も、当事者にとって救いにはならなかった。見舞金契約のせいだけではない。原因究明と治療に取り組んだ原田正純によれば、子どもの母親たちには「水俣病と認定されたからと言って、この子どもたちの症状はどうにもならないという空しさが残ったのである」[31]。外部からやってくる者に対して不信感を抱いたり拒否したりするのも当然である。医師の原田でさえ「最初のころは患者家族たち、とくに母親から、強い不信、怨みの激しい言葉を浴びせられたものである。大学から来たというと、だれでも感謝してくれるとぐらいにしか思っていなかった私たちにとって、それはショックであった」[32]と率直に振り返っている。ましてテレビのカメラへの抵抗は言うまでもない。

土本はこのような状況を知り、短期間のうちに患者と関係を築くことは不可能だとわかったので、「初めから水俣病の患者を主人公とはしなかった」という。映画の主人公となったのは西北ユミという熊本短大の学生である。「水俣病の子供を励ます会」で活動してきた西北は、卒業を間近にひかえ、無給でケースワーカーの実習を行うために水俣を訪れた。その数日間の行動をカメラは追う。西北の活動から水俣病を描こうとしたこの方法を、土本は「間接話法」と喩えた[33]。ところが、西北に同行して水俣病の「多発地帯」を訪れたとき、「事件」が起こった[34]。

ワイド・レンズで部落の全景をとっていると、一軒の庭先で主婦たちがさわぎ出した。私はそこにいた患児に気づかなかったのだが、人々は無断でとったとして激しく私たちを責めたてた。私は弁解の言葉もなくそれをきいた。その後から、完全に私は思考力もことばもまともでなくなってしまった。つまり壊れたのである[35]。

一九七五年初出のこの文章を、土本は後年の自著でも引用している[36]。しかしなぜ、この出来事で「壊れた」というほどの深刻な衝撃を受けたのかは、実は明確ではない。原田医師が「大学から来たというと、だれでも感謝してくれるとぐらいにしか思っていなかった」と謙虚に自省したのにも似て、テレビで放送するのだから感謝されて当然といった暗黙の思いあがりを打ち砕かれたということなのか。あるいは、「気づかなかった」と書いていることからすると、患者との関係を築くすべがわからないまま持ち込んだカメラを、しかも意図せずに患者に向けてしまった、その迂闊さ、あるいは無自覚に対する自責の念だろうか。

この点に関して、先に引用した晩年の発言はきわめて示唆的である。「だから西北ユミさんを撮っているフリをして彼女の接する患者さんを撮るということを計ったんですが、痛烈に見破られ、批判されたわけです」。文中の傍点は私が打った。七五年の文章では「気づかなかった」と書いていることからすると、この「フリ」や「計った」は、母親に非難されたときの具体的な行動を語っているのではない。むしろ土本は、この作品で採用した方法それ自体の無意識を自己分析したのだと思われる。すなわち、あとから自分で「間接話法」に喩えたその方法によって、映画は全編を通して患者を盗み撮りしようとしたのだ、と。しかし、その方法の無意識的欲望は「痛烈に見破られ、批判された」。――衝撃が深刻だった理由の核心はここにあるのではないか。

『水俣の子は生きている』は、以前の土本の作品のスタイルを踏襲すれば、活動する身体であるケースワーカーに焦点を合わせ、彼女との協働によって作品として成立する余地もあったはずだ。しかし、土本が本当に対象として撮りたかったのは水俣病の患者たちだった。「間接話法」という比喩が適切かどうかはともかく、確かに、この作品の映像は活動する身体と協働することを最初から放棄している。作家の厳しい自己批判は、映画作りの姿勢に向けられているだけでなく、そのようにして作られた映画作品をも対象としているのに違いない。このあたりで、作品そのものへ目を転じることにしよう。

4 活動とは別の仕方で――『水俣の子は生きている』②

『水俣の子は生きている』のオープニングショットは冬枯れの立木を仰角で写しながらの前進移動である。この映像は「熊本短大は冬枯れの木立の中にあった」という土本の後年の記述にそのまま対応する[37]。いわゆる到着のトポスなのだが、到着の主体は映画の作り手であって主人公ではない。短大の施設内で「水俣病の子供を励ます会」の活動をしている学生たちの中の一人の女子学生に焦点が定められ、「私、西北ユミ、熊本短期大学二年生」というナレーションでこの映画の語り手＝主人公が紹介される。台本を書いたのは土本である[38]。

だが、その後のナレーションと画面は単純に合致してはいない。工場への出勤途上とおぼしき雑踏を西北が歩くショットに、「昭和四〇年二月、わたしは水俣に来ました」という声がかぶさる。「わたしは学生時代最後の一週間をケースワーカー実習生として過ごしました。その体験を報告したいと思います」とナレーションが続く間、カメラはというと、高台に並ぶ墓石を次々と写し、次いで眼下の工場を眺望する。それは西北が見る光景として示されるわけではない。ナレーションが一呼吸置いて、「その日も、水俣は平穏そのものでした」と場面の末尾をまとめていても、この間の画面と声は対応しているとは言えない。カメラは主人公を置き去りにして墓地に登り、死者に哀悼を捧げ、眼下の加害者をじっと見つめている。

次のショットは二分間にわたる長回しの移動撮影である。カメラは病院の玄関から廊下や建物の間を通り抜けて奥の病室で横たわる胎児性患者の少女の顔まで、一気に――ほとんど猛然と――進んで行く。

主人公のナレーションは聞こえているけれども、その姿は映らない。視点ショットでもない。つまり、このカメラの動きは主人公自身のものでもなければ、画面上の主人公の歩みに動機づけられたものでもなく、カメラ独自の運動なのだ。『ドキュメント　路上』の冒頭の移動撮影が、主人公が運転するタクシーの運動であり、いわば活動の主体と映画との協働であったのとは著しい対照をなす。土本によれば、『水俣の子は生きている』の移動撮影には作り手の心理が影響を及ぼしたという。重篤な胎児性患者を初めて目の当たりにして、土本もカメラの原田勲も強い衝撃を受けた。「とてもカメラをむけられない」という原田の言葉に「それ以外のカメラワークは思いつかなかった」と土本は書いている[39]。さらに土本は「そとの娑婆世界から歩きだして、はじめてこの幽閉の門をくぐることができた」とさえ言う。ともあれ、このショットには何か思いつめたものがあり、一種の孤独な暴力性さえ帯びている。

こうして冒頭五分ほどの間に、映画はそれが対象とすべき活動する身体との協働を放棄し、そのことを無言で宣言さえしたのだった。移動撮影の直後に、当の活動する身体であるはずの西北が病院スタッフに挨拶している様子が映る。かなり引いた位置からのロングショットで、西北は後ろ姿、しかも逆光のせいでシルエットになっている。主人公が実習中の女子学生であることに配慮して、邪魔にならぬようにカメラの位置を決める必要はあっただろう。そうだとしても、このショットでのあからさまな距離のとり方は象徴的である。

その後も、作品の構成はいちおう主人公の活動を追う形になっていて、ナレーションも主人公の一人称で通しているにもかかわらず、カメラはしばしば、主人公よりも胎児性患者である子どもたちを間近から撮ることに熱中する。このあたりは「西北ユミさんを撮っているフリをして彼女の接する患者さんを撮る」という後年の言葉のとおりである。だからこそ、数年後の講演で土本は、「結局その映画はキャメラならびに西北ユミさんの記録になってしまいまして、水俣病の患者さんを本当に掘り下げて撮るということはついにできませんでした」と総括することになる。[40]「キャメラならびに」という一言は、これまで述べてきたことに照らしても、できあがった作品に対する透徹した自己批評だと思う。しかし、このような作り手自身の評価に追随して『水俣の子は生きている』を不十分な失敗作としてすませてはならない。「水俣病の患者さんを本当に掘り下げて撮る」ことができなかったとしても、この作品は別種の意味と価値を持った作品なのだ。むしろその点で、この映画を語る作家の言葉は、意図と成否の因果性とは別に、ある深いレベルで作品と照応しているのである。

「原体験」となった例の出来事に戻ろう。母親から非難されて「壊れた」あと、土本と原田は船着き場の石垣の上に立ちつくし、無為に時を過ごした。やがて、ぼんやりと眺めていた海の底で茶わんのかけらが光るのに気づく。

> 「これに焦点が合うかな?」と言い出したことがきっかけになって、二人で海底のセトモノを黙々とあれこれ時間を費やして何カットも撮りつづけた。水俣病に何の関係もない画面である。それを撮ることでしか私たちは始まらなかったのである。つまり、足ぶみの記録でしかなかったのだ。しかしそのことでのみ、辛うじて映画作家としての根底からの挫折に耐えることができたのである。[41]

砕け散った自分の心象を「茶わんのかけら」に投影したというような感傷的な話ではない。漫然とそれを見つめて時を過ごしたのではなく「海底のセトモノを黙々とあれこれ時間を費やして何カットも撮りつづけた」のだ。

土本のそれまでの映画作りを想起すると、この逸話はきわめて意義深い。活動する身体を特権的な対象として撮り、しかもそれとの協働によって作品を成立させてきた土本が、ここでは人間が廃棄した道具の残骸にカメラを向けている。それが再出発のきっかけとなったというのだ。つまり、カメラによって「関係」を取り結ぶ対象を、いったん究極的な〈不活動〉である物質に置き換えて、そこから「関係」そのもののあり方を作り直そうとしたということだ。これを土本は「足ぶみ」と書いている。企てを中断することである。だが、その企てとはどのようなものだったか。それはまさに「キャメラという〝正義〟を抱えた撮影隊」の企てだった。土本のいう「原体験」は、「正義」のようなものによって正当化される企てを白紙還元する契機だったのであり、「壊れた」のは、そのような企ての主体としての自己にほかならない。土本の「原体験」の現場に居て大きな衝撃を受けた西北ユミに対する作家のその後の向き合い方も、上述の観点から読むべきだろう。「だまりこくって歩く彼女のあとを追って、ただその風姿だけをカメラに撮りつづけた。もう映画の仕上りはどうでもよかった[42]」と土本は書くのだが、今や、「ただその風姿だけ」を対象とし「仕上りはどうでもよかった」という撮り方自体の積極的な意味を作品の中に認めることができる。

『水俣の子は生きている』は、活動する身体と映画との協働を放棄するだけではない。映画が描くケースワーカーと患者は、すでに活動する身体と活動を妨げられた身体の関係にある。しかし活動する身体の企ては大きな困難に直面させられる。この両者の協働は至難の業だ。そこで映画は、水俣病の患者たちを前にしたケースワーカーの困惑と苦悩、その無力感を視覚化する。たとえば病院で成人の患者に向き合った西北は、カメラを避けてベッドの陰に隠れた患者と一緒にうずくまるばかりで、その結果、画面上にはベッドから覗いた二人の頭髪しか見えなくなる。この異例のショットについては土本自身の鮮やかな記述があるので、それに対する作家の自己評価も含めて引用しておきたい。

結局カメラは、うずくまりながらもなおベッドのはしにかすかに出ている髪の毛の数センチを、つまり、それ以外ない白いベッドだけを長く長く撮って終わった――。非常に思わぬ経験でしたが、そのことで水俣病とカメラとの関係をかろうじて保ったのです(43)。

作家自身の関心はあくまでも「水俣病とカメラとの関係」にあるのだが、画面上の表象という点では、ケースワーカーが患者に寄り添って二人で一緒に髪の毛だけの存在になってしまい、その活動性や主体性が宙吊りにされる事態に目をひかれる。

あるいは、主人公が患者の家を訪問して話している画面に、「いくら話しかけても、患者の本当の気持ちや声がどうしてもつかめない」とナレーションがかぶさる。声と映像はこのような場合には対応するのだ。しかし、うなだれて表情の見えない西北の頭部のクロースアップに、いささか唐突に無人の水際のショットがつなげられる。奥の陸地に一艘の船が横たえられ、手前に海面が揺れている。それだけの映像なのだが、この無人の水際は、土本と原田が立ちつくしたという船着き場の光景に通じているのかもしれない。

映画の終盤、胎児性患者の写真に貼られた目張りを剝がす身ぶりが映る。熊本短大の学生たちが桑原史成の写真をパネルにして展示したとき、患者のプライバシーに配慮して目もとを隠したのだ。それを剝がし、その身ぶりを撮った。実際には水俣に行く前の熊本での出来事であり(44)、作品の画面では、目張りを外された患者の顔写真はすでに最初の方で短く挿入されている。しかし、この身ぶりのショットはあたかも映画の結論のように終盤に置かれた。ここにはプライバシーとは別の問題がある。目張りはプライバシーの保護を理由に、活動を妨げられた身体に否定の徴《しるし》をつけることだ。とはいえ、目張りを剝がして徴のない身体を肯定するなどと言えば、まだその身体を一方的に客体として扱っている。そうではなく、目張りを剝がす身ぶりは主体と客体との非対称性を超えた新たな共同性を志向する。言い換えれば、活動を妨げられた身体へのまなざしと活動する身体の主体性の放棄とを映画の中で一挙に結合する。撮影される者の生命《いのち》の在り方に向き合い、撮影する者は企ての主体であることから脱するのである。このような映画は「正義」による「告発」など行わない。これでいいのかといった問題提起もしない。語ることができない者を代行して語るわけでもない。映画は未踏の領野に進み出る。

『水俣の子は生きている』は、活動する身体との協働を放棄し、企ての主体としての自己を脱した身体が活動を妨げられた身体とともに在ろうとする、そのようにして独自の姿勢を持つ作品として成立している。その姿勢を、いささかぎこちない言い回しだが、〈活動とは別の仕方で存在する者との脱自的な共同〉と要約しておこう[45]。こうしてこの映画は、作家の映画作りの経験においてだけでなく、作品の表象の面でも決定的な転機となった。

ただし土本は、キャリアの当初から培ってきた映画づくりの姿勢を根本的に捨て去ったわけではない。それを否定するのではなく、むしろ、活動とは別の仕方で賦活された身体が生まれてくる過程に寄与するような映画を撮ることになる。早くも『水俣の子は生きている』と並行して製作した作品で土本はそれを実現する。

5　身体の新たな賦活――『留学生チュア スイ リン』

その映画は『留学生チュア スイ リン』である。その製作事情と作り手の思考については、土本典昭自身が同作品の完成直後に書いた「プロセスの中の《作家》として――映画『留学生チュア・スイ・リン』の記録」で厳しく考察されている[46]。この映画を撮ったことが作家にとってどれほど決定的な経験だったかを鋭く掘り下げた、それだけに一筋縄ではいかない刺激的な文章である。全文を引用したいほどだが、未読の方はとにかく読んでいただきたい。本節ではただ一点、この作品において、活動を妨げられた身体が〈活動とは別の仕方で新たに賦活された身体〉へといかに生成を遂げるかを指摘するのにとどめる。

主人公は表題どおりの名を持つ青年だが、映画の中では「チュア君」と呼ばれている。だから、ここでもチュア君と呼ぶ。一九六二年四月、チュア君はまだイギリスの自治州だったシンガポールから来日し、日本政府の国費留学生として千葉大学留学生部に入学した。翌年、シンガポールはマレイシア連邦に併合され、これに反対した留学生たちが抗議行動を起こすと、マレイシア政府は当時留学生団体の会長を務めていたチュア君の奨学金打ち切りと本国送還を日本政府に要請してきた。六四年九月、文部省はチュア君に国費留学生身分の打ち切りを通知し、それに抗してチュア君はただちに処分取り消しを求める訴訟を東京地裁に起こす。しかし一二月、文部省の指示を受けた千葉大留学生部がチュア君を除籍し、チュア君は日本に在留する権利を剥奪される危機に陥った。学籍を失えばビザの更新ができず、本国に送還されて投獄されるだろう。

映画は、「民間の留学生世話団体」で働く「わたし」がチュア君らに同行して千葉大を訪れるところから始まる。まもなく、大学による除籍処分が教授会の議を経ていないという不正が判明し、多くの日本人学生も参加して激しい抗議行動が巻き起こる。その結果、六五年四月半ば、大学当局はついにチュア君が私費留学生として再入学することを認める。除籍取り消しによる復学ではなかったけれども、これを受け入れたチュア君がさしあたり日本在留の権利を取り戻したところで全編五一分の映画は終わる。

映画の「わたし」は名を名のることがない。しかし、この人物のことを土本は先の文章で「田中氏」と書いている(47)。当時アジア学生文化協会に勤めていた田中宏である。田中自身、後年、この「チュア・スイ・リン事件」について何度か書いていて、その一つでは土本の映画にも言及している(48)。

映画が終わったあとの経緯を田中の著作にもとづいて簡単に記しておこう。千葉大はチュア君の再入学を認めたが、法務省は在留期間更新の条件として期間を従来の一年から半年に短縮し、さらに「政治活動をしない」旨の誓約を求めた。チュア君は誓約を拒否して許可の証印だけを受けた。再び留学生部三年次の学生となり、秋には大阪大学造船工学科に進学した。国費留学生身分打ち切りに関する裁判は、四年後の一九六九年四月、東京地裁が国費打ち切りを違法と判断して原告が全面勝訴した。司法は留学生の権利を守ったのである。被告の文部大臣は控訴を断念し、未払い金が支払われた。「チュア君は、苦しい日日にも屈せずその後、大阪大学の造船工学修士課程をおえ、七〇年三月故国シンガポールに帰国し、現在［一九七三年］造船技師として活躍している(49)」。

裁判の原告であり復学を求めて闘うチュア君は、いかにも映画の活動する身体にふさわしい主人公と思われるかもしれない。作品の半ば過ぎ、米軍の北爆開始に対して南ベトナムからの留学生が実施した反戦デモに参加し、小さなプラカードをかざして街頭を歩く姿が映し出される。ここでのチュア君は行為の主体である。だが、まさにこの場面に先立つ映画の前半では、チュア君は、留学生でありながら日本に在留して学習を続ける権利を奪われ、『水俣の子は生きている』の胎児性患者とはまったく異なる在り方ではあるけれども、それでもやはり活動を妨げられた身体として登場する。

事実、この映画で最も顕著なイメージは、チュア君のよるべない表情とたたずまいである。視線は何かを訴えているようだがしばしばその方向が定まらず、物腰はともすれば所在なさげに落ち着かない。外国人として不自由に耐えなければならないばかりか、留学生というアイデンティティーを剥奪され、身の危険にもさらされようとしているのだ。これは土本が、「彼が、異邦にあって、生きることの必要ぎりぎりから政治にも思想にも、すべてにアプローチすること自体が人間的であること」[50]と書いたように、法に庇護されることなくむき出しにされた実存の状況にほかならない。他方、そのチュア君を支援する「わたし」が活動する身体の位置を占めるわけではない。大学当局との団交の場で、除籍の不正な手続きについて学長を厳しく追及する姿が一度ならず映りもするが、「わたし」はもっぱらナレーターとして事の次第を語る役割を担う。カメラが追うのは、あくまでも活動を妨げられた身体としてのチュア君である。

ここでいったん作り手の事情に目を向けてみよう。『留学生チュア スイ リン』が自分の映画の「転換点」となったという土本の言葉を第1節で引用した。「転換点」となった理由は、テレビ局が撮影開始直前にキャンセルしたために自主作品として臨機応変に撮ることを強いられたからだという。テレビ番組として企画された作品が、公開のあてもない自主製作の映画となった。闘争のゆくえに光明も見えぬまま撮影は進められたのだ。土本によれば、「TVで訴えるという直接目的があっての撮影でなく、彼のこの状況を記録するという〝友人として〟の映画グループが、彼を注視しつづけ、よりそいつづけること」だった。[51] この映画では最初から、作り手は企ての主体を脱した集団だった。彼らは活動を妨げられた身体であるチュア君との脱自的な共同から始めたのである。

他方、支援する学生たちとの間では行為における協働を実現していく。一九六五年の「記録」には「スタッフ全体のうごきは一つの呼吸の中にあった。何より学生そのものと化していた。上でも下でもなく全く平等の力を出しあった感じであった」と書かれている。[52] 本章の冒頭で述べたとおり、「人とカメラとの関係」は画面に現れる表象の基本構造をなしている。スタッフと学生とのこのような一体化は、まさに『留学生チュア スイ リン』の画面を特徴づけているものだ。土本は七二年の文章では、「カメラのある状態とは平常ではなく、かりに平常としても撮るものと撮られるものの関係をうみ、それが相互に一つの緊張を生み出す作用」があると述べた。[53] また、このようなスタッフと学生との協働を「野外劇」に喩えた。「やがて刻々と、カメラのある異常な事態に足をとめ、チュア君をとりまきはじめた学生を抱えこんでスタッフとチュア君と学生はかたまりをつくりはじめ、あたかも、一つの野外劇のように発展するさまを目撃した」。[54] ただし、私としてはこの「野外劇」という表現を受け入れることは留保したい。画面を見るかぎり、「野外劇」への発展が画面上の表象の「関係」を構成しているかどうかは疑わしいのだ。本文中の引用にある「一つの呼吸の中にあった」とか「全く平等の力を出しあった感じ」は確かに見て取れるけれども、土本の「野外劇への発展」という表現には、作り手の実感と作品の成果とのずれが現れていると思う。

しかし、画面上のチュア君がこのような撮影の過程を通して賦活された身体へと生成するのは間違いない。その身体が決定的に立ち上がるのは、一九六五年四月一五日、千葉大での日中の「復学要求集会」から深夜まで続いた団交の場面である。

昼の集会でのチュア君の登場ぶりはこの映画の特質を如実に示している。構内の空き地のようなスペースに支援の学生たちが集まり、演説が行われている。真剣な面持ちで聞き入る一人の学生のクロースアップに続いて画面はロングショットになり、集会を気にしながらも通りすぎてゆく複数の学生たちをフレームに収める。右手前に明るいコートの男性が立ち止まっているその奥から、対照的に暗いコートを着た若い男性がぶらぶらと歩いてくる。カメラはその青年が画面左へ方向を変えて歩き続けるのを追う。カメラの動きを動機づけているのは確かにこの青年であるにもかかわらず、たまたま集会の近くを通りかかっただけのように表情も身ぶりもとりとめがない。しかし、この人物こそチュア君である。次のショットはチュア君の横顔のクロースアップで、画面左オフに心配そうな視線を向ける。直後につなげられるのは演説を聞いている学生たちのショットなので、それはチュア君の視点ショットかと思わせるのだが、カメラがそのまま左にパンすると、その奥の椅子に当のチュア君が腰かけている。このように、チュア君は映像の運動を自分の視線で統御することはなく、その後支援者に向けてスピーチを行うにしても、画面上ではまだ活動を妨げられた身体として表象される。

そのチュア君がついに賦活された身体へと生成するのは、深夜の団交の場面においてである。午前三時に物別れに終わったと語られるその団交の最後に、それまで「わたし」や支援の学生たちと学長とのやりとりを黙って聞いていたチュア君が発言する。きっかけは学長の言葉だった。「代表の諸君とも長い時間、話しましたから……、ええ、それからひとつ、聞いていただきましょう。私は非常に疲れておりますからね……」。これに対してチュア君が立ち上がる。「私は、あのぅ、年令からいえば、もちろん学長より若いのに、しかし、この八カ月間の、疲れさは、あのぅ、恐らく学長の今日の疲れさよりも大きい」。半身になって学長から顔をそむけたまま、チュア君はこの言葉をしっかりと言い切る。(55) 強烈な抗議の行為である。拍手が起き、チュア君の傍らの学生たちは学長の反応をうかがう。フォーカスを外されて画面左側にかろうじて写し込まれている学長の横顔の表情は識別できない……。

先に言及したベトナム戦争反対のデモは、実際にはこの団交の二カ月前に行われたのだが、映画では団交の場面の直後に置かれている。映画において表象としてのチュア君がデモに参加するのは、それまで活動を妨げられていた身体が賦活されたあとなのである。

このように、土本典昭の「転換点」は、本人が語っている自主製作の機動性や即興性にかかわるだけではない。むしろ、不活動との脱自的な共同を撮影によって賦活しえたこと、その具体的な成果を得たことが決定的であったに違いない。一方的に対象に作用を及ぼすのではなく、「関係」それ自体に内在的な変化をもたらして行為の生起を促すことである。それから五年後、土本はかつて拒絶された水俣に再び赴き、活動とは別の仕方で存在する者との脱自的な共同から、活動とは別の仕方で身体が賦活される映画を撮る。言うまでもなく、それは『水俣——患者さんとその世界』(71)である。

［付記］

本章で論じた主な作品のうち、DVDが市販されたものは以下のとおり。『江戸小紋と伊勢型紙』(『手仕事［日本文化の源流——昭和・高度成長直前の日本で］アイ・ヴィー・シー)、『ある機関助士』(『鉄道映画名作集1』東芝EMI)、『ドキュメント 路上』(『シリーズ 日本のドキュメンタリー 生活・文化編 3』岩波書店)、『水俣の子は生きている』(『Documentary Films of the World 公害の原点・水俣から学ぶ』vol. 17、シグロ)。

VIII　声と顔のアレンジメント
——『水俣——患者さんとその世界』論

1　声と顔のずれ

声がわずかに先んじる。それから顔が現れる。けれども主と従の関係というわけではない。微細な時間差があるだけで、どちらも等しく揺るぎない。刻まれてゆく声と顔のずれが〈聞こえる世界〉と〈見える世界〉の間に細い間隙を走らせる。土本典昭の『水俣——患者さんとその世界』(71)はそのような映画である。

生き生きとした声／顔の連続が圧倒的だ。同時に、間隙から〈外〉が侵入し続ける。スピーカーから響いてくる声やスクリーンに映し出される顔はそれ自体として反復可能な複製だが、間隙は間隙であるがゆえに、そのときどきの一回的な出来事の契機となる。

映画が、あるいはTVも含め映像表現が、形、音、色という感性の多くを求めるものであっても、それは映画体験にすぎない。そのあとに行動への模索の開始を期待し、実際の関係をむすぶことへの希いまでしかその思いを托し得ない[1]。

「映画体験にすぎない」ものの「そのあと」、それはどのようなものであるべきか。社会的な運動のさなかで運動とともに記録された作品が、長い年月を経て、しかし通常の意味での「記録」をはるかに超えた力を持続し、そうであるがゆえにその出自とは異なる文脈に移されても観られ続ける。観る者は比類のないその力に心を打たれ、それが「直接性に触発されたもののみを手がかりに」して達成されたものだという作り手自身の言葉[2]に襟を正す。

だが、その「直接性」は、あくまでもフィルムやテープなどの物質的媒体や装置という間接性に依存している。だとすれば、「そのあと」もまた開かれたものでありうるのではないか。いわば「そのあと」の手前にあえてとどまり「映画体験」の間接性それ自体を吟味すること、すなわち、冒頭で述べた声と顔のずれ、それが生み出す間隙の積極的な意味について考察すること、これから行おうとするのはそのような試みである[3]。

2　奈落から立ち上がる声

その声がそこから発せられた当の場所を、土本典昭は「奈落」や「地獄」と呼んだことがある。『水俣——患者さんとその世界』（以下、原則として『水俣』と略記する）の初公開から三カ月ほどあとに発表された文章によれば、この映画は「「かくれ水俣病」を一つ一つ掘りおこしていった記録」である。だから映画の「クライマックス」となったチッソ株主総会の場面は「記録映画のドラマ性としてはかつてないほどの迫力を帯びるにいたった」が、実際に作り手が願ったのは「隠された患者の奈落にどこまで沈降しえたか」という「下降志向のドラマ」であった。そして土本はその例証として、「クライマックス」とはまったく対照的に沈んだ別の一場面に言及する。

映画のおわりに、まだ認定されていない足の折れまがった子をだいて、その母は「(あまりしばしば認定申請をするのは)世間にきはずかしいよな、あつかましいような……」と絶句する。その母親の茫漠たる表情の裏に、母胎の持主としての母親自身が、水俣病で脳をおかされていることを直覚できる。その母親は年月日さえ覚えていない。その子の一生につきまとう業苦さえもはや思わぬように、美しい顔を痴れものの能面のように動かさず、一直線に地獄とむきあって放心していた。これは、最後にみた、私にとっての「地獄」であった。(4)

その母親自身が神経を損なわれているかどうか、土本のように「直覚」することはできないけれども、「厚かましい……ような気がして……」というためらいがちなその声と、憔悴と拒絶に決壊してしまいそうな微笑みをかろうじて保っているその顔は、私自身、この映画を初めて観たときから一つに結びついて記憶に焼きついたままだ。しかし、実際の映画でその声と顔は一体ではない。さらに、この声/顔は画面上では「映画のおわり」に登場するのではなく、患者やその家族と支援者たちがチッソの株主総会に乗り込んで行く「クライマックス」の少し前に現れる。そのことの意味はたいそう重い。粘り強く認定申請を繰り返すことを「厚かましい」とつぶやいて放心するしかない母親に土本が見てしまった「地獄」、それこそ映画『水俣』の生成の根源ともいうべきもの、患者とその家族自身の声が長い間にわたって封じ込められてきた「奈落」にほかならないからだ。

一九七〇年、私たちが改めて水俣におもむく前に、映画がはじめて入り得る条件が生まれていた。それは患者さんの一部が訴訟に立ち上がったことである。権利意識の発達した都会人なら奇異に感じようが、これは現地水俣では大変な決心を要することであった。(5)

「権利意識の発達した都会人なら……」という言い回しは紋切型にも聞こえかねないが、土本は一九六五年にテレビ・ドキュメンタリーの撮影のために初めて水俣入りしたとき、この「奈落」をかいま見たのであり、患者と家族の苦悩は骨身にしみたのであった。訴訟に立ち上がることがいかに「大変な決心を要すること」であるか……。

その六五年の撮影中に起こった出来事、現場に胎児性の患者がいることに気づかないでカメラを向けてしまったために患者の母親から厳しく責められた体験を、土本は繰り返し書き、語ってきた。(6) 一九七八年に発表した文章では、そのとき母親に浴びせられた「責め言葉」を、自分の記憶ではないが「多分かくあったであろう」声として記してさえいる。(7) この「多分かくあったであろう」は、自作の文章中の事実性を追及されて石牟礼道子が告白した「だって、あの人が心の中で言っていることを文字にすると、ああなるんだもの(8)」という率直な言葉を想起させなくもない。もちろん土本は、『苦海浄土』の作家が「胎内からの声」によって不知火海の自然と人々の生を綴ったのと同じような仕事をするわけにはいかない。映画は別のことをする。

本来映画はその人の体、顔、声の特徴のすべてをまるごとうつしとる。その鋭利なレンズの解像力と高感度のマイクによって、表現ぎりぎりまでの人物・人像・人声の質感を獲得しようと努めるものであり、しわ一本も、つぶやきひとことも、描写上意味をもっているのである。(9)

見えるもの・聞こえるものとしての人間を「まるごと」記録する。それが映画「本来」の力能だ。その意味での「まるごと」の人間に向き合う。それが映画の作り手の仕事である。この透徹した認識と不退転の決意は、すでに六五年の『水俣の子は生きている』において、胎児性患者の顔写真に貼られた目隠しのテープを剝いで一人一人の「瞳の輝き」(10)をよみがえらせてゆく鮮烈な場面に表明されていた。だが、「まるごと」の人間にカメラとマイクを向け、「声ごと」とるのはいかにして可能なのか。まして、その人々が沈黙の奈落に身をひそめるように強いられてきた人々であるならば。(11)

こうして土本典昭と仲間たちはカメラもマイクも持たず、訴訟派の家族を支援する運動に身を投じ、「人と出遭う事業」(12)に着手する。そして機が熟して撮影に入ったとき、土本たちは「全家庭の訪問」という方法を選択する。亡くなった患者の遺族にインタビューすることから始め、お年寄りや成人の患者へ、そして「最終的には存在そのものである最重苦の胎児性水俣病の子供の家」にカメラとマイクを携えて入ってゆく。(13)

とることが可能なもの、何気ないものから、とることが本当に辛かったものの、歩み寄っていくその流れを、わりと正直に出そうとしました。(14)

しかし、土本典昭が自分の編集の原則としてしばしば語る「とった順につなぐ」という表現を字義どおりに受け取って過大に意味づけることは避けたほうがよい。『水俣』において、撮られた出来事と映画の構成が必ずしも時間的に一致していないことは明らかである。遺族や患者をとった場面にかぎってもも撮影の順序と編集後の順序は必ずしも同じではない。たとえば、土本たち「映画班」が水俣入りする前に撮影した熊本での激励集会の場面は、映画の冒頭ではなく、水俣に入ってから撮られた遺族や患者が登場する複数の場面のあとに置かれている。また、『水俣』の上映用チラシにつけられた「撮影日誌」(九月一六日—一〇月二日)と映画の該当場面を照合してみるだけでも、撮影された場面の順序がいくつか入れ替えられていることがわかる。(15)

「とった順」とは、少なくとも『水俣』においては正確な時間的順序を意味しているわけではない。むしろ「とれた順」とでも呼ぶべき感情や身体的距離の変化であり、「その流れ」とは、カメラやマイクを突きつけているにもかかわらず「まるごと」向かい合えるような信頼関係が築かれてゆくプロセスのことだと理解すべきだろう。実際、『水俣』という映画の全体を構成する最も重要な原理は「とった順」とは別のものである。それはすでに映画のオープニング・シーンに明瞭に現れている。

最初は低い水音だけがゆったりとしたリズムで聞こえてくる。次いで薄明に小さな漁船が浮かび上がる。網を引き揚げる屈強そうな青年の規則的な動作に、彼自身のものであろう穏やかな声が重なる。語られるのは、今は亡き青年の父親が水俣病と診断されたときの「世論」のことだ。原因の究明や責任の追及を求める「世論」ではない。逆に、水俣病患者とその家族の声を封殺しようとした地域「世論」の圧力である。「出水市がつぶれるから、水俣病であろうとなかろうと、水俣に診察にやってくれるな、という世論が持ち上がってしまったわけです……」。

早くから水俣病患者家族に接してきた赤崎覚は、出水市の釜鶴松が水俣市立病院で診察を受けるようになってからの「県会議員、市会議員、漁協理事（いずれも出水市）」の行動を伝えている。彼らは患者と家族を「際限なく」「熱心」に訪れ、「魚が売れなくなるので、水俣病チ云うて呉れるな」と迫った。あまりのことに患者の長男は市長室に出向いて抗議する。「このとき、長男、時良さんの未来に関する姿勢が、持久的に出来た」と赤崎は指摘している。(16)

映画の冒頭で語っているのはこの青年、釜時良である。その声が、市内の「世論」に負けて認定を受けずに死んだ患者が四人ほどいたと語る間、「患者番号82故 釜鶴松さん」という字幕の入った画面に亡父の遺影が映る。(17)こうして映画『水俣』が最初から静かに、しかしきっぱりと告げているのは、今始まったばかりのこの映画は、「水俣病チ云うて呉れるな」という「世論」に抗して「奈落」から立ち上がる声を聞かせる作品だという事実である。

遺族が犠牲者たちを回想するシークェンスが風の吹き渡る人気《ひとけ》ない海辺の墓地のショットでしめくくられたあと、ついに生きている患者が初めて登場する場面でも、映画のその姿勢にぶれはない。カメラは一軒の民家に入ってゆく。土本自身のナレーションが紹介するこの患者は「水俣病のからだをおして、初めて東京に行った人」である。「厚生省に陳情に行ったところが、橋本［龍太郎］厚生次官から、ひじょうにやりこめられ、その場にわっと泣き伏してしまったという……そのときのことを語ってもらっているわけです」。水俣病を告発する会の機関紙の写真に映っている官僚たちを、声の主のものであろう指先が突いている様子が画面に映る。声は語る。採録シナリオから引用する。

（水俣病患者特有の言語障害でききとりにくい）……そいで、日吉先生（註・水俣病市民会議代表）にでん、何でん〝黙っとれ！〟後の人がなあ、何でん言いくされば、黙れ！　黙っとれ、黙っとれじゃもん！　自分たちゃ、自分たちの……が言う言葉だけを、厚生省には聞いてもらいたい願いで行ったんじゃから、厚生省の人に喋ってもらおうと思って行ったんじゃなか（ない）、自分たちで喋って、厚生省の人に聞いて貰うために行ったんじゃから……悲しかったですよ[18]……

『水俣』で最初に聞こえてくる患者自身の言葉である。陳情に出向いたはずなのに「黙れ」と口を封じられた悲しみ、悔しさ、怒りを、まさに今、激しく語っている。映画全体の冒頭に登場する釜時良の家族が地元の政治家たちから口を封じられようとしたのに対して、この患者たちは中央の高級官僚から「黙っていろ」と恫喝された。『水俣』は、そのような抑圧に抗して発せられる患者たちの声を響かせる映画であり、冒頭の場面同様にここでもみずからそのことを告げ知らせている。

しかし、『水俣』の映画としての特徴は、ほとんどの場面で、そうした生々しい貴重な声が、それを発する口の動きとずれていることだ。同時録音で撮られなかったためである。これまでに言及した場面も例外ではない[19]。同時録音かどうか、あるいはシンクロかそうでないかという問題は、人間を「まるごと」記録するという映画の仕事にとって重い問題を提起するだろう。事実、この問題については土本自身が繰り返し書いてきたし、語ってきた。たとえば、発言の文脈からするとヨーロッパでの上映時であろうか、シンクロしていないためにその事実性を疑われ厳しく批判されたこともあったという[20]。

けれど、シンクロしていないこと、非同期は、『水俣』の欠陥なのだろうか。ときにはそう語られることもあったように、非同期にもかかわらず画面の圧倒的なすばらしさがこのフィルムを映画史上の傑作たらしめているのか、非同期にもかかわらず記録としての貴重さゆえにドキュメンタリー映画史上に輝く作品となっているのか。いや、「にもかかわらず」ではなく、同時録音ではないという技術的条件が見事に活用されたがゆえに——もちろんそれがすべてではないにしても——『水俣』の独特な力が生み出されたのではないだろうか。声／顔の周到に組織された微細なずれこそが、このフィルムに〈外〉を招じ入れる間隙を作り出したのではないだろうか。

3　非同期の力

指を何度も屈伸させてその感触を確かめながら両手に真っ白な手袋をはめ終えると、作家はステンベックでフィルムを操作しつつ自作の音の使い方を解説する。——私はサイレントの場面を使うことが他人より多い、その方が観る者の目の集中を促すことができるから……。この映画（『ドキュメント 路上』）のときはシンクロでなかったが、そのために音声と画面の関係を自在に構成できたので助かった……。当時はカメラとマイクがしばしばその位置をめぐってせめぎ合い、撮ることと録ることのどちらを優先するかを問われるショットもあった……。

ドキュメンタリー映画『映画は生きものの記録である　土本典昭の仕事』（07、藤原敏史）の一場面である。映画作家土本典昭の仕事をめぐる最も充実した言説が、作品の採録シナリオも含めて当の本人によって語られ、書かれたものだということは誰の目にも明らかだ。自作解説の域をはるかに超えた絶え間なく厳しい自己検証の、それ自体が比類のない「記録」である。土本映画の最良の批評家は土本典昭自身であり続けてきた。しかし、一般に作家の言葉を参照することは、そこに作り手の「意図」なるものを読み取り、それを作品の「意味」に還元してしまいかねない危うい行為だ。その作家自身が優れた批評家であればその危険はさらに増すだろう。だから、先に指摘した「とった順につなぐ」の例にも見られるように、作家の言葉から独立して画面や音声に向き合わなければならない。その姿勢を堅持しさえすれば、作家自身の言葉が、「正解」などとは無縁の豊かな示唆を与えてくれることはあるだろう。

では、シンクロについてはどうなのか。『ドキュメント 路上』についての説明からもわかるように、土本はシンクロについてむしろ柔軟な考えを抱いていた。一九八七年に行われたインタビューでは、「アンチ・シンクロ論」、「シンクロ・フェティシズム」、「シンクロの魔力」などの強い表現さえ用いて、シンクロへの無自覚な依存が批判的思考を停止させることへの懸念さえ表明していたのだ。[21] とはいえ、作り手にはそのときどきに直面する題材があり、それにともなう課題が浮上する。七一年、同時録音ではない『水俣』を完成させた直後の土本は、反対に、同時録音のシステムとそれが可能にするシンクロの力能に強い関心を抱いていた。

同時録音でスタッフが一体に目の見えぬ紐でくくられた撮影では、そのシーンは、その現場ですでに百点の表現行為が果たされなければならない。それでいて、テーマも劇性も、真実も、情況もすべて述べられなければならない。

小川紳介とそのスタッフはこの困難な方法を選びとることで、淡々たる長回しのフィルムを通じ、見る人々に、その強烈なアクチュアリティーと、その修正不能な「正確さ」と対象とカメラの対話性と、生身の動きとともにその美しさもいっきょに獲得する手法を完成した。[22]

『三里塚——第二砦の人々』（71）を論じた文章の一節である。同時録音に関する小川プロのスタッフワークに対して最上級の賛辞が贈られている。[23] その同時録音システムを土本自身が初めて用いたのが『水俣一揆——一生を問う人々』(73) だった。自主交渉派の患者たちとチッソ経営陣との文字どおりの「対決」、ひとたび立ち上がった声による「言葉の闘い」の記録である。「恐らく一室の中だけで語られるやりとり、その一室から、患者さんの世界、チッソの固執する世界を撮るには、技術的にシンクロ撮影以外になかった」と完成直後に振り返っている。[24]

『水俣』に戻ると、土本は先の小川プロ論の引用箇所の直前に次のように書いていた。

> 音とカメラが別々のポジションをとり、時をずらして対象把握するなら、その編集、録音にはまだ再創造の余地と計略が残り得る。[25]

そのような「再創造の余地と計略」をみずから禁じて困難な企てに挑戦し成功したからこそ、小川プロの同時録音は賞賛に値する仕事なのであった。だが、ひるがえって『水俣』における土本の課題は、まさに「時をずらして対象把握する」ことによる「再創造の余地と計略」にあったはずである。その詳細はほとんど語られていないけれど、私たちは、作り手の「意図」のいかんにかかわらず、現に目に見え耳に聞こえるものに注意を向けることによって『水俣』というフィルムに固有の力を考察しなければならない。

すなわち、非同期の力を。

口の動きと声の分節がシンクロしていない場面が大半を占める『水俣』には、しかし、数は少ないけれど非同期の場面とは互いに反対方向の極に位置する二種類の場面が存在する。一方はほかならぬシンクロの場面であり、他方はサイレントの場面である。実際、非同期のフィルム『水俣』にもシンクロの場面がないわけではない。最も明瞭なのは「患者番号50 浜元二徳さん／友人 患者番号60 尾上光雄さん／を訪問す」と字幕に示される場面である。

人々が車座になって和やかに談笑している。そのなかで尾上光雄一人、何かを語っているが、その声が音としては聞こえてきても言葉としてはほとんど理解できない。マイクを持ったインタビュアーのために家族や浜元二徳が言い直してくれるが、彼らでさえ患者の言葉をただちに理解できないときがある。言葉にならないその声を聞かなければ、人なつこい笑顔を浮かべて快活に話す尾上の病気とその苦しみを想像することはできないだろう。しかし尾上は、この場面の一五年ほど前に発病し、ほとんど一〇年間の入院生活を余儀なくされた人である。赤崎覚によれば、その発病の様子は次のとおりであった。

職業、理髪店主。客の顔に剃刀を当てていた。手の平をひらりひらりと返しながら、一人の美男を仕立てていた。その剃刀がぽろりと手から離れて、客の胸元に落ちた。不審そうに一瞬わが手を眺め、再び剃刀をひろい上げ、あごのあたりを剃りだした。また落した。剃刀は床に落ちて、チャリと鋭い音を発した。この音が常人としての、技術者としての尾上さんの生活に、終止符を打ったのである。(26)

映画『水俣』から聞こえてくる声の多くは、社会的な圧力に抗して奈落から立ち上がった声である。と同時に、神経を侵されたために話すことが困難になった人々が不明瞭ながらもなんとか他者に語りかけようとする声、あるいは苦痛を克服してでも搾り出そうとする声でもある。(27) 先の場面はシンクロであるがゆえに、周囲に座している人々はそれぞれに声と顔が一体化した身体として空間に収まっている。けれど尾上光雄は、その声が言葉として容易に分節されないため、屈託のない笑顔だけが画面の表層に浮かび上がる。その魅力的な笑顔は、しかし、その声と調和的に結びつきがたい顔の単独性において観る者を不意打ちする。

このように、シンクロの場面、あるいはほとんどシンクロしているように見えるいくつかの場面では、周囲の人々が声と顔の統合された身体を空間の内部に落ち着かせているのに対して、言葉の能力を損なわれた患者だけが、声と切り離された顔を同じ画面の表層に露呈させている。

それに対してサイレントの場面はどうだろうか。人の声ばかりか物音もなく、画面外からのナレーションも伴奏音楽も欠いた画面である。そのような無音のシーンは『水俣』においてごくわずかだが、そのなかに、胎児性患者の一人の少年を写した三〇秒あまりのショットがある。画面右奥から両手を握りしめた少年がたどたどしい足どりで走ってくる。そのまま通り過ぎた彼の後ろ姿をカメラが追うと、さらにその前方を逃げるように小走りで遠ざかる若い女性の姿が見える。誰かの声に呼び止められたかのように、少年は足どりを緩め、こちらに引き返してくる……。まったく無音のショットだが、採録シナリオには説明が挿入されていて、映画班の訪問をその少年が喜んだこと、特に支援者の女性に強くつきまとったこと、それは異様なまでに性的だったことが記されている(28)。画面に現れているのは少年が全身で何かを求めている様子だけである。この前後の場面は少年の兄の声で患者の境遇が語られているのだが、音のあるその場面でも言葉を発することがない少年の欲望が、無音の画面において声のない身体としてむき出しにされていると言えるだろう。

こうして、非同期の映画『水俣』にあって例外的なシンクロの場面とサイレントの場面は、しかしそれぞれの方法で、この映画の根源的イメージをあらわにしている。それは〈声なき身体〉にほかならない。映画の総体をつらぬく声／顔の非同期的リズムは、ほかならぬこの声なき顔を繰り返し指示する機能をそなえている。それは言うまでもなく時間にかかわる問題である。ここで土本自身の「時をずらして対象把握する」という言葉を想起してもよいだろう。

『水俣』においてこのずれは、まず、わずかに声が先んじ、それから顔が現れるというパターンとして反復される。たとえば、先に述べたオープニング・シーンがそうだ。小さな漁船の上で網を引き揚げている青年の姿がロングショットで示される。声が語り出す瞬間、画面には作業に従事しているその手元だけが映る。顔はわずかに遅れてフレームに入ってくる。しかしシンクロの映画と違って、音声と画面の時間差は一つの身体において解消されることはない。声が属する時間的持続と顔が属する空間的延長は統合されることはない。たとえば、あのすばらしい蛸取りの妙技を見せてくれる尾上時義が最初に登場するショット。鍋いっぱいに盛られた蛸の画面に老人の声が重ねられる。次のショットは包丁で蛸を切り分ける手である。そのあとにようやく顔が映る。画面上の顔は調理に集中していて口は動いていない。その間、蛸の食べ方を説明する老人の声はずっと聞こえている……。あるいは、言葉こそ不自由だがインタビュアーも虚を衝かれるような聡明な発言をする胎児性患者の少年。海辺の家の庭をカメラが右から左へパンすると、縁先に座った少年にインタビュアーがマイクを向けている。しかし、その姿がフレームに入る一瞬前に、少年の明るい高音の声がとび込んでくる。ここでも、声がわずかに先んじて、顔は遅れて現れる。

『水俣』における声と顔のずれはおおむねこのようなパターンをそなえている。このパターンは、その反復が全体のリズムを刻み、非同期の映画である『水俣』の運動を声から顔への方向に組織するべく機能し、作品の内在的で動的な枠組みを構築する。この枠組みの中で、聞こえてきた声はしかるべき顔や身体に帰属してゆく、あるいは、声がみずからの帰属先となるべき顔や身体を探し求める。その逆ではない[29]。少なくとも『水俣』という映画はそのように構造化されている。

微細な時間差であるとはいえ、声が先んじることの意味を考えてみよう。顔なき声がその声の主をどこかに指示することで微細なサスペンスが生まれる。声がその主の顔を求めることは当然の動きだから。すると、わずかなずれにおいて声なき顔が目の前に出現する。声なき顔のままであるのは非同期だからであって、シンクロの映画であれば最初の顔なき声が〈顔のある声〉または〈声のある顔〉に収まるだろう。だが、非同期の映画において、いや少なくとも『水俣』において、たとえ声の主が確定されても、映画それ自体において顔なき声と声なき顔は別の次元にとどまったままだ。むしろ、先に述べたようなこの作品特有の枠組みの中で、顔なき声から声なき顔への一方向的な運動が何度も反復される。声／顔の生み出す間隙を条件とするこの運動は声なき顔を回帰させるのだ。

忘れてはならない、『水俣』には、いわば絶対的な声なき顔とでも呼ぶべきイメージが数多く現れることを。今は亡き患者たちの「遺影」である。映画の中の写真たちは、画面外から聞こえる遺族たちの語りという別の顔なき声にともなわれるのだが、その声はある取り返しのつかなさを体現する。多様な声なき顔のこのような厳しさこそが、まさに『水俣』という映画の比類のない力である。

しかし私たちは、繰り返し顔へと向かうその声の方にあらためて目を向けなければならない。いや、耳を傾けなければならない。私たちはまだ『水俣』の非同期の力を十分に理解していないのだ。そもそもその声がどこからどこに向けて発せられ、どこで響いているのか、そのことさえ検討していない。その重要な手がかりは、ここまでとりあえず「インタビュアー」と呼んできた人物、つまり土本典昭その人の作品中での役割なのである。

4　漂い出る声たちの交響

マイクを持った男が映っている。

画面の焦点が話し手の姿から外れないように、あるときはフレームの片端に寄り、あるときは、襖や卓上の置物、屋外では草の葉、さもなければ人物の陰に隠れたりもする。全身が映る画面もないわけではないけれども、その場合は、引いたカメラが広い空間の中の複数の人物や動きをともにとらえるので、マイクを持つ聞き手が目立つことはない。反対に、男がほとんどフレームの外に出てしまうショットもある。

『水俣』でマイクロフォンを手にするこの人物は土本典昭自身である。採録シナリオでも一貫して「土本」と記されているが、特に「訪問者（土本）」という表現が用いられている箇所もある。(30)「奈落」から立ち上がる声を記録するために「全家庭の訪問」という方法を採用した土本は、その声に耳を傾けながら録音するみずからの姿を画面上に慎ましく、しかし頻繁に登場させている。

聞き手自身の身体が画面上に占める位置は多様だが、その手が差し出す棒状のマイクはつねにフレームの中に見えている。声の源である話し手の顔とその声を拾う記録装置がともに写し込まれている画面は、非同期のフィルムである『水俣』において特異な効果を発揮する。一方で、人物の口とシンクロしない声は画面内の空間の確かな位置に帰属することがない。他方、マイクを持った男が何度も映るので、その声の宛先あるいは聞き手は明瞭である。にもかかわらず、声は画面内の音源と安定的に結びつかないのだから、そのときのその声の真の聞き手が同じ画面に映っているマイクを持った男であるかどうかは、実は定かではない。

『映画にとって音とはなにか』の著者ミシェル・シオンは、おなじみの「視点」に対して「聴取点」という概念を提示している。聴取点は聴覚による映画的主観性の構築にかかわる概念である。たとえば、画面上の人物が電話で話しているときに相手の声が受話器から聞こえてくれば、聴取点はその画面上に位置する。聞こえなければ聴取点は存在しない(31)。この概念を非同期の『水俣』に適用してみよう。非同期は音源、つまり話している人物の顔や口が画面に映っているのに、わずかな時間差において、むしろ物語世界外の声に近い効果を生む。といっても、土本自身によって語られた逸話のように、その声がつねに画面の場所とは別のどこかで録音されたのではないかと追及する必要などない。問題はずれである。この映画の聴取点は、画面に映る可視的な「土本」と画面に映らない不可視の土本典昭との間の間隙に存在する。不可視の土本典昭とは、カメラやマイクを向けることのできる確かな人間関係を患者やその家族との間に築きえた映画作家その人にほかならない。それは「人と出遭う事業」としての映画作りに不可欠の聴覚的中枢である。マイクを向けている相手がその人だからこそ人々は語ったのだ。けれど、言うまでもないが、映画の聴取点が生身の土本典昭の聴覚と一致することはありえない。この映画の聴取点は、土本本人の聴覚と録音装置の協働が存立させた間隙に設定される。声は映画の内でも外でもなく、むしろその間で響き続けるのだ。

映画『水俣』とは、この間隙＝聴取点において響き合う声たちの潜在的で多層的な運動にほかならない。まず、不可視の層には映画の製作を実現させた集団の運動があった。次に、画面上の空間には映画それ自体がイメージの運動として到来する。その画面には映画の中の人々の身体の運動が記録されている。その複数の運動にほとんど引き裂かれながら、観る者は、応答への衝動を喚起されると同時に声なき顔を前にしたその不可能性の只中に宙吊りにされる。この映画の運動によってもたらされる映画体験は、むしろ微細な一時停止の連続、あるいは運動のゼロ度の反復であるだろう。

その不可視の層で起こった運動が映画の中で言及される場面がある。マイクを向けられた胎児性患者の少年に、少年の叔母にあたる女性が訪問者のことを説明する。「この小父さん達は東京から来なさったとよ、汽車に乗って」(32)。カメラとマイクを抱えた「小父さん達」は、訴訟派の家族を支援する水俣病を告発する会のうねりに乗って遠い余所の土地からやってきたのだった。

テレビ・ドキュメンタリーの制作で体験した挫折から五年を経て、再び水俣を訪れるにあたって土本典昭が直面した障壁は、カメラを患者に向けることの暴力性だけではなかった。「石牟礼氏の土着にくらべ、われわれ浮遊の徒の生きざまが自ら見すかされる態のもの」であったことも、克服を要する高い壁となった(33)。けれど、土着／浮遊という対立は、ほかならぬ映画という「仕事」の本性にかかわっている。なぜなら映画は、撮影と録音という「複製技術」（W・ベンヤミン）によって、目に見えるものと耳に聞こえるものを本来の環境から切り取ることで成立するのだから。たとえ数カ月にもわたって一つの土地に腰を落ち着けそこで暮らす人々と親しくつき合うことが不可欠な作品においてさえ、映画本来の力能が、人々の顔と声をその土地から切り離して外の世界へ運び出すこと、つまり「土着」を「浮遊」させることであるのに変わりはない。

土本典昭が、まさに「浮遊の徒」として水俣入りすることに積極的な意味を見出すことができたのは、「水俣病を告発する会」や「水俣病市民会議」という「運動体」とかかわることによってであった。

> 「公害反対」のテーマにも「二度と水俣病をくりかえすな」の叫びにも心をすべて託すことは出来なかった。ただひとつ、映画は出来るであろうと思わせたものは、患者さんが病者としてでなく、漁民に見えたときである。その漁民の住む村のたたずまいが石牟礼道子氏の文章により、私たちスタッフの住みうる広さをもっていることを知り、それを確信をもって裏付けてくれた熊本の水俣病を告発する会の人々の、仕事とも生活とも道楽とも闘争とも分ちがたい姿勢に学んだからであった。[34]

「患者さんが病者としてでなく、漁民に見えた」という転換は、水俣病を告発する会の渡辺京二が映画『水俣』を評した「日常と非日常の転位関係をみごとに描き切っている[35]」という言葉と対応しているようにも思われる。けれど、その「日常」は、水俣病を告発する会の「仕事とも生活とも道楽とも闘争とも分かちがたい」姿勢を学ぶことによって発見されたのだった。さらに、右の引用に続く次の文は、「自分の勝手であり自分の道楽[36]」である映画製作を実現させた「運動体」のみならず、その「道楽」が作り出した映画的「世界」そのものをも指し示す。すなわち、「そこには幻視の邑があり、人里があり、「惣」的なものがかいま見れないだろうか[37]」。このような共同体的なものへの土本の熱い想いは、明示的には映画を作る人間関係あるいはスタッフワークに関連している。「内なる委員会」や「コミューン」といった言葉が選ばれるときも同様だ[38]。

だが、『水俣』こそが「幻視の邑」を映画として成就させたのである。そもそも『水俣』は地獄下りの企てだった。「地獄」の隠喩を用いたのは土本自身である。「隠された患者の奈落にどこまで沈降しえたか」、それこそがこの映画の根本的な課題だった[39]。つまり『水俣』は、地獄から地上へ連れ出された声と顔からなる共同体なのだ。しかも、非同期であるこの作品は、その声と顔が一体となった身体たちを特定の場所に帰属させることがない。換言すれば、『水俣』は、後の『不知火海』(75)がそうであるような〈場所〉の映画ではなく、むしろ〈非−場所〉の映画なのである。[40]
そのフィルム自体が土本たち作り手自身によって運ばれ上映されることで長い旅に出る。[41] この共同体は奈落から立ち上がった土地にそのまま根づくことはなく、むしろ外へと歩み出してゆく「浮遊」の共同体となるのだ。完成後の現地上映について土本が書いた一節は、そのような旅立ちについての証言となっている。

完成した映画を現地で上映した際、それが個別に採録されたものにせよ、訴訟派二十八世帯全員が登場して一つ一つのパートを演奏してオーケストラに至るように、その別々の生の声が一つに和して水俣病をのろい、告発するドラマに進展する——そのひとこまに登場するおのれとおのれの言葉に、改めて深くうなずく人々、そのひとりひとりをみるとき、私は、戸別訪問の方法が、この映画の本質の方法であったと改めて思う。[42]

「おのれとおのれの言葉に、改めて深くうなずく人々」、訴訟派家族の人々の再帰的な反応が、映画的に組織された共同体が「土着」から「浮遊」へと離脱する瞬間をしるしづける。
ひょっとすると、尾上老人のあの「蛸取り」の場面は、この作品それ自体の「浮遊」の身ぶりを当の映画の中で具現しているがゆえに観る者の心を揺さぶるのではないだろうか。ここには、前章で論じたような、活動とは別の仕方で賦活された身体が生きている。すなわち、水の抵抗のために緩やかに、しかし浮力に助けられて軽やかに、透明な水中を進む老人の足取りと水面下の腰で揺れている捕獲された蛸たちのゆらめきは、老人の営みを「ほとんど仕事とも生活とも道楽とも闘争とも分かちがたい」ものとして肯定するのだ。

さらに『水俣』は、患者と遺族が端的に水俣の地から外に出てゆく運動を記録し、それを作品の「クライマックス」の位置に置きさえもする。一株株主として大阪のチッソ株主総会に乗り込む場面である。地獄下りから帰還した映画班は、一方的に声と顔を地上へ連れ出したのではない。今度はみずから外の世界へと歩み出てゆく人々に連れられて、彼らの運動を記録するのだ。その運動の身ぶりを、石牟礼道子は「漂浪い出る」と呼んだ。石牟礼の見るところ、患者たちは裁判闘争にも一株運動にも幻想を持ってはいない。なぜなら、彼らは「やっぱり生き地獄にいるわけですから、たとえ株主総会の会場でチッソの偉い人達に、「水銀を飲め」と言ったとしても」空しいのだ。[43] 彼らが関西に出かけてゆくのは大阪の株主総会だけが目的ではなく、高野山に心願を立てるためでもある。といって教義的に高野山信仰を持っているわけでもない。

信仰の形は、ですから何でもよいわけで、今日、教義的にあのようなひとたちを済度しうる既成宗教などはなんにもないのですから。非人、乞食の姿になって漂浪い出てくるだけです。[44]

こうして、乞食《こつじき》巡礼として御詠歌を唱えながら漂い出る人々は、映画『水俣』のその「世界」そのものの姿に、逆説的にもシンクロする。それは映画それ自体の身体を構成する声と顔である。小川プロのフル・シンクロとは異なる「再創造の余地と計略」によって映画的な転生を遂げた複数的な「生きた体」でもあるのだ。[45]

映画の進行にそって別々に声／顔として立ち現れてきた「生きた体」は、チッソ株主総会の会場に集い、文字どおり「その別々の生の声が一つに和して」広い会場を激しく振動させる。観る者は、重い波のような御詠歌の合唱、飛び交う怒号、そして水俣病のために両親を失った浜元フミヨがチッソの社長にぶつける叫びなどに引き裂かれながら、非同期であることなど意識する余裕もなく、すでに見知った多くの顔が巡礼姿で朗唱しているのを画面上のあちこちに再認してゆくだろう。だが、現場に立ち会っているという感覚を強いられるのではない。シンクロの『水俣一揆――一生を問う人々』が、あたかも患者と経営陣とのチッソ本社での「対決」の場に居合わせているかのような身体感覚を喚起するのに対し、『水俣』では、聴覚と視覚のずれにおいて、ほとんど眩暈や麻痺に近い状態がもたらされる。観る者は、映画の重層的運動が生み出す裂け目の中で、それ自身はむしろ運動の潜在性として留め置かれる。このような〈外〉の効果こそが、このフィルムに独特の厳しい倫理性を帯びさせるのである。

『水俣――患者さんとその世界』のラストシーン、その超ロングショットに見えるのは、天をつく雄大な雲の下、陽光きらめく海上で漁にいそしむ人々の小さなシルエット、聞こえてくるのはあの御詠歌の合唱である。ここにはもはや声／顔の微細なずれはない。スクリーン上に大きく広がるのは地理的に特定できる汚染された海ではなく、奈落から立ち上がった声がさらにそこから外へ漂い出てゆく空隙としてのカオスである。[46]「映画体験にすぎない」ものの「そのあと」、それは、この無名の海から生まれ続ける。

［付記］

本章が対象としたのは、『水俣――患者さんとその世界』の「完全版」（一六七分）である。複数の上映機会に観覧した経験にもとづく論考だが、ＤＶＤは株式会社シグロから市販されている。

第3部　孤独のゆくえ——俳優たちと作家たち

IX　ゆく者を送るまなざし
——高峰秀子と顔の時

悲しみは、腹の読めない、きらわれ者の、召使であって、こちらはいくら反抗しても、ますますその者の勢力下に落ちこむばかりである。たけだけしく、とりかえのできないこの召使は、地下にうがたれた道から、真実へ、死へと、われわれをみちびく。死よりもまえに、真実に出会った人々は幸福なるかな、真実と死の二者はたがいにひどく接近しあっているはずであるのに、その人々には、真実の鐘が死の鐘に先立って鳴ったのだ！

——マルセル・プルースト『見出された時』、井上究一郎訳

1　「戦中派」高峰秀子の撮られなかった顔

高峰秀子は一九二四（大正一三）年に生まれた。満州事変が七歳、敗戦は二一歳のときだ。「私たち戦中派といわれる人間」——と、高峰は『わたしの渡世日記』に書いている（上・三四一）[1]。同世代の人物を思いつくままに挙げれば、「戦中派〇〇日記」シリーズの山田風太郎や『戦争体験』の安田武が高峰の二つ上、『戦艦大和ノ最期』の吉田満が一つ上、吉本隆明や鶴田浩二は同い年、三島由紀夫が一つ下

など、これでは男性ばかりだが、高峰はこの年代では最も有名な女性の一人と言えるだろう。そんな「戦中」の視点から高峰は、「戦前」と「戦後」についてこう述べる。「また、何時、あんな不愉快な日々が私たちの住む日本にやって来ないとは限らない。絶対に来ない、とだれが断言できるだろう。戦後と戦前は腐れ縁。戦前の次は戦後で、戦後の次は戦前なのだ。とにかく、私はあんな悲惨な人間の修羅場を見るのは二度とゴメンである」（上・三六一）。幸い高峰秀子は存命中にその再来を見ずにすんだ。

戦時中の芸能人の主な仕事は将兵の慰問だった。高峰も東宝の慰問団の一員として国内各地を回った。「特攻隊慰問」で隊員たちと『同期の桜』を合唱したこともあったという。舞台から少年航空兵たちを見ていると「喉もとに熱いかたまりが突き上げてきて」歌うことができなくなり、隊員たちも「オイオイと男泣きに泣きだした」という悲痛な経験を語っている（上・三六七）。事実、特攻隊員のほとんどが高峰とほぼ同年代か少し年下の者だったのだ。映画の役の上では特攻隊員と恋をするはずだった。作品は『アメリカようそろ』、隊員が仮の宿にした民家の娘と青年将校との儚《はかな》い恋の物語である。自分が特攻隊員であることを娘に告げることができない若者は、出撃の前夜、「じゃ、また明日」と別れを告げ、「翌朝未明に、白いマフラーをなびかせながらたった一人で海に向かって飛び立って征《ゆ》く。そんなストーリーだったと思う」と高峰は回想している（上・三四三。ルビは原文のまま）。

高峰は『アメリカようそろ』と書いているけれども、検閲の記録にはタイトルが『海軍いかづち部隊』に変更されたことが記されている。一九四五年四月二三日に企画が、七月一九日に脚本が承認されたこともわかる。(2) だが、撮影中に敗戦を迎えて製作は中止された。監督の山本嘉次郎によれば製作資料はすべて廃棄されたという。(3) 関係者の回想もきわめて少なく、映画の内容は定かでない。山本は「魚雷艇の一部隊」の話だったと書いていて、(4) タイトルは海上特攻を示唆しているようにも思える。当時の撮影所長の森岩雄の「近よる敵艦船を体当りして防戦する決死隊の話」という表現も、航空特攻にしては「決死隊」という用語がなじまない。[5] 高峰自身、「そんなストーリーだったと思う」と留保している。

特攻隊の映画についての高峰秀子の回想が事実に照らして正確かどうかはともかく、その記述から一つのイメージが浮かんでくる。特攻を題材とした当時のニュース映画や劇映画のほとんどは、人々に見送られて空に消えてゆく特攻機の機影で終わったものだ。[6] 仮に『海軍いかづち部隊』が高峰の書いているようなストーリーで、それが完成していたとするならば、やはり特攻機を見送る高峰の顔のショットが使われたのではないか。そして、ついに撮られなかったこの顔、特攻隊映画のありえたかもしれない「戦中派」の顔を不在の参照点とすると、高峰秀子の映画には〈ゆく者を送るまなざし〉とでも呼べるイメージが頻出していたことに気づくのである。「ゆく者」とは、単に「去り行く者」であるだけでなく、「往く者」や「征く者」や「逝く者」であったりもする。

本章では、『わたしの渡世日記』に書かれた顔を参照しつつ、映画作品に現れた高峰秀子の〈ゆく者を送るまなざし〉について考えてみたい。といっても、俳優本人の言葉に依拠してその演技を納得したいのではない。自伝の著者は言語による自己像の構成を通して自己の生涯を理解しようとする。[7] 映画の俳優は他者の人間像を創るために、自己の身体を素材とする。高峰秀子は自己の認識と他者の創造の双方において優れた成果を残した。その意味で、ここでの主たる関心であるイメージの考察にとって自伝のテクストは貴重な手がかりを提供してくれるだろう。

2 「作り笑い」が血にまみれる――スターの顔と他者の時

俳優の顔より以前にスターの顔ができた。五歳で映画にデビューした高峰秀子は、俳優としての自覚を持つ前にりっぱなスターになっていた。映画俳優の顔はスクリーン上の動くイメージだが、スターの顔は写真の静止画としていたるところに撒き散らされた。たとえば広告写真について高峰は、いつものちょっと投げやりな突き放した調子でコメントしている。自分の顔が「新聞紙に印刷されて、チリ紙交換でトイレット・ペーパーに化けようと、雑誌の裏表紙になって他人《ひと》さまに踏んづけられようと、共同便所のヤブレガラスの風よけにされようと文句を言う筋合いはない」が、田んぼの広告に大きく引き伸ばされているのを見ると「なんとなくバツの悪いものである」（上・一六二）。確かに、もともと自分の顔といっても他者にとっての顔であり自分で所有することはできない。写真に撮ればとりあえず自分の所有物にもできるが、それ以上に他人に所有される。顔は譲渡＝疎外される。とはいえ印刷された広告写真の目的は別であり、スターの顔を所有したいファンの欲望を満足させるのは印画紙に焼きつけられたブロマイドだった。高峰秀子は七歳のときにはすでに毎月のように新しいブロマイドを撮影しなければならなかったという（上・九〇）。

そのブロマイドが、戦時下には戦場の兵士たちを高峰に結びつける。日中戦争のころ、出征する兵士に女たちは慰問袋を作って持たせた。慰問袋にはタバコやチョコレートなどとともに女優のブロマイドを入れることが多かった。もちろん高峰のブロマイドも兵士とともに戦地に渡った。ブロマイドが慰問袋の定番のアイテムとして収められたことについて高峰は、それが「戦争に利用されたという事実は、忘れることが出来ない」と万感を込めて書いている（上・二一二、傍点は原文）。自分のブロマイドを抱いて「北の戦地を駆けめぐり、南の海に果てた」兵士たちに思いを馳せ、痛切な心情を吐露するのだ。「兵士たちは、私の作り笑いを承知の上で、それでも優しく胸のポケットにおさめてくれた、と思うと、私はまた、やりきれなさで身の置きどころがないような気持ちになる」（上・二〇九―二一〇）。

高峰のもとにはブロマイドを見た兵士たちから大量の軍事郵便が届いた。手紙の文面からは、決して喜んで死地に赴いたわけではない兵士たちの本心が察せられたという。そんな郵便の一つに、血と泥にまみれて変色した自分のブロマイドが同封されていたことがあった。戦死した兵士の遺族から送られたものだった。送り主の住所と名前は明記されていたが、どうしても返事を書く気になれなかったと、高峰は書いている（上・二一〇）。このブロマイドの記憶がよみがえったのは、一九六三年に北京を訪れた際、収集された「日本軍人の遺品」の中に「血にまみれ、ボロボロになった千人針」を見たときだった（上・二〇七）。案内の中国人は日本語で、先の戦争は中国の長い歴史の中では小さなことだから、こだわらずに将来の平和に向かって協力していこう、という趣旨の話をした。その言葉に驚きもし感服もしたという高峰は次のように書く。「けれど、私たち日本人が、その言葉を額面通りに受け取って過去の汚点に頬っかぶりをしていいものだろうか？　血染めのブロマイドは、今につながる私たち日本人の悲しみであると同時に、中国民衆の悪夢と悲しみでもあったはずである」（上・二一一）。

ブロマイドにまつわる高峰の逸話は、実質的にはすべて見知らぬ他者たちへの思いが主題となっている。その他者とは日本の兵士だけでなく中国の民衆でもある。血と泥にまみれたブロマイドは、あたかも他者の痛みを刻まれた自己の身体の断片であるかのように高峰の情動と記憶をゆさぶる。このとき高峰秀子のスターとしての顔は、「作り笑い」の写真という外部性と物質性において苛酷な歴史の時間を運ばれ、だからこそ他者によって生きられた時を想像させる契機として本人のもとへ戻ってきたのではないだろうか。

3　「真実の顔」を演じる——俳優の顔と時の終わり

スターの顔が「作り笑い」だとしても、俳優の顔は「ウソ泣き」ではない。高峰秀子は、敬愛する谷崎潤一郎の告別式での「泣き顔」が映画の「泣き顔」と同じだったと新聞紙上で揶揄されたことがあると書いている。告別式でも演技をしていたというのだ。[8] 憤慨したが、考えてみると自分の「真実の顔」は一つなのだと合点できた。「と同時に、真実とウソ泣きの違いは実に紙一重であり、時と場合によっては、それはひとつにミックスされて、新しい真実となる。それが映画演技ではないだろうか？　と私は思った。演技に先立つものは常に真実である。人の痛さを知る心だろう」（下・一四一）。

本人によってこのように見事に語られた映画俳優の「真実の顔」を、高峰秀子のキャリアの全体を通して反復される共通のイメージに見出すことができると思う。すなわち、ゆく者を送るまなざしである。膨大な数の出演作品をここで網羅的に検証することなどできないけれど、再見するに値する傑出したイメージのいくつかを挙げていくことにしよう。

映画俳優として重要な転機となった『綴方教室』（38、山本嘉次郎）で、実年齢が一四歳だった高峰は貧しいブリキ職人の小学校六年生の娘を演じた。父親の雇用が不安定なため、いつ学校を辞めさせられて働きに出されるかわからない窮迫した生活を送っている。映画研究者の大澤浄によれば、「潜在的労働者」として身近な年長の労働者である父親に共感を寄せる少女を演じることで「銀幕におけるデコちゃんの子ども時代」は終わったのだ(9)。映画の後半、高峰はいよいよ学校を辞めなければならないかもしれないという話をまたしても父親から聞かされるのだが、この場面は近所の娘がきらびやかな衣装で外出する光景に接続されて、自分も芸者として売られる事態が示唆される。そのとき高峰秀子は、悲痛さを通り越し、何か放心して遠くを見やるような表情になる。売られた娘と売られるかもしれない自分を重ねてその行方を見送るかのようなまなざしである。むろん、そこにはこの時代の他の多くの貧しい家の娘たちも重ね合わされるだろう。この瞬間の顔はすでに、ゆく者の人影と送る者の瞳が結晶したイメージとして「真実の顔」になっている。

『秀子の応援団長』（40、千葉泰樹）のラストシーンにも、ゆく者を送るまなざしと呼ぶことができそうな、しかしとても奇妙なイメージが現れる。高峰は、叔父が監督を務めるプロ野球のチームが低迷しているのを見かねて応援歌を作ったり仲間と応援団を組織したりする。その甲斐あってチームの成績は上昇し、ついに優勝を決める試合に臨むことになるのだが、やはり自分が応援したアマチュアのチームが惨敗したためプロ野球のチームの快進撃は選手たちの努力によるものと悟り、肝心の試合は自宅でラジオを聴くことにする。結局は現場に駆けつけるものの、すでに勝負はついたあとで球場はからっぽだった。無人のスタンドに立ち、無表情で遠くを見たまま応援歌を歌い始め、やがて微笑を浮かべる。一人で万歳三唱する高峰を超ロングショットで俯瞰しつつ映画は終わる。

多忙な高峰のスケジュールの都合でこのように風変りなラストシーンになった可能性もあるだろうと留保しつつ、大澤浄は次のように述べる。「ここにはいない不在の男たちの勝利を一人祝うこの虚しいラストは、まるで男たちが球場からそっくりそのまま戦場へと旅立っていったかのように思われるほど不吉なものです」。実際、大澤が指摘するとおり、エースの出征の穴を埋められなかったことがチームの低迷の原因であったり、父親が出征した子どもの家が核になる場面があったりするなど、物語の上では戦地に去った男たちの不在が強調されている。その男たちを銃後から応援するという設定は当時の国策にもかなっていただろう。だが、この場面はそのような文脈に収まるものではない、と大澤は次のように主張する。ここでの高峰の「軍国少女」的な「応援」は空転し、「無私性・無償性だけが極端な突出として」迫ってくる。その笑顔も「心理的な説明に収まりきらない不思議なものとして」ある。私の見るところ、この応援の行為の「無私性・無償性」や笑顔の不思議さの要因は、征《ゆ》く者を見送る高峰秀子のまなざしに存在自体のよるべなさと痛みが露呈していることにあると思う。それこそがこのイメージを真実なものにしているのだ。

翌年の『馬』(41、山本嘉次郎)のエンディングは『秀子の応援団長』よりずっとわかりやすい。ただし、ここでの「征く者」は人ではない。馬である。高峰の役は東北の農家の娘だ。自分が手塩にかけて育てた馬がセリで陸軍に購入される。軍馬として買われ、引かれていく馬たちの列が果てしなく続く。その頭絡には小さな日の丸をつけて――。高峰は目を潤ませて見送るだけでなく、姿が見えなくなっても耳に手を当て、遠ざかるいななきをいわば聞き送る。現実の軍馬の数は、満州事変以降、百数十万頭にのぼり、少なくとも七〇万頭が還って来なかったという[10]。

戦争も終盤にさしかかってから撮られた『四つの結婚』(44、青柳信雄)では四人姉妹の末娘を演じた。映画の最後で航空技術者の恋人に召集令状が届き、高峰は悲しみのうちに「征く者」を送る。その意味では「戦中派」の顔は撮られていたと言えるのだが、〈特攻隊を見送る高峰秀子〉という典型的なイメージを不在の中心として位置づけるのは意味のないことではないだろう。

敗戦後の映画では、高峰秀子は「征く者」ではなく「去り行く者」や「逝く者」を見送ることになる。

『雁』(53、豊田四郎)の高峰は高利貸しの妾で、通りすがりの医学生につかのまの虚しい夢を託すのだが、最後は、国家有為の人材としてヨーロッパ留学に発つ青年を遠くから見送らなければならない。その瞳に絶望と憤怒の暗い光がともる。

『二十四の瞳』(54、木下惠介)で、大石先生(高峰)が修学旅行の引率で金刀比羅宮を訪れる場面には、去り行く者を送るまなざしの意味の広がりを示す表情が現れる。疲れた体を休めるために同僚の教師と入った食堂で、大石はつい数カ月前まで自分の生徒だった松江と邂逅する。松江は家が貧しく学校を辞めさせられ、この店で働いていたのだ。松江の在学中に家庭訪問でその貧しさを知ったあとの場面、大石は授業中に「プロレタリアート」や「資本家」を話題にして校長に叱責される。この映画の松江という存在が、貧困だけではなくむしろ階級関係の問題を代表しているのは明らかだ。しかし、再会したのもつかのま、いかにも強欲そうな食堂の女主人(浪花千栄子)に体よく追い払われ、大石は松江とほとんど話もできずに別れなければならない。先生に言葉をかけられても店の奥に離れて立ったままの少女は黙ってうなだれるだけだ。その姿を大石はただ見つめることしかできない。高峰の瞳が潤み、苦しげな微笑みがクロースアップになる。そのまなざしは、歴史における大勢《おおぜい》の松江たちという不可視の存在に向けられている。

そして、『乱れる』(64、成瀬巳喜男)のエンディング、私はその画面を語るための言葉を未だに持たないことを白状せざるをえない。撮られなかった特攻隊映画の不在のラストを仮に中心に置いてみよう、などと書き、「ゆく者を送るまなざし」といったフレーズを試みに用いてはいるものの、『乱れる』の最後の高峰秀子の表情、とりわけエンドタイトルが出る寸前にこそ、まさにそのまなざしが現前しているようで、見るたびに絶句するしかない。まなざしを向ける死者に対して高峰の演じる女性が一度たりとも本物の恋愛感情を持つことがなかったことに、この場面の真の残酷さがある。

　さらに後年の『恍惚の人』（73、豊田四郎）は、認知症の義父に振り回されて介護で疲れ果てた嫁（高峰）が、老人の死でその負担から解放されたあと、故人が可愛がっていた籠の中の小鳥を、あたかも死者を送るように静かに見つめている顔で終わる。

　かつて映画理論家のベラ・バラージュは、顔のクロースアップについて、それは空間の中に位置づけられるものではなく空間とは異質な次元で感情や想念を目に見えるようにすると述べた。[11] おそらく時間についても同じようなことが言えるだろうし、ときにはクロースアップでない顔にもそれは妥当するに違いない。高峰秀子のゆく者を送るまなざしは、特にエンディングに現れる場合には映画の終わりをしるしづけるものであるのだが、終わりの時を告げるだけでなく、あるいはそれ以上に、時の終わりそのもののイメージに生成しているかのようである。たとえば『浮雲』（55、成瀬巳喜男）の最後で起こるのはそのような出来事だと思う。高峰の死に顔に続いてダラットとおぼしき林を白いワンピース姿の高峰が去ってゆく。カメラの方に向けられたその顔はゆく者を送るまなざしの立場を反転した変奏である。このイメージについて私はすでに別の観点から論じたことがあるけれども、[12] それは時の終わりのしるしでもあるだろう。

　その意味で、『名もなく貧しく美しく』（61、松山善三）の――ラストシーンではないのだが――高峰秀子が最後に登場する場面には深く考えさせられる。ともに聾唖者の夫婦が助け合いながら敗戦後の日本を懸命に生き抜こうとする映画である。つましいながら暮らしは何とか落ち着いてきた、息子も健康に育って来年は小学校六年生になる、私たちは今まで自分のことだけで精一杯だったけれども、これからは政治や社会のことにも視野を広げましょう――、映画の終盤近くになって夫婦はこのような意味の会話を手話でかわす。卒業は来年だけど総代になるんだと張り切る息子の言葉に、母親の秋子（高峰）は卒業式を見ようと学校まで出かけて行く。校舎の窓の外から式の進行を見つめる高峰のまなざしは優しく、何ものかへの憧れの光を静かに宿している。面白いのはこれが自分の息子の一学年上の卒業式だということだ。息子は在校生として後ろに並んでいる。高峰のまなざしは現に卒業していく子どもたちと来年はここに立つであろう自分の息子の双方に向けられている。彼らは征く者でも逝く者でもなく、未来に向かって往《ゆ》く者たちである。ところが驚くべきことに、この直後に起こる事故のために秋子の生涯は円環を閉じてしまう。円環を閉じる、というのは、その出来事が、映画の冒頭の空襲の混乱の中で秋子が助けた男の子が成長して現れたことによって引き起こされるからだ。ヒロイン自身の時間の円環が閉じるその直前に、彼女のまなざしが円の接線のように「無償」の未来に伸びてゆく、とでも言おうか。そんな時間の構造になっている。高峰は、映画の中で使う手話を実際よりも「見た目に美しく、流れるように優雅な手話」にしたと書いている（下・一三三）。ひょっとして映画俳優としての高峰が無声映画で育ったことも関係あるのか、画面にみなぎる真摯さが胸を打つ。高峰秀子の最も美しい映画の一本だと思う。

4　「不美人」を創る――作家の顔と回帰する時

スターの顔と俳優の顔の他に、高峰秀子には少なくとももう一つの顔がある。それは作家の顔だ。作家といっても『わたしの渡世日記』をはじめとする著作の書き手という意味ではない。映画製作において与えられた役を演じるだけでなく積極的に作品の創造にかかわろうとする演出家の面を持つことを意味する。その特性が最も顕著に現れた映画が、林芙美子の自伝的小説を原作とする『放浪記』(62、成瀬巳喜男)である。

役作りにあたって高峰は、原作者の林芙美子を演じる気はさらさらなく、あくまでも『放浪記』の作中人物の「ふみ子」という女性を創造しようとした。たとえばその一環として、容貌は「不美人」でなければならない(下・三四三—三四五)。監督の成瀬巳喜男もこの方針に同意した。ところが、高峰本人によると『放浪記』に対する批評は唖然とさせられるものばかりだった。ヒロインが林芙美子に似ているかどうかという「とんちんかん」なことしか話題になっていなかったのだ。腹にすえかねた高峰は、記者にも勧められて『朝日新聞』に反論を発表した。「映画批評への疑問」と題された文章は一九六二年一二月一八日から二〇日まで三日間にわたって連載された[13]。映画は実在の人物の「もの真似コンクール」などではないのだから「作品そのもの」が創造する世界の独自性を評価してほしい、という趣旨である。そのとおりだとしか言いようがない。ここで一つ仮説を立てるなら、まさにこの作品で創造された「不美人」の不美人さは、高峰秀子にとっては他者に譲渡された顔と自己像の間のずれた関係それ自体を、ある種のキュビスムの絵画のように視覚化したものかもしれない。演技者としての、そして人間としての自己批評にもとづく造形だったのではないか。映画と『わたしの渡世日記』を突き合わせるとそんなことも考えさせられる。

ゆく者を送るまなざしのイメージに目を向けると、『放浪記』はとりわけ特異な作品である。行商で放浪する両親に連れられて育った主人公は文学への夢を抱き、貧困の中で作品を書き続け、ついに作家として成功する。映画の本体をなすのは若い日の苦闘だけれども、プロローグをなす少女時代とエピローグの壮年期がそれぞれ前後に配されている。しかし厳密に言うとエピローグは二段構えである。流行作家となった主人公はほとんど睡眠をとることもできず原稿の執筆に追われている。若いころに世話になった人物が訪ねてきて歓談するが、客が気を遣って庭に出るや机に伏せて眠り込んでしまう。目を閉じた高峰の顔にディゾルブして、大小の島がいくつも浮かぶ海の光景をカメラがパンで右へなめてゆくと、少女のころのふみ子が道端に立って海を見ている姿がフレームに入ってくる。先を行く両親に促されて少女が画面奥へと去って行くところで映画は終わる。

ゆく者を送るまなざしのイメージで閉じられる重要な作品が高峰秀子には何本もある。それを知る者にとってこのエンディングは意外である。少女が登場する画面は中年のふみ子が夢で昔を回想している光景としてつながれているようにも見える。しかし、高峰の顔にディゾルブして海の光景が現れ、続けてその海を見ている少女が登場するのだから、「作品そのもの」に忠実に考えれば、眠り込んだふみ子の心の中のイメージを少女のふみ子が眼前の光景として見ている、そんな視線の一致が成立しているこ とにならないか。だとすれば、ここで見送るまなざしの主体は人生に踏み出そうとしているふみ子であり、長い道のりを歩んできたふみ子はむしろ見送られる側になる。そのふみ子は今や不眠と疲労でひどく憔悴している。ことによると『浮雲』の最後にも似て、過去の少女は未来の自分が逝《ゆ》くのを見送ったのではないだろうか。少女時代のふみ子が画面左の海に視線を向けるという位置関係は、タイトル・シークェンスの末尾に現れたショットと同じなのだ。こうして作品の円環が閉じ、ふみ子の人生が回帰する。映画ならではの出来事が生起する。「悲しみ」にみちびかれてきた顔の真実の時を告げる鐘が鳴るように。

X　特攻隊が似合わない男
——高倉健の不穏な肉体

1　客分と主人

「健さん」に特攻隊は似合わない。——このミスマッチを事実として指摘し、その意味を考えてみたい。むろん特攻隊と言えば鶴田浩二、というのが久しく世間の通り相場だったわけで、何もことさら否定形で高倉健を引き合いに出す必要もなかろうに、と訝《いぶか》る向きがあるかもしれない。だが、その相性の悪さたるや十分に積極的で意義深く、高倉健と特攻隊映画の双方を再考するための一つの便《よすが》になると思うのだ。ただし、あらかじめ断わっておくが、高倉健という実在の人物が歴史的事実としての特攻隊について何を考えていたかはここでは問題にしない。本章はあくまでも、銀幕に映るスター、あるいはむしろヒーローとしての高倉健が特攻隊を題材とする劇映画と交錯するクリティカルな事態に焦点を合わせる。したがって扱う対象も東映任侠映画の時期の作品に限定される。

二〇〇本を超える高倉健の出演作の中で次の四本が特攻隊を主題としている。『南太平洋波高し』（62、東映東京、渡辺邦男）、『あゝ同期の桜』（67、東映京都、中島貞夫）、『最後の特攻隊』（70、東映東京、佐藤純彌)、『ホタル』(01、「ホタル」製作委員会、降旗康男)。特攻隊の映画は任俠映画のように継続的ないし集中的に量産されたわけでもないのだから、この数だけを取り上げてその多寡を論じることに意味があるとは思えない。けれど、一九六〇年代後半の人気絶頂の時期の作品も含めて、いわゆる撮影所時代の東映が製作した三本のいずれにおいても高倉健が主役を張らなかったことには目を留めてよい。

その六〇年代後半の高倉健を考察した渡辺武信の先駆的な名著に、健さんと特攻隊のミスマッチを示唆する一節が含まれている。渡辺によれば高倉健や鶴田浩二は「ヒーロー」である。演技の巧拙で評価される「俳優」でもなければファンの関心がその私生活にまで拡張する「スター」でもない。「彼らの大いなる魅力というのは、飽くことなくつくりつづけられるやくざ映画の中で彼らが固定した役柄を通して初めてあらわれてくるもの」であり、「そこでは、素材としての彼らの個性と、固定した役柄によって彼らが身につけたイメージとが分かちがたく混じりあっている[1]」。事実、俳優として見れば、高倉健の可能性は俠客にかぎられない。『花と嵐とギャング』(61、ニュー東映、石井輝男)の「快演」に顕著に見られるように、当初は「二枚目半的なコミカルな味」で「鶴田浩二をはじめとする先輩スターたちを食ってしまっていた」のであり、「バタ臭いソフィスティケーションも出せる素質はあるはずなのだ[2]」。しかし、と渡辺は続ける――「六〇年代後半からの彼のイメージは、よくも悪くも俠客花田秀次郎そのものであり、彼が特別出演格で現われる戦争物の軍人役ですら、ファンにとっては余計なものに感じられるほどである[3]」。

この論考「高倉健――呪縛に耐える肉体」の初出は『朝日ジャーナル』一九七〇年一二月六日号である。ちょうど高倉健が出演した二本の戦争映画が相次いで公開されてまもないころだ。同年一〇月一〇日に『燃える戦場』(69、ロバート・アルドリッチ)が、一〇月二九日には『最後の特攻隊』が封切られている。さかのぼっても任侠映画のヒーローの座を確立した六〇年代半ば以降に出演した戦争映画は『あゝ同期の桜』以外にはない。アメリカ映画を除く他の二本はどちらも特攻隊映画である。なるほど、寡黙な「侠客花田秀次郎」と流暢な英語を駆使する『燃える戦場』の「山口少佐」との隔たりは大きい。拡声器を通してマイケル・ケインやクリフ・ロバートソンらの連合軍将兵に呼びかけ、密林に追いつめてゆく声としての高倉健の存在は、貴重であるだけでなくそれ自体として面白いのだが、当時のやくざ映画ファンがそのイメージに違和感を抱いたとしても不思議ではない。しかし文脈を考慮するなら、先の文中の「戦争物」は任侠映画の奔流に点在した同じ東映の特攻隊映画を指すと考えるのが妥当だろう。要するに、引用した一節はヒーローとしての高倉健のイメージと特攻隊映画との相性の悪さを含意していると読める。

そして「特別出演格」とは、ゲスト、すなわち客分を意味する。主人役は別にいた。むろん鶴田浩二である。出演作のうち特攻隊を主な題材とした映画は次の八本――『雲ながるる果てに』(53、重宗プロ=新世紀映画、家城巳代治)、『殉愛』(56、東宝、鈴木英夫)、『南太平洋波高し』、『あゝ同期の桜』、『人間魚雷　あゝ回天特別攻撃隊』(68、東映京都、小沢茂弘)、『あゝ予科練』(68、東映東京、村山新治)、『最後の特攻隊』、『あゝ決戦航空隊』(74、東映京都、山下耕作)。東映作品が六本、その半数に出演しなかった高倉健とは対照的に鶴田浩二は特攻隊映画の主《ぬし》とも言える存在だった。とはいえ、「特攻隊の生き残り」というスター神話はここでは無視する。鶴田浩二の場合もスクリーン上のヒーローとしてのイメージを問題にしたいのだ。

ともに大衆文化の生産物として、ヒーローのイメージに対して特攻隊映画の定型がある。鶴田浩二はこの関係において親和的で、高倉健の場合は両者が齟齬をきたす、あるいは積極的に背反するものだった。同時代の批評を参照しつつ、そのイメージと定型をそれぞれ順に整理し、両者の関係を考察してみよう。

2　ヒーローとしての鶴田浩二と高倉健

二人のヒーローのイメージについては引き続き渡辺武信の充実した議論が手がかりになる。渡辺によれば、〃やくざ映画〃（東映の任侠映画）の真のクライマックスはヒーローの死でも最後の殺陣でもなく、それに先立つ場面、「ヒーローが単身、死を賭した殴り込みを決意する瞬間」にあり、「この時鶴田浩二や高倉健が、それぞれのニュアンスを持ちながらも共通に見せる放心したような表情こそ、そこへ向かって〃やくざ映画〃の世界を飾るすべてのシンボルが集中していく焦点である[4]」。

「それぞれのニュアンス」の違いがどのようなものかは説明されていない。しかし、すぐに続けて、「ヒーローが悪玉をたたき斬る決心をするのは、決して天に代わって、というような他動的な正義感から」ではなく、「自分の内に肉体化された掟の共同性に否応なく従うだけ」であり、「あの無表情は、彼らが自立した人格を放棄し、自分の心身を、いわば人身護供（ママ）として共同体の掟にひきわたしたことを示す」と述べられていることからすると、「放心したような表情」ないし「無表情」における「それぞれのニュアンス」の相違は「共同体の掟」と「肉体」の関係の差異に対応するのではないかと想定される。

事実、別の論考で渡辺は、高倉健の「掟に縛られた肉体」と鶴田浩二の「掟を呼吸する肉体」を対比する[5]。言い換えれば、主体が共同体規範を自己の肉体に浸透させるほど内面化しているかどうか、その違いである。高倉健にとって規範は内面化されることなく外在的なものとして肉体を拘束する。そのつど状況に対して「素直に反応する」だけで、「ある観念や心理に翻訳されるような意味に達する」ことなく、「力の流れを感じてそれに従う」[6]。だからこそ、抑圧の緊張感において優り、殴り込みによる解放感も「ストレートな強さ」や「速度感と殺気」をそなえ、「その直線的行動の表現において無比」である[7]。それに対して共同体規範を内面化した鶴田浩二にあって「肉体がその表現力を発揮するのは、もう少し屈折した状況において」であり、「いかに形骸化していようとも、やくざ世界の秩序にさからうためには、自分とたたかう長い過程を必要とする」[8]。肉体化しているがゆえの深く複雑な内面的葛藤を免れないのだ。

　こうして、高倉健の「無表情」が「徹底的な無表情」[9]であるならば、鶴田浩二の「放心したような表情」は寡黙にして雄弁なものとなるだろう。渡辺は、彼が「〃やくざ映画〃の最高傑作」と評価する『博奕打ち　総長賭博』(68、東映京都、山下耕作)について、「ぼくたちは鶴田浩二のあらゆる表情、あらゆるしぐさの中に、[…]肉体に浸透した儀礼と、肉体の持主自身がまだ完全に自覚していない殺意との葛藤であるものを読みとりつづける」と書くに至る[10]。無表情や無言の身ぶりも、すべて読まれるべき豊かな記号として何かを表現するのだ。これはピーター・ブルックスが『メロドラマ的想像力』[11]において「無言の美学」と呼んだものを想起させ、後述するように特攻隊映画の定型との関連で重要な意味を持つ。

　しかし、このような対比を踏まえて議論の出発点に戻ると一つの疑念が生じてくる。真のクライマックスが「決意」の瞬間であるのは鶴田浩二に特有であり、高倉健においては、やはり「行動」の時間こそが映画の絶頂をなすのではないか。渡辺自身「ものすごかった」と絶賛するのは「単身殴り込みの典型的なシチュエーションにおける高倉健の迫力」であり[12]、先に引用した「掟に縛られた肉体」への数々の賛辞も、実際にはそれが解放される「行動」の諸相に捧げられている。だから、高倉健の「徹底的な無表情」を「〝カッコイイ〟と感じるのは、その無表情の中に死を決意することとひきかえに、あらゆる内的な葛藤をのりこえ、肉体を完全に自己に一致させた者の安らぎを読むからにほかならない[13]」という言明には首を傾げざるをえない。「内的な葛藤をのりこえ」なければならないのは鶴田浩二ではなかったか。「肉体を完全に自己に一致させた者の安らぎ」は「決意」だけで得られるものなのか、暴力の行使による「解放」が不可欠ではないのか……。

この点に関しては上野昂志が『網走番外地』シリーズにおける高倉健のキャラクターを評した一節が示唆に富む。「網走の刑務所内ではオカマの囚人にいい寄られたりしてひどく滑稽な健さんが、シャバでいろいろなことがあった挙句に殴りこむ段になると、それまでの三枚目的な軽味が嘘のように消えてしまう、そのずれが面白かったのだ[14]」。クライマックスにおけるこの「ずれ」、不連続の顕在化こそ、ヒーローとしての高倉健を鶴田浩二と分かつ決定的な「持味」だと思う。『昭和残侠伝』シリーズなどでは「殴り込む段」で「嘘のように消えてしまう」のは滑稽さではなく忍従の姿勢であるにしても、そこに「ずれ」、あるいは切断ないし跳躍が生起するのは同じである。他方、鶴田浩二においては「決意」の前後を通して「掟を呼吸する肉体」は連続している。むしろ、その連続性における葛藤の頂点に「決意」の瞬間が到来するのだ。

そして私の見るところ、このような両者の差異は暴力と言語の関係に鮮明に現れる。『博奕打ち　総長賭博』のまさにクライマックス、鶴田浩二が金子信雄を刺殺する直前に口にする有名な台詞は掟と肉体の内的葛藤の深淵から発して掟を突き抜ける。「任侠道？　そんなものはおれには無え《ね》。おらぁ……ただのケチな人殺しだ」。この台詞は頻繁に引用されてきたが、不思議なことに、つねにここで切られてしまう。だが、映画が絶頂に達するのは続けて「そう思ってもらおう！」の悲痛な一声とともにドスを突き出す瞬間なのである。鶴田浩二の台詞は内面の葛藤から搾り出され、行為の意図を表出して相手に伝達する言葉だ。それに対して高倉健の「御命頂戴に上がりました」や「死んで貰うぜ」はいささかも内面を表現しない、不連続をしるしづけるだけの遂行的発話とでも言えばいいだろうか。鶴田浩二の行為は言葉に従属するが、高倉健の行動は意味から自立する。右手の長ドスをまっすぐ後ろに引き、心もち右肩を落として半身《はんみ》に構えるや、一気に踏み出し片手のまま刀を振り切る。内面に折り畳まれることのない空虚にして純然たる暴力の形である。このとき高倉健の肉体は、あたかも荒ぶる神がつかのま顕現するための憑代《よりしろ》としてみずからを投げ出しているかのようだ。

鶴田浩二と高倉健のこのような差異は任侠映画以外にも見ることができる。「オールスター」歴史劇の『日本暗殺秘録』（69、東映京都、中島貞夫）は、オムニバス的構成の中に両者の持味を巧みに配分してその対照を鮮やかに示す。鶴田浩二は二・二六事件の磯部浅一元陸軍一等主計を演じた。蹶起部隊の兵に原隊への帰還を命ずる奉勅命令が下ったという情報に動揺した将校たちは、とにかく真偽を確かめて事実ならば自決しよう、と抱き合って号泣する。よるべない表情で独り立ちつくしていた鶴田浩二は、その愁嘆場を切り裂くように「俺はいやだ！」と叫び、「君たちは本当に自決するつもりでいるのか。そんな馬鹿な話があるか」と仲間たちに問いかける。決定的な場面でつねにそうであるように、鶴田の声はあたかも涙を湛えた瞳のように張りつめて潤んでいる……。高倉健の役はその二・二六事件の前年に永田鉄山陸軍軍務局長を斬殺した相沢三郎陸軍中佐である。出番は陸軍省の廊下から執務室に入り目的を遂げて立ち去るまでの二分弱にすぎない。台詞も一つ、斬りかかるときに発する「天誅！」の一言だけだ。しかし高倉健の殺気みなぎる一連の動作だけで場面は成立してしまう。このように、『日本暗殺秘録』は前段で述べた二人のイメージのエッセンスを仁侠映画とは別のしかるべき場所に凝縮して配置した。では、特攻隊映画の場合はどうだろうか。

3　特攻隊映画の論理と高倉健

特攻隊映画の歴史において一九七四年公開の『あゝ決戦航空隊』は特別な位置を占める。特攻隊を題材とした従来の作品が特攻隊員に焦点を合わせてきたのに対して、この作品の主人公は特攻作戦の発案者にして推進者だとみなされてきた大西瀧治郎海軍中将である。その点が作品として異色であっただけでなく、その異色さが特攻隊映画の検討を促す契機となったことに意義がある。このときに書かれた佐藤忠男と波多野哲朗の論考は特攻隊映画のジャンル批評における貴重な文献となった[15]。

佐藤忠男によれば、特攻隊映画が描くのは死に直面した特攻隊員の「自己正当化」の努力である。ここでの「自己正当化」とは、論理では納得できるはずのない死を感傷と悲愴美によって受け入れることであり、知的認識ではなく感情の営みを意味する。特攻隊映画は「戦争映画でありながら、ただひたすら、己が不運についての思弁と憐憫と美化に終始することを許される稀なジャンル」なのだ[16]。特攻隊を作った人物を主人公にした『あゝ決戦航空隊』にしても、そこに描かれているのは同様の「自己正当化の論理」、「自分たちの死が日本の迷蒙を明らかにする役に立つはずだ、という理屈にもならない理屈」であり、結局「エリートの感傷」なのである[17]。

波多野哲朗は特攻映画における「対立のドラマツルギー」を問題にする。そこで描かれるのは特攻隊員が「家族や恋人への愛といった生活的なるものを捨象して、大義へと身を賭していくまでの苦悩」であるが、「問題は生活的なるものを大義と対立的なものとして設定したこと」、しかも「捨象すること自体の意味を問わなかったことにある」。しかしこのドラマツルギーにはリアリティが感じられない。「現実にそうした苦悩がなかったというのではなく、大義が生活的なるもののなかに浸透し、また生活的なるものの在りようこそがすなわち大義であったと考えるべきものだからである」[18]。

「生活的なるもの」と「大義」の対立は個人と国家の対立と言い換えることもできそうだが、波多野はまさに両者の相互浸透を重視して、ありきたりな概念化を避けたのだろう。しかしこの点に関して、その数年前に磯田光一が『最後の特攻隊』について書いた評論は示唆的だ。磯田はこの映画の主人公が特攻隊員ではなく直掩機のパイロットであることに注目し、「グロリファイされた「死」をも否定するストイシズム、その徹底した〝無私〟、それが特攻精神の本質ともいうべきものであった」と主張する[19]。歴史的現実における「特攻精神」なるものはここでの私の問題ではないけれど、磯田が同じ論考に書いた次の一節は特攻隊映画の定型のコンテクストを考える上で重要だと思う。「しかし少なくともストイックな決意によって「国家」への自己同一化をはかったかぎり、「国家」の敗亡はストイシズムの根拠の喪失でもあった[20]」。私たちは自明の事実を忘れてはならないのだ。すなわち、敗戦後の特攻隊映画はまさに歴史的現実としての特攻隊の存立の条件だった一元的価値体系の崩壊を前提として作られてきたという事実である。それは磯田の謂う「根拠の喪失」自体を歴史的な根拠とするものでなければならなかった。「生活的なるものと大義との対立のドラマツルギー」にリアリティを感じないと波多野は批判するが、まさに両者の相互浸透がありえないものとなった時代だからこそ、その両者を明確に対立させて経験の秩序を再構築するドラマツルギーが要請されたのではないだろうか。

一九七〇年代前半の批評がとらえた特攻隊映画の諸特質から、その理念的な定型を仮説的に構成してみよう。すなわち、それは現実の特攻隊を生んだ価値体系の崩壊を歴史的前提とし、特攻隊員の内面に二項対立を劇的に仮構して、この内的葛藤を感情の努力で解決する。——このようにまとめることができる定型はピーター・ブルックスが論じたメロドラマ的想像力に通じるものがある。ただし、通常のメロドラマが二元的対立を社会空間に射影するのとは異なり、特攻隊映画の二元的対立は内面における葛藤である。このような定型をそなえた映画には、共同体規範を肉体的に内面化し、深く複雑な葛藤の果てにその肉体を内破させるようなヒーローがふさわしい。鶴田浩二である。『最後の特攻隊』の直掩機のパイロットも、『あゝ決戦航空隊』の大西中将も、すべてヒーローとしての鶴田浩二が演じたのであった。それに対して、あくまでも規範を外在的なものとして肉体を自己拘束し、行動によって自己解放を遂げる高倉健は、ヒーローとして特攻隊映画に占める場所を持たないのである。

その高倉健は仁侠映画の最盛期に二本の特攻隊映画に出演した。『あゝ同期の桜』と『最後の特攻隊』である。この二本は特攻隊映画の定型との関係ではまったく対照的だ。『最後の特攻隊』はすでに述べたように直掩機のパイロットを主人公とした点が新機軸だが、全体として特攻隊映画の定型に従っている。その内的葛藤が映画の焦点となるもう一人の人物、渡辺篤史が演じる特攻隊員の飛行兵長は「生活的なるもの」と「大義」との葛藤に苦しみ、最終的にその苦悩を感情的に「自己正当化」して出撃する。高倉健はというと、葛藤とも抑圧ともおよそ無縁に見える将校の役であり、素直に大義に殉じる。特攻も解放とはなりえない。ここにはヒーローとしての高倉健は存在しない。せいぜい「東映オールスター」の一人である。対照的に『あゝ同期の桜』は意識的に定型から外れている。あるいは定型を批判している。[21]感情的な「自己正当化」ではなく、強いられた死に対する意味付与とその不可能性を主題にした作品である。この作品も「オールスター」の大作となったが、中島貞夫監督によればそれは会社側の意向であり、当初は若手中心の低予算映画として企画していたという。[22] 高倉健も出演する予定はなかった。その事実を『シナリオ』誌（一九六七年四月号）に掲載された脚本が裏づけている。完成版フィルムで高倉健が演じる剣持大尉という人物は脚本には存在しないのである。だが、この映画の辛辣なところは、特攻隊映画のヒーローたりえない高倉健を、単に「オールスター」の一人ではなく、アンチ・ヒーローとして批評的に遇したことだ。なにしろ飛行訓練中の事故で片目を失い――精神分析批評ならずとも「去勢された」と言いたくなる――、特攻隊から外されて、最後は置いてきぼりを食った兵士とともに立ちつくし、無為に特攻機を見送る役なのだから……。

4　「闘争の根元であるところへの攻撃」

しかしふと、ヒーローとしての健さんがそのまま強引に特攻隊映画に登場したらどうだろうか、という想いにとらえられる。ここで私は大島渚が「やくざ映画」を論じた文章を思い出すのだ。『日本の夜と霧』（60、松竹）の上映中にスクリーンに向かって「健さん、こいつを叩き斬ってくれ！」と野次が飛んだという逸話が知られているけれども、ここで注目したいのは、同じ本で「やくざ映画」の主人公の行動を論じている箇所である。大島によれば、「やくざ映画」の主人公は「敵の攻撃から自分や他人の身を守るためには勇敢に戦いますが、闘争の根元であるところへの攻撃には最後の最後まで立とうとはしません」[23]。この語り方が面白い。このような即物的な表現がやくざ映画に使われるのは珍しいのではないか。「最後に災いの根元であった人物を必ず斬り殺し、それによって「任侠道」を全うします」[24]とも言う。「闘争の根元」にせよ「災いの根元」にせよ、観念でも心情でもなく肉体に作用する諸力との直接的な関係が語られている。ストーリーの次元では同型であっても、このような表現がふさわしいのは鶴田浩二的ヒーローではなく高倉健的ヒーローであるだろう。

そして、そのような主人公がもし特攻隊映画に登場したら、その場合の「闘争の根元」ないし「災いの根元」とは何か、ということだ。それは犠牲を要求する暴力――「必死」の特攻を強いる力、あるいはそれに「志願」することを強制する力――であり、その「闘争の根元であるところへの攻撃」とは、制度的な暴力に強いられて受動的に犠牲にさせられるのではなく、孤独な暴力を行使することにともなう犠牲を能動的に引き受ける行動であるに違いない。強いられる死を感情的に正当化する定型的な特攻隊映画が今どきの意匠を凝らして回帰してくるさまなど見たくはないが、そんな定型を叩き斬るヒーローの行動であれば、それを想像する力を鍛えるのもいいだろう。

XI 外傷の絵／贈与の物語
——北野武の映画についての覚書

1 外傷イメージの構造

暗闇の中にぼんやりと、うつむき加減に正面を向いた顔のクロースアップが浮かび上がる。無表情な、物のようなたたずまいが、かえってかすかな凶暴さを滲ませている。しかし、明るい陽光の下に出てきたこの顔の持ち主は、一見、人を驚かすようなものを何も持たぬ、いかにも頼りなさそうな青年でしかない。河川敷の野球場の隅にある簡易トイレを出て——すると先ほどの表情はいいきんでいたにすぎないのか——、グラウンドに戻る彼は草野球チームの控えのメンバーだ。野球の能力も知識も欠いていて、たまたま人が足りずコーチャーズ・ボックスに立っても、無為に味方のチャンスをつぶしてしまうばかり。チーム・メイトに非難されても、その顔はやはりほとんど不気味なまでにただそこにあるだけだ。

北野武の映画の多くがその中心に据えているのは、この『3－4×10月』（90）の雅樹（小野昌彦）のような、社会秩序の有意味な再生産からどこかはみ出すがゆえに身体としても過剰性を帯びてしまう存在である。『あの夏、いちばん静かな海。』（91）で一人サーフィンに打ち込む茂（真木蔵人）もそうだ。

阿部嘉昭が的確に指摘したとおり、「聾唖者というハンディキャップを背負い、ゴミ収集といういわゆる3K職業に就いている［…］弱者」だからではなく、むしろ、世界に組み込まれえぬ強度をそなえたイメージとして、「茂は根源的なレベルで世界に引かれた深い傷（＝痕跡）なのである」[1]。さらに、ヤクザ稼業に「疲れちゃっ」て自己破壊に至る道程を無感動に踏破する『ソナチネ』（93）の村川（ビートたけし）にしても、『Kids Return　キッズ・リターン』（96、以下『キッズ・リターン』と略記する）の無気力に漂う二人の高校生マサル（金子賢）とシンジ（安藤政信）も、過剰さや空虚さの程度の差はあれそのような「傷（＝痕跡）」の同族である。

「傷」と言っても、彼らはそれぞれに物語の主人公という役割を担っている。だが、北野武は彼らの物語を語ってきたのだろうか。たとえば、よく知られているように、北野武の映画の語り口は説明的な部分を容赦なく切り捨てるところに一つの大きな特徴がある。かつて篠崎誠が見事に示したとおり、北野武は第一作『その男、凶暴につき』（89）からすでに、〈説明すること〉ではなく〈描写すること〉においで卓抜な技量を見せたのだった[2]。これは、与えられた脚本にもとづいて演出した作品としては至当な評言である。だが、みずから脚本も手がけるようになった第二作以降についてはどうだろう。つまり、説明を欠いたスタイルは語りの効率への配慮というよりも、あくまでも「絵」を優先させることの結果ではないだろうか。実際、北野武の映画の主たる関心は、物語を語ることよりも、ひたすら特定のタイプのイメージを提示することにあるようだ。そのイメージの中心を占めているのがあの過剰な身体たちなのである。

興味深いことに、そのような身体は必ず、いくつかの共通する特性をそなえた独特な場所に結びつく。『3－4×10月』の野球場、『あの夏、いちばん静かな海。』の海辺、『ソナチネ』の砂浜、『キッズ・リターン』の校庭。

これらの場所の共通点は、第一に、いずれも平坦な広がりだということである。ただし、それは限界づけられた広がりでもある。野球場や校庭は言うまでもなく、海でさえそうなのだ。茂がサーフィンに取り組むあの海はつねにカメラが水際を正面からとらえた固定ショットであり、いつも曇天であることもあいまって奇妙に閉ざされた矩形の波動として提示されるだけだ。しかも、砂浜から茂を見守る恋人や他のサーファーの背後には防波堤のコンクリートの灰色の壁が立ちはだかっている。[3] 海は、茂が姿を消しサーフボードだけが波打ち際に残されたショットの、雲間からかすかに漏れる陽光と斜めのアングルによって最後にようやく広大さを与えられる。それに比べると、『ソナチネ』の砂浜は沖縄の明るい青空の下でどこまでも広がっているように見える。加えてクレーンによる俯瞰がそうした広大さを強調しさえする。あとで触れるように、『ソナチネ』という映画の特異性の一端がここに現れているのである。

第二に、この平坦な広がりはいずれも遊びの空間である。あるいは、遊びの空間になる。遊びと言っても、自発的に心から愉しんでやっているのではなく、むしろ何らかの力に強いられ、それに耐えているかのような、別の文脈で篠崎誠が使った「不機嫌」という言葉がふさわしい、一種、憂鬱な翳りを帯びた遊びである。草野球にサーフィン、紙相撲ごっこだのロシアン・ルーレットだの花火による戦争ごっこだのといった即興的な遊び、そして、自転車のアクロバット的な二人乗り。遊びであるから、そこでの時間性は反復または循環であり、企ての直線的で累積的な時間と比べると、ほとんど宙吊りにされ停止しているかのようにも感じられる。そうした遊びがなぜ憂鬱な翳りを帯びるかという理由は、そのイメージを提示する視線にかかわっている。

まさにそれが第三の特徴なのだが、この場所には必ず遊びに加わらずに離れた位置から視線を向けているだけの傍観者＝目撃者がいる。『3－4×10月』では雅樹のガールフレンドや草野球チームの監督をしている隆志（井口薫仁）の女、茂の恋人、同じ海岸に集まる他のサーファー、あるいは授業中にもかかわらずうわの空で校庭を見下ろしている窓際の学生たち。これらの視線は、あの身体と場所の結合を最終的に縁どるという重要な機能を果たしている。彼らが独特なのは対象との距離なのだ。『あの夏、いちばん静かな海。』で、恋人の茂が海に消えたあと、残された少女が二人の写真を貼ったサーフボードを海に流す。少女はボードを抱えて波打ち際に向かって進む。それまでずっと浜辺に座り、波と戯れる茂を見つめるだけだった少女が、初めて立ち上がって海の方へ歩みを進める。海と溶け合ったのでもあろう茂との空間的な隔たりを埋めるそのアクションは、この映画がどのような視線の構造によって成立していたかを、そのとき反証的に示すのだ。『ソナチネ』はこの点でも異色と言ってよい。村川に夫を撃たれた女が、その後、傍観者＝目撃者の位置を占めるようにも見えるのだが、村川はというと遊んでいる仲間たちとこの女との間を移動する特権的な存在であるかのようだ。

2　バスター・キートンと北野武

平坦な広がりでの、過剰な身体の憂鬱な遊びと、やや離れた位置からそれを傍観する瞳。北野武の映画で反復されるこのタイプのイメージは、その内部では物語が進展することのない、いわば時間が宙吊りにされるイメージである。

映画史を振り返ってみれば、同様のイメージが『キートンのカメラマン』（28）に出現することを思い出す。街角で一目ぼれした娘と一緒に居たい一心で、彼女が勤めるニュース映画社のカメラマンになろうとするバスターは、ニュースのネタを求めてニューヨーク市内をやみくもに撮影してまわる。ヤンキー・スタジアムにやってくるとチームは遠征中でスタンドは空っぽである。当面の目的を失ったバスターはどうするか。彼はマウンドの傍らにカメラを置き、たった一人のベースボールを始めるのだ。無人のホームベースに向かって見えないボールを投げ込んで打ち返されて捕りそこない、あるいは不在の走者を素早く牽制するなど、大の野球好きであったキートンのパントマイムは十分に可笑しいのだが、遠く外野の向こうを高架鉄道の電車が走る無人の球場で行われる一人遊びは滑稽である以上に深いメランコリーをたたえている。この場面を完成させるのが目撃者の存在である。攻撃にチェンジして長打を放ったバスターは、一気にホームを狙ってヘッドスライディングする。土埃にまみれたバスターを、いつからそこに居たのか、球場の職員が憮然とした面持ちで見下ろしている。

北野武がバスター・キートンの影響を受けたとか引用をしているとかいった映画史的系譜を捏造したいわけではない。ともに監督と俳優を兼ねているとか、あるいは私生活での野球への熱中ぶりといった共通点で二人を強引に結びつけたいわけでもない。ここではイメージの一つのタイプを考えたいだけだ。

哲学者のジル・ドゥルーズは、おおむね古典的なハリウッド映画に相当すると言えそうな「行動イメージ［image-action］」というタイプを論じる中で、それをさらに大形式と小形式に分けている。大形式の行動イメージは、全体の状況の見通しが与えられていて、行為者が状況に働きかけることで変化をもたらす（たとえば西部劇）。小形式は、状況の全体について知らない行為者が自分の行為を通じて状況についての知識を獲得し、そのことで行為に変化が生じる（ハードボイルドの探偵もの）。サイレント・コメディはキートンが大形式であるのに対してチャップリンが小形式だという。[4] なるほど『カメラマン』は全体として大形式の行動イメージと言えるかもしれない。バスターは結末でカメラマンとして認められ恋人も得られるのだから。だが、一つの場面を取り出すことが許されるなら、先の球場の場面は大形式でも小形式でもなく行動イメージですらない。そこでは状況も行動も変化しない。いや、状況と行動の区別すらない。中空で回転する車輪のような遊戯なのだ。それは幼子のような身体による端的な肯定の時間であるのだけれども、それが憂鬱に見えもするのは、その遊びに参加せず、距離を取って傍観していた視線のせいである。この視線による間隔化のために、遊ぶ身体は突き放されてよるべない存在となる。こうしてこのイメージは、世界からの分離という根源的な外傷のイメージとして提示されることになる。

北野武が追求してきたのはそのような意味での「傷」の「絵」ではないだろうか(5)。とはいえ、映画作品全体について考えてみると、『カメラマン』の先の場面とはまた異質である。『カメラマン』においては、先の野球場の場面の直後にニュース映画社の試写室の場面が続く。バスターが撮影してきたフィルムが映写されると、そこに映し出される映像は驚くべきものだ。水泳の飛び込みの選手が水面から逆向きに跳躍し、人や車が街路を猛スピードで行きかい、海洋を進む戦艦がブロードウェイの光景と二重写しになっている。同時代に撮られたジガ・ヴェルトフの『カメラを持った男』(29)に含まれていそうな前衛的な映像が、バスターのカメラマンの無能ぶりを嗤うために使われている。バスターは例の娘からも、カメラのクランクの廻し方を教えられる始末だ。このように、『カメラマン』の野球場でのイメージは、まさにその外傷性においてバスターが映画という制度の外部の存在であることを強調する物語的要素となっている。

それに対して北野武の場合、外傷イメージは映画全体がその内部に包含されてしまう閉域をなす。

『3－4×10月』は、雅樹が野球場の簡易トイレにこもっている場面から始まり、タンクローリーで暴力団の事務所に突入して炎に包まれたはずの雅樹が、再び同じトイレから出てきたところで終わる。この映画がすべて雅樹の白昼夢であったかのように。ベンチに戻る雅樹の小さな後ろ姿が端にかろうじて見える野球場の俯瞰ショット、その長廻しにエンディング・ロールが重なってゆく。『あの夏、いちばん静かな海。』では、冒頭の音のない海、というよりも波で始まり、茂が海に消え去ったエンディング・ロールにかぶさる潮騒で終わるのだが、その直前のショットであたかも時間が転倒したかのように「あの夏、いちばん静かな海。」というタイトルが画面に大きく現れる。『キッズ・リターン』は、冒頭で二人が再会し、そこからフラッシュバックで過去の物語が語られる。ラストシーンで二人は、高校時代にそうしたように自転車に二人乗りして校庭を走り回る。ただし、もはや昔のような曲乗りはできない。ヤクザの制裁で片腕が利かなくなったマサルは自転車をこぐシンジの背にもたれかかっているだけだ。ここには文字どおりの傷と時間の不可逆的な経過があるようにも見える。にもかかわらず、「俺たち、もう終わっちゃったのかなぁ」、「バカ野郎、まだ始まっちゃいねえよ」というあの有名な台詞が変化を否定し、暗転してエンディング・ロールが現れる画面に不意に鳴り響く銃声のような音が感傷を断ち切る。そもそも何も始まらなかったし終わりもしなかったのだ。こうして、これらの映画ではいずれも、発端と結末に現れる外傷イメージの間で円環が閉じられる。その中間では、結局のところ何も発展的に経過しない。あの茂でさえ、実は最初から最後まで波と一体化していたのではなかったか。

3　物語を生まない贈与

ここまではイメージのタイプを抽出するために意図的な単純化を施してきた。物語の発展を欠いたイメージの特性を明らかにするには、もっと個々の映画作品に即して具体的に分析しなければならない。『3-4×10月』では、先に述べた平坦な広がりと過剰な身体と傍観的視線とは、実はさほど明確に複合的なイメージを形成しているわけではない。外傷イメージは映画のあちこちに分散している。確かに、平坦な広がりとしての野球場のイメージは始まりと終わりを画すだけでなく何度か画面に現れるし、代打で登場した雅樹は長打を放ちながら前の走者を追い越してアウトになることでダイヤモンドに無償の円を描きもする。しかし、トイレの中の顔のクロースアップとそれに続く曖昧な位置からの野球場の俯瞰ショットとは、あたかも雅樹自身の瞳が遊離して傍観者としての雅樹自身を含むすべてを見ているような効果を生む。この効果は「夢落ち」の形でこの映画の物語を納得することをいっそう容易にする。

その雅樹の身体の過剰さ、あるいは結局は同じことだが、よるべなさも、雅樹だけに帰属しているわけではない。それは彼がかかわる他の男たちにも分かち持たれている。その分有はこともあろうに「野《の》糞《くそ》」の主題によって示されるのだ。まず、この映画は雅樹が簡易トイレにこもる最初と最後のイメージの間ですべてが起こる——あるいは起こらない。野球場の隅のその簡易トイレは利用者が野糞をしないですむために設置されている。換言すれば、雅樹は薄い板の狭い箱の中で、野糞をしているのに近い状態で登場する。次に、隆志が経営するスナックの場面、いかにも軽薄な若い男女のグループの一人が店のトイレの汚さをあからさまに嗤い物にしたとき、隆志は「てめえなんか野糞してりゃぁいいんだよおっ」と罵声を浴びせてその女を殴り倒す。さらに、雅樹とともに沖縄に渡った和男（飯塚実）は海岸の叢で野糞をする。拭く紙もなく、和男は仕方なしに海に入って尻を洗う。最後に、沖縄のヤクザの上原（ビートたけし）は殴り込みをかける直前に、極楽鳥の花畑で頭にその花を冠してしゃがんでいる。何かの象徴として解釈を誘うようなイメージだけれども、上原の恰好は端的に野糞を連想させる。このように、最も無防備で滑稽なまでに過剰な身ぶりの主題体系が、雅樹と三人の男たちを結びつけているのだ。

他方、雅樹と三人の男たちは、身ぶりではなく行為の形式においても接続されている。それは有形無形の「贈与」にほかならない。元ヤクザの隆志は、暴力団とトラブルを起こした雅樹をかばって元の身内と事を構える。これは力の贈与である。痛めつけられた隆志の代わりに雅樹と野球仲間の和男が沖縄へ銃の調達に出かけることになる。しかし和男は最初ためらって、集合場所へやってきたものの雅樹に餞別だけ渡して帰ろうとする。結局二人で沖縄に行き、そこで偶然知り合った上原から米軍の銃を与えられる。目的を達して空港から発とうとする二人に、上原の弟分がわざわざお土産を持ってくる念の入れようだ。しかしこの映画において、反復される贈与は物語を展開させる契機として機能しない。雅樹が一貫して贈与の受け手にとどまるだけだからである。主人公が贈り手となって物語を構造化することはない。

『あの夏、いちばん静かな海。』でも同様である。茂は多くの人から有形無形の贈与を受ける。サーフショップのマスターからはウェットスーツを、ゴミ収集会社の同僚からは大会に参加するための休日を、「ミカンの女」からはミカンを、そして恋人からは無言の承認を。しかし茂自身は彼の影響を曖昧に受けてサーフィンを始めた二人のサッカー少年にウェットスーツを貸すだけだ。それは本来彼の物ではないのであり、その行為自体も彼が意図しない伝播を事後的になぞっただけだ。『キッズ・リターン』のシンジも、ボクシングを始めることとその才能を発揮するきっかけと、さらに「ダイナマイト・キッド」というリングネームさえマサルから贈与される。その一方で、反則の手口、飲食の快楽や不摂生と結果としての体力の低下、要するに弱さを、ジムの先輩から受け取る。雅樹も茂もシンジも、自分が贈与の受け手であることに無自覚な素直な受け手である。

『ソナチネ』はこの点でも異色だ。村川は夜の浜辺で出会ったカップルの男を撃ったことがきっかけで青い車と女を、さらには月の光とにわか雨を受け取ると言えるだろうか。彼は明示的には何も贈与されていない。むしろ村川は二つの点でそれ以前の映画の主人公たちと異なっている。まず、彼自身が贈与の対象であること。つまり沖縄での暴力団の対立に投げ込まれた生贄なのだ。次に、村川自身が贈り手となる。ただし、暴力の贈与者である。映画の前半では、店のアガリを供出しない麻雀荘の主人をクレーンで吊るして海に沈める。沖縄では自分を嵌めた親分たちに機関銃の弾丸を浴びせて自分自身にも銃弾を撃ち込む。最後の行為は、自分が贈与の対象であると同時に贈与を受ける者であり、贈与の主体となるとすれば否定的なものの贈与においてでしかないという運命を貫徹している。こうして『ソナチネ』では通常の贈り手が不在である。それは傍観者の不在と対応している。村川が「拾った女」は、結局、彼の行動を目撃しない。ここでの外傷イメージはその核だけがむき出しになっている。だからこそ、その砂浜のイメージは映画を包摂するのではなく、その内部で輝くことになる。その遊びも憂鬱の翳りを帯びていない。あの紙相撲ごっこは無意味に可笑しく、ロシアン・ルーレットは恐怖を超えて空虚へと突き抜ける。

4　絵と物語の拮抗

北野武の映画における贈与の主題は『HANA－BI』（97）において初めて明確な形をとる。この作品はまさに贈与の物語であり、主人公は贈る人だからである。それ以前と同じ構造を反復するのであれば、堀部（大杉漣）が中心を占めるはずだ。手配中の犯人に撃たれて下半身不随になり、妻子に去られた元刑事は、その身体の不自由による過剰さとよるべなさとによって外傷イメージの核になるのに十分な存在である。彼もまた浜辺に赴き、車椅子を波打ち際まで進めてたたずんでいるではないか。しかも、金銭、画材、ベレー帽、お守りなどの贈与を受ける役割によっても、それまでの北野映画であれば主人公にふさわしい人物＝形象なのだ。

ところが、今回の主人公はいましがた列挙したさまざまな金品を堀部に贈る元同僚の西（ビートたけし）である。西は堀部に対してだけでなく殉職した同僚の未亡人にも生活費を提供する。さらに、不治の病を患った自分の妻には最も大きな贈与を行う。それは時間である。といっても何らかの延命の手立てを講じるということではない。残された時間がかぎられた妻に対して、自分の時間をそっくり捧げるのだ。そのために西は暴力団から金を借り、あげくは銀行強盗さえ犯す。その果てに、自分の時間を妻の時間にぴったりと重ね合わせる。西が贈与の受け手でもあること、すなわち、喧嘩で血にまみれたシャツのまま妻の病院を訪れて主治医から代わりのシャツを与えられたり、銀行強盗に使う自動車を調達した修理工場の主人からパトカーに偽装するためのランプをもらったりすることは、西が時間の贈り手となることから派生するのだ。暴力団との関係では贈与ではなく弁済が軸になること、あるいは、西の暴力が『ソナチネ』の村川のそれとは違い、報復の色彩を濃く滲ませ、情動の負荷が強くかかっているといった独自性も、同じ事情による。

北野武の映画における物語の変化、あるいはむしろ、物語への変化と言うべきだろうか、それはイメージの変化と相関している。時間の導入によって、それまでにはほとんどありえなかった喪失のイメージと呼ぶべきものが現れる。それは過去の累積によって重さと遅さの属性が加わったイメージである。たとえば、張込みの現場を堀部たちに託し、妻を病院に見舞っていた西に――この病院の場面の翳りの深さはすでに尋常ではない――堀部が撃たれたという報せが届く。あわてて病院を出る西たちの後ろ姿に続くのは、しかし事件の現場ではない。すでに車椅子の人となった堀部である。もちろん、北野映画にこのような跳躍は珍しくなかった。だが『HANA-BI』ではこの跳躍は放置されない。省略されたかと思われもしたこの間の経過、すなわち堀部が手配中の犯人に撃たれたこと、その犯人を西たちが捕えようとして再び撃ち合いになり一人の殉職者を出したことなどが、律儀にフラッシュバックによって示されてゆく。これは単なる説明的な回想にとどまらず、遅延の効果をもたらす。つまり、その後の西の行為が動機づけられると同時に、映画全体が時間の堆積による重さを増し、遅くなるのだ。さらに、その回想の中には個別的な喪失のイメージが点在する。何よりも車椅子の堀部。彼の傷は、雅樹や茂の「傷」が彼らの存在そのものに由来していたのとは異なり、時間の中で受けた傷である。あるいは、西が帰宅するマンションの玄関に三輪車が放置されていたり子どもの靴が片方だけ脱ぎ捨てられていたりするのだが、それらは、すでに冒頭近くで西夫婦が子どもを亡くしたことが同僚たちの会話で示されていたことで、喪失を喚起するイメージとなっている。そして、このような喪失の結果というよりもむしろ喪失のイメージがそこから生じてくる源泉でもあるような、ビートたけしの顔の痛ましさ。

『ＨＡＮＡ‐ＢＩ』の喪失のイメージは、時間と物語の導入によってそれ以前の外傷イメージが壊れたものと見なすことができるだろう。境界づけられた平坦な場所で――憂鬱な遊びを遊ぶよるべなき身体を――距離を置いて傍観する視線、という立体的な構造が分解し、平面へと潰れてしまったかのようだ。それは特に、その空間に奥行きをもたらしていた傍観的視線が、特異な分裂によって転位されたことに起因する。

『ＨＡＮＡ‐ＢＩ』は冒頭からこの転位を示唆する。真昼の強い陽射しの下、駐車場の車のボンネットの上に無造作に置かれたコンビニ弁当のクロースアップ。それに続いて、車の持ち主の西と弁当の持ち主の若い男との、正面性によって連続性のそこなわれた緊迫した切り返し。このような編集はまぎれもなく北野武の映画のスタイルだ。だが、磨き上げられた紺色の金属板とその上に食べ散らかされた弁当の接写はとりわけ不穏である。北野映画にあって接触は不吉なのだ。『ソナチネ』において典型的で『ＨＡＮＡ‐ＢＩ』にも見られるとおり、銃撃の多くは自動車の車内やエレベーターの内部という狭い空間で体を接して行われる。『あの夏、いちばん静かな海。』の聾唖の恋人たちも触覚的な交歓を避けていた。さらに穏やかな海面であればともかく、車体の表面の強調はどうだろうか。クローネンバーグの『クラッシュ』（96）のように、自動車であれ人間であれ、その表皮の滑らかさとそれを傷つけることの倒錯した快楽が主題になるのだろうか。だが、映画が進むにつれて明らかになるのは、冒頭のこのショットが外傷イメージの変容を予示していたことである。それは〈面に何かを塗る〉主題体系の一部であったのだ。事態は西が銀行強盗に使うためにタクシーをパトカーに塗り替える作業が丹念に示される場面でかなり明瞭になり、堀部が絵を描き始めることでついに決定的になる。堀部の画用紙こそ、外傷イメージの構成契機だった境界づけられた平坦な広がりであり、堀部はそこに絵の具を塗る遊びに没頭するよるべなき身体にほかならない。

それでは、外傷イメージの三つ目の構成契機だった傍観的視線はどうなったのか。『HANA-BI』においてこの視線は分裂して二つの異なる水準に転位している。第一は精神的水準であり、贈与という物語の構成契機と密接に結びつく。堀部は西から贈られた画材で絵を描くようになるのだが、その西と妻が残された日々を過ごす旅の場面のいくつかは、それを見ることができない堀部の絵に描かれてゆく。他方、西は旅先からお守りを送ることで、見ることとは別の仕方で堀部の存在を認め続けていることを伝える。さらに、最期の言葉で明らかになるように、西の妻は夫の行為を、やはり見ることとは別の仕方で承認していたのである。だが、ここで重要なことは、このような視線の精神化と対応して、絵を描く行為の物質性が強調されている点だ。絵のいくつかは奇妙に過剰なものをそなえているし――たとえば花の頭部を持つ動物たちが形態的類似による連想から生まれたと説明されてもにわかに納得できるだろうか――点描の反復作業の身体性は言うまでもなく、さらに「自決」の絵にぶちまけられる絵の具の赤は、何かの象徴性よりもモノの質感によってきわだっている。

『HANA-BI』において傍観的視線が転位したもう一つの先は、まさにその物質的水準なのである。その視線の決定的で具体的な形象は西が銀行を襲う場面の防犯用ビデオカメラとして現れる。このカメラはいわば西の犯行の一部始終を凝視する。およそ劇的な要素を欠いたこのあっけない強盗の大半はその粗い映像によって示されるのだ。銀行強盗はそもそも贈与者たらんとする西が必要な金を得るために行うのであるから、防犯カメラを視線に喩えるとすれば、それはこの映画の物語にとって根源的な視線ということになる。こうして、以前の作品では外傷イメージの閉ざされた視線構造において物語を欠いた「絵」の数々が提示されていたのに対して、『HANA-BI』では物質に転位されて開かれた視線とあまりにも人間的な「物語」とが初めて緊張関係を生き始めている。

先に外傷イメージに関して『キートンのカメラマン』を想起したのはあながち恣意的な振る舞いではなかった。なぜなら、この作品でも決定的な場面で物質的な視線が現れるからである。映画の終盤、休日の海岸で、バスターが想いを寄せる娘と恋敵が乗ったボートが転覆し、二人は海中に投げ出される。そこに居合わせたバスターは娘を海岸に助け上げるのだが、娘は気を失ったままだ。バスターが薬局に走った合間に、ようやく陸に上がった恋敵に介抱されて娘は意識を取り戻す。自分を救ってくれたのがその男だと信じ込んで娘はその場を立ち去る。戻ってきたバスターは一人取り残され、砂浜に茫然とひざまずくばかりだ。ところが、そこでカメラが引かれ、バスターがかつて偶然手に入れて連れ歩いていた猿回しの猿が、バスターのカメラのクランクをせっせと廻してこの一部始終を撮影している姿がフレームに入ってくる。波打ち際で絶望して空っぽになった男の姿を、何も知らない猿が機械によって記録する。物語の上で重要な機能を持つショットであると同時に、そのような機能を超えた物質性が露呈した稀有の映像である。『カメラマン』はキートンのMGM入社後第一作であり、それ以前の作品に比べると大撮影所の制度的な拘束が顕著である。にもかかわらず、いくつかの特異なイメージが慣習的な物語の中に穴を穿《うが》っている。

『HANA-BI』はまた独自の複雑さを持つように思われる。北野武のそれ以前の作品は、映画という制度から逸脱する特性をそなえていたとしても、閉じた視線構造によって郷愁とも錯覚されかねない安定したイメージを形成していた。それに対して『HANA-BI』は、物語への意志にもかかわらず、いやそれゆえに、物語による見かけの受け入れやすさに反して不安定さをはらんだ映画になっている。「監督北野武」という名が映画の言説を支える記号として流通している中で、その名を冠せられた映画は、あくまでも作品それ自体を震源とする動揺に身を任せ、それを言葉にするようにと誘い続けている。

XII　生命の切れ端

——相米慎二の映画における下半身の想像力

1　「主題」としての下半身

相米慎二が監督した映画における下半身の「主題」について考えてみたい。物語の展開との関連で重要な役割を果たす画面上の意義深い細部という意味での「主題」として。そのような意味での「主題」は、かつて蓮實重彦が文学研究から映画批評に導入したとみなされる主題批評《クリティック・テマティック》の中心概念である。一人の監督に帰属する作品全体を一種の共時的システムとして扱い、作家のキャリアの通時的な展開や歴史的文脈との関連はほとんど考慮しないという点で、主題批評はそれ自体としては今や時代遅れとなった。にもかかわらず、画面上のさまざまな下半身が複数の作品の間の「網状組織」——これも古い用語だ——を振動させるのを触知するとき、相米映画のある際立った特徴が見えてくるだろう。たとえば前期の傑作『台風クラブ』(85)は人間にとっての個と種の関係を突きつめて考えようとした少年が主人公だったのであるし、後期の頂点『あ、春』(98)では男性の生殖能力の有無が物語の重要な構成契機となっていた。そして後述するように両者は思いがけない細部でつながるのだ。

　この場合、下半身とは生殖系諸器官が集中する場所であり生物の個体が種族を保存し生命を継承するための存在であることをあらわに示す部位である。何かを生む／何かが生まれる――そういう潜在的な力をそなえる場所を死すべき個体としての自分の内部に持つとはどういうことなのか？　このような問いが下半身の主題から浮上してくる。自身は書くことがなかった脚本の物語の違いによって多様な形をとったとはいえ、この映画作家が一貫して生と死の問題を追求したこと自体は誰しも認めるはずだ。だから、そのような映画に下半身の主題から迫ろうとする試みは、字面がそう思わせるかもしれないほど倒錯的なアプローチではないし、まして奇をてらったパフォーマンスでもない。

　結論というわけではないが少しばかり話を先取りしておく。相米映画の特異なところは生命の継承と個体の関係について調和や統一を求めようとしなかった点にある。たとえばテレンス・マリックの『ツリー・オブ・ライフ』(11)のような――途方もなく反動的な――映画が、エディプス的な親子関係を地球規模の生命の歴史に短絡させて個体や家族を永遠化しようとするのに対して、相米映画においては個体の生と死が種の存続によって正当化されることはない。むしろ私の見るところでは、決して永遠化されえない生命の切れ端としての実存を肯定しようとしたのが相米映画なのだ。その企ての当否や成否は別として、生命の連鎖の分け前を担う自己の個体性に対する困惑や違和が映画を始動させ、画面を活気づけ、強い情動を喚起する。その運動はつねに刺激的だ。しかも個体性への違和の感覚は――ここでその点を掘り下げることはできないが――私たちが言語の世界で主体を形成するよう運命づけられながら、決してそこに安住することができないというずれの意識とも相関しているように思われる。肉体は枯死してすっかり言葉と化してしまいたいという夢想や逆に言葉なんか覚えるのではなかったという逆説的な悔恨が詩にも歌われてきたが、その根源にある違和を相米映画も共有しているのではないだろうか。

ゆえにその映画はいたるところで非言語の世界に開かれていて、それを言葉にしようとする試みを拒み続ける……。ともあれ、相米映画のそのような、いわば非概念的思考を下半身の主題が作動させるさまを見てゆくことにしよう。

2　男性的セクシュアリティの楕円——『翔んだカップル』と『風花』

まず、監督デビュー作『翔んだカップル』（80）と最後の作品『風花』（01）を対比してみたい。この二本には下半身の主題が奇妙に照応しつつも著しく異なる形で現れている。といっても映画作家としての発端から終結にまで至る何か直線的な発展のようなものを想定しているわけではない。それどころか後者は前者をその作品の内部に入れ子状に取り込んでいるかのようにさえ見えて興味深いのだ。『翔んだカップル』のオープニングで勇介（鶴見辰吾）は、初登校の朝、高校のトイレにしゃがんでいる。『風花』の冒頭で廉司（浅野忠信）は、酔いつぶれた翌朝、公園の桜の樹の下でズボンを脱いだ姿で目を覚ます。どちらの男性主人公ものっけから下半身むき出しの設定で登場し、彼らの最初のアクションと言えば、ズボンを引き上げ、ジッパーを閉めることだ。二本の作品の間のこだまは映画の終盤にもやや低い調子で交わされる。前者のエンディングで勇介はボクシングの新人戦を戦うためにリングに向かう。それまで彼を悩ませてきた異性の問題をとりあえず清算してファイターとしてデビューするその下半身はもちろんプロテクターで堅固に守られているはずだ。後者のクライマックス、凍てつく北海道の原野で自死をはかるヒロインのゆり子（小泉今日子）を捜すため、廉司はとりあえずの寒さしのぎに丹前を着て宿を飛び出す。あたかもD・W・グリフィスの『東への道』（20）で流氷の上に倒れたリリアン・ギッシュの救出に向かうリチャード・バーセルメスのような浅野だけれど、上半身にスーツのジャケットをはおったために下半身は袴か何かをはいているような怪しい風体である。どちらの映画でも、最初は無防備に下半身をさらしている男たちが最後はそこを過剰に覆った姿でともかくも男性的主体として現れ出るかのようだ。

しかし、このような照応にもかかわらず両者の下半身には決定的な違いがある。『翔んだカップル』の元気な高校生にとっては、自分の性的衝動――その結果について責任を取れないにもかかわらず女性と性交し孕ませることさえできる能力にもとづく衝動――を、どう制御するかが切実な問題だ。それに対して『風花』における失職したばかりの元高級官僚の青年は性的不能に陥っていて、風俗嬢のヒロインが「プロのお姐さん」として他の男に抱かれるのにさえ黙って引き下がるしかない。たとえば『俺たちに明日はない』(67)の男性主人公とは異なり、その能力の回復が映画の中で劇的に示されることもない。土壇場でヒロインを救う活劇的なヒーローとなるにもかかわらず、クライマックスの浅野忠信の何やら不恰好な姿には彼の男性性《マスキュリニティ》のそのような薄弱さが現れている。だが後述するように、この弱さとその役割は映画全体の構造の中に位置づけて考えなければならない。

それにしても、初監督作品として『翔んだカップル』という素材が与えられたことは、下半身という視点から振り返ってみると決定的なことだったと言わざるをえない。まず何よりも、それは性の試練を課せられた少年の話だからである。高校の同級生である勇介と圭（薬師丸ひろ子）が「家主」と「間借り人」として二人だけで同居するというデタラメな状況設定は、しかし、性的に未経験な男の子と女の子に私生活をともにさせてその関係の変化を観察するという虚構的な実験となった。男の子が直面する課題は自分の性欲の昂ぶりを抑えることであり、画面ではシナリオにはない下半身への言及が随所に見られる。たとえば二人が同居することになった最初の夜、圭が浴室で立てるお湯の音に刺激された勇介は、股間を押さえて「勝手に力むな、馬鹿者！」と叱りつける。シナリオでは、勇介が「イライラ、ムラムラ」してヘッドホンをつけたりギターをかき鳴らしたりすると書かれている場面だ。(1)

下半身の主題を異様なスペクタクルに仕立てたのは「さかさションベン」の場面である。同級生の中山（尾美としのり）の家で夕食をご馳走になっていた勇介は相手の安直な人生観に憤慨し、席を蹴って帰宅する。後を追ってきた中山が級友のご機嫌を取ろうとして「スウェーデンのポルノ。スミのないヤツ」を渡す。(2) シナリオでは会話だけが記されているこの場面は画面ではどうなっているか。帰路、勇介は腹立ちまぎれに道端の川に立小便をする。川岸に立つ鶴見をカメラは真上から撮るので、その姿は画面下半分に見え、対して画面上半分は暗い川面でそこに鶴見の像がぼんやりと映っている。実体の方の鶴見が性器を取り出すとそこには墨《スミ》ならぬボカシが入る。そこへ尾美がやってきて、放尿の真っ最中なので抗うことができない鶴見の鞄に「スウェーデンのポルノ」を入れてしまう。その後、画面下方へ二人が立ち去るひっくり返った光景をカメラはそのまま追い続ける。このポルノ雑誌を、勇介は帰宅後、同居している圭の目から隠さなければならなくなるのだが、劇場初公開時にはカットされて「オリジナル版」(82)で日の目を見たこの高度に作為的な場面は、ほとんど夢の論理によって――射精と放尿の「置き換え」や性的刺激の因果関係を転倒した「圧縮」のような「夢の作業」を通じて――、しかし夢の場面としてではなく、主人公の混乱した性的衝動を鋭く視覚化している。その中心に置かれたのが、ポルノ映画の流儀で覆われることによって逆に存在が誇張される下半身である。

しかし「オリジナル版」で復活した箇所の中で最も重要なのは、二人の同居が学校に知られて圭が家を出た後、勇介がスナックで知り合った少女絵里と性交することが暗示される場面だろう。シナリオでは「こんなもんかな」という台詞もあり、これを勇介の初体験として書いている。(3) ところが、映画ではストーリーが一変する。勇介が絵里と一夜を明かす前に、勇介と圭が性的に結ばれることが示唆されるからである。こちらは劇場初公開版にすでに含まれていた。妙に大人びた同級生杉村と勇介との関係に嫉妬した圭は、ある晩、感情の昂ぶるまま、化粧をし、勇介のおばの下着とドレスを身にまとって男を誘う。圭が「わたし、きれい？」と前に進み出ながら二度問いかけるのに対して、残酷にも勇介は「ああ、かわいいよ」とだけしか答えられない。しかし、すでにシナリオに書かれていたこれらの台詞ではなく、カメラの前で演じられる二人のしぐさが目をひく。「わたし、きれい？」と口にする直前に薬師丸は上着を脱いで黒いスリップ姿の上半身をあらわにする。すると、それに応答するかのように鶴見は両手で一度軽くズボンを引き上げるのだ。まるで、ある種の動物の性的儀礼で雄のデモンストレーションに雌が応じるのを反転した――人間の世界ではありふれている？――ようにさえ見える、ほとんど条件反射的なこのミニマルな身ぶりによって、「そんなんじゃないんだ」というその後の言葉とは裏腹に、少年は事態を受け入れ、性の世界に踏み入ることになるだろう。

「オリジナル版」はこのような体験のあとの悲哀まで暗示する点でいくぶんか凄みさえ感じさせる映画になった。文化祭の真最中であるにもかかわらずそこだけがいわば祭のあと《ポスト・フェストゥム》的なメランコリーに支配されている有名なモグラたたきの場面は、あらためて先のようないくつかの場面を踏まえて見ると、結果的に強い性的コノテーションを帯びることになるからだ。

こうして、『翔んだカップル』が性的主体としての少年の自立が示唆される教養小説《ビルドゥングスロマン》とでも呼べる映画であるのに対して、『風花』は、性交能力を失った主人公がセクシュアリティの不関与な形で、ヒロインとその亡夫の間に生まれた子どもと三人で新生活を始めることが暗示される映画である。しかし、下半身の主題に注目すると『風花』は意外に複雑な映画であることがわかる。その冒頭と終盤の男性主人公の下半身については先に述べたとおりだが、『翔んだカップル』と違って廉司のそれは主人公にとってでも映画にとっても積極的な役割を果たしえない。だからといって、このフィルムに下半身の主題が希薄だということではなく、むしろ映画の構造の核心に一つの決定的な下半身が位置している。ヒロインゆり子のお腹である。

『風花』は一般に理解されているのとはかなり異なった映画だ。一見するとこの作品はロード・ムービーのように見えるかもしれない。東京のピンサロで従業員と客として出会った二人、ゆり子と廉司が、女の故郷の北海道をレンタカーで走る映画だから。しかし、およそ風景に無関心なこの映画はロード・ムービーの大切な要件を欠いている。わけもなく路上で止まった車を超ロングでとらえた一つのショットは、まったく興味を持てない景色の只中に放り出されてしまった旅人の困惑を表しているかのようだ。実際、この映画の主眼は空間の前進ではなく時間の遡行なのである。主人公二人のフラッシュバックが多用されるが、特にゆり子のそのつど過去にさかのぼってゆく回想の積み重ねがプロット展開の主軸となっている。そのフラッシュバックの奥底に現れる小泉自身の下半身、それこそがこの作品の重層的な構造における核をなす。

以下、シナリオの原形をほとんど残さないまでに変更された主要な四つの回想場面を、映画の進行順にたどっていこう。①運転している廉司に山道で車を停車させ一人外に出てタバコを吸うゆり子の回想。郷里の駅の待合室。赤ん坊を自分の母親（香山美子）に預けて東京に発つ。②廉司は助手席のゆり子の横顔を見ていて突然思い出す。「ピンサロの女か」。「馬鹿じゃない」。出会った夜をともに回想する。そこに電話の呼び出し音が鳴る。これはゆり子の回想の中で響いている音であり、サウンド・ブリッジで過去に移行する。この場面転換には一挙に過去へ移行する強力な効果がある。帰宅したゆり子が受話器を取ろうとするとスピーカーから聞こえてきたのは借金の取り立ての声だったのでそのままやり過ごす。手前のベビー・ベッドに赤ん坊。留守電が別のメッセージを再生する。警察からの連絡で夫の交通事故死が告げられる。③母親とその新しい夫に託していた娘を彼らに奪われ、力なく樹の根元に腰をおろして口笛を吹くゆり子。ここで回想されるのはクリスマスの夜。ゆり子はかなり大きくなったお腹を抱えながら、帰宅した夫の富田（鶴見辰吾）に、生まれてくる子どもが女の子であることを告げる。勤めを辞め独立して勝負したいという夫。そのためには多額の資金を調達しなければならない。借金はした、しかしそれだけでは足りない。「おまえサ、ソープ出てたときの貯金あるだろ」。その間、食卓の隅でクリスマス・ツリーの形をしたオルゴールがゆったりした旋律を奏でている。④勤務中の夫に妊娠を告げに行った雨の日の回想。横からの照明を当てられ小泉の恥らう笑顔に光がゆらめく。『魚影の群れ』（83）のトキ子（夏目雅子）が夫の死を告げられる通信室の場面で当てられた照明に似ている。照明技師の熊谷秀夫が「キラキラ」と呼んだ効果だ。[4] ともに妊婦という設定の二人の女性の身体の表面でゆらめく光は、新たな生命を祝福しているというよりも、むしろその存在のはかなさを強調する効果があるように思う。しかし、感激した鶴見は小泉のお腹に手を触れ、ひざまずいて耳を当て、腕を回して一気に抱き上げる。この身ぶりは少しばかりジョン・フォードを連想させもする古典的な活力を画面に与える。

　実はこの第四の回想シーンが挿入されるのはまだ映画の半ば過ぎで、最後のフラッシュバックというわけでもない。映画の終盤で、ゆり子は死を決意して睡眠薬を呑む直前、彼女にとってはごく最近の出来事を想起する。廉司と出会った夜の精霊流しのような遊びである。しかしその記憶自体は彼女を生に踏みとどまらせる力を持たない。夫と死別し今や娘も奪われた彼女の旅は、あの雨の日に光を点した未来への希望を回想する場面で終点に至ったかのようなのだ……。

——いや、氷の上で意識を失ったゆり子は廉司に救出されて一命をとりとめ、さらにラストシーンでは子どもを取り戻したゆり子を廉司が車を停めて見つめている姿が三人で新しい生活に踏み出すことを示唆している、それこそがこの映画の結末だ、という見方が普通かもしれない。なるほど、ゆり子の身になれば、自分自身では生きることを放棄しながらもたまたま救われその偶然性を引き受けて生き続けることは正しい。また、廉司としては、自身の性交能力が回復しなくても愛する女が生んだ別の男の子どもを引き受けて生き続けることは正しい。ただ、ストーリーのレベルでは確かに成り立ちうるその正しさを映画として受け入れることができるだろうか。なぜなら、そもそもこの二人は冒頭から桜の樹の下でほとんど心中した死体のように横たわっていたのだし、終盤に至って小泉今日子が氷上で一人踊る姿にも生命力は感じられないからだ。これは決定的だ。彼女が生き残ることは十分な強度で映画的に動機づけられているとは言えない。

この映画において、セクシュアリティ不関与の男性主人公が死者から受け継いだ生命を女性主人公と育ててゆくという未来志向の力は、もっと生き生きしたショットやシーンが形成する過去へのベクトルのために、圧倒されるとは言わないまでも制止され、後方へ押し戻される。それは頻出するゆり子の美しい横顔——その多くは廉司の視点ショット——であり、彼女が回想する上述したいくつかの場面、特にあの富田が登場する二つのシーンである。不能の男が見つめる女は絶望のうちに過去を回想していて、時間を遡行した終着点にはその女の下半身があり、そこに宿った新しい生命がまもなく不慮の死を遂げるであろう夫の希望となる、そういう構造になっている。そもそも相米映画で複数のフラッシュバックが組織的に使われたことはなかった。相米慎二は最後の作品で、生命が生まれる場所としての下半身を視線や時間の複雑な構造の中に位置づけるという映画的な語りを試みた。その結果、自分の生命の分け前を次の世代に託して死んだ男とその見込みがないかもしれない男を二つの焦点とする不思議な楕円形のような映画を遺したのだ。ここには文字どおり何か新しいものが生まれつつあったと見たい。というのは、相米慎二のそれ以前の優れた作品が取り組んでいたのは、もっぱら後者の焦点の近傍に位置する問題だったからだ。

3　男たちと卵の謎――『台風クラブ』から『あ、春』へ

『翔んだカップル』という最初に与えられた題材が、事後的に見て相米的下半身の主題体系にとって重要なのは、前節で述べたようなセクシュアリティに関する教養小説的特性を持つという理由だけによるのではない。ある時期までの相米映画に子どもたちの親がほとんど姿を現さないという、誰の目にも明らかな故意の言い落とし《レティサンス》あるいは物語世界の構造的欠如が、すでにこの第一作から見られることにもよる。『セーラー服と機関銃』（81）や『雪の断章　情熱』（85）のヒロインは文字どおりの孤児であり、『翔んだカップル』から始まり『ションベン・ライダー』（83）や『台風クラブ』の男の子や女の子には親がいるのにその親たちはほとんど姿を現さない。フロイトが発見した「家族小説［Familienroman］」は、自分の両親だと言い聞かされてきた人物から生まれたという信憑を「捨て子」や「私生児」というシナリオによって主体が疑問に付す空想のことである。[3] それに似て、親を画面から排除するという基本設定は、これらの子どもたちの下半身に性的欲望の源泉というだけでなく生命の再生産と個体の死を問題として顕在化させる機能を与えることになる。私はどこから来てどこに居てどこへ行くのか？　その根拠

は何なのか？　このような問いを最も尖鋭に映画の中心に据えたのが『台風クラブ』である。『台風クラブ』における生と死あるいは生殖の問題設定はシナリオにもとづくものであり、下半身にもシナリオの段階ですでに一定の役割が与えられている。『翔んだカップル』や『風花』のようにのっけからではないけれど、この映画でも冒頭のシークェンスで一人の男が下半身をむき出しにする。いや、むき出しにされている。夜、中学校のプールで一人泳いでいて、後からやってきた女子生徒たちにおもちゃにされ、パンツを脱がされてしまう明（松永敏行）である。明はラストシーンにも登場し、台風一過の校庭の水溜りの中に制服の黒いズボンを「まくり上げてジャブジャブと」入ってゆく。完成版映画ではそれに加えて台風の到来を告げる雨を最初に目撃するという特権的な役割を与えられている。「たぶん、僕がいちばん早く、雨を見た」というヴォイス・オーヴァーも含めてシナリオと異なるこのような設定は、明こそ主人公としてふさわしい存在であるようにも思わせるのだが、主人公は別の男子中学生の恭一（三上祐一）である。シナリオで雨を見るのはその恭一であるのに[6]、映画では、三上は降り出した雨ではなくその雨に呆けたように見とれている松永の方を凝視している。明がその放心した様態において世界に開かれた存在として画面に登場しているのに対して、恭一はいつも自分自身に没頭しているる。むしろ恭一は、明と対照的であるだけでなく相米映画の多くの男の子たちとかなり異なる存在であり、彼の下半身がまさにそれを体現している。

冒頭のシークェンスで明が気を失ってプールサイドに横たわっているちょうどそのころ、恭一は同級生の健（紅林茂）と一緒にランニングに励んでいる。野球のユニフォームに身を固めて走る三上と紅林は女子生徒たちに下半身をむき出しにされた松永とすでに著しく対照的な姿である。その恭一がある晩、自室に居て日課のランニングに出るまでの場面が面白い。机に向かっている恭一のところに大学生の兄の敬士（鶴見辰吾）がやってきて、父親が呼んでいると伝える。行ってもしょうがないよ、どうせ変な精神論だもん、とそれには応じずせっせとノートをとりながら、それをきっかけに始まった兄との会話で、恭一は唐突に「兄さん、個は種を超越できるんだろうか」と問いかけ、「死は種の個に対する勝利だって聞いたけど」と畳みかける。当惑した敬士が思いつきで、個はニワトリで種は卵、個のニワトリが種の卵を超えるというのは……などととりとめのない話をしている間、恭一はそれを聞き流しながら、立ち上がってランニングに出かけるために着替え始める。格子窓の外からあたかも鳥籠か何かのように室内を覗き込むこのシークェンスショットには、シナリオではその場に居ない同級生の理恵（工藤夕貴）——別の場面で「おかあさん」と喘ぎながらマスターベーションをする——が遊びに来ていて、流行遅れのスプーン曲げよろしくスプーンをしきりに指でこすったりしている。また、「子作りというのはオスとメスの共同作業だから」という敬士の台詞もはさまれ、終始、フランクのヴァイオリン・ソナタの第一楽章が大きくなり小さくなりどこからともなく聞こえてくるこのシーンには性や生殖に関する暗示が幾重にも織り込まれている。しかし、その長回しの画面の奥に、恭一がユニフォームのズボンに身を包む動作がずっと写し込まれているのだ。

　恭一の際立った特徴は、一貫して下半身をしっかりと包もうとするその潔癖さにある。ただしそれは他者に対する社会的配慮にもとづくものではなく、いわば利己的な遺伝子の手段にすぎない個としての肉体に対する不快と表裏一体の潔癖さなのだ。それこそが、台風で学校に閉じ込められ一夜の狂躁を経た翌朝の自死に向けて恭一を駆り立てる。明や健と三人一緒であれば並んで立ち小便もしていた恭一は、台風の夜、同級生の男女に交じって土砂降りの雨の中を全裸で踊り狂う。しかし、その後、再び学生服を身に着けた恭一は教室の片隅に一人離れ、仏像のように座して黙考している。口に含んでもてあそんでいたピンポン玉——先に述べた場面で言及されていたニワトリの卵を想起させる——を吐き出して掌に収めると、窓辺に行って椅子や机や教壇を積み上げ始める。この延々と続く作業の孤絶ぶりは比類がない。儀式の準備をすませた恭一は最上段の椅子に腰を下ろして同級生たちに呼びかける。俺は判った、死は生に先行する、しかし俺たちには厳粛に生きるための厳粛な死が与えられていない、だから俺が死んでみせる、と宣言した恭一は「いいか、よく見てろよ、これが死だ！」と叫び、夜が明け嵐も去って緑が目にしみる窓外に身を投げる。その直前、ズボンのポケットからピンポン玉がこぼれ落ち、床で弾む硬い音を残す。シナリオでは飛び降りる前の恭一の身ぶりには「（窓枠によじ登る）」という以外の指定はなく、飛び降りたあともその体は校庭の水溜りに没してしまう[7]。しかし映画では、窓枠に乗って身構え最後の言葉を叫ぶちょうどそのとき、背後から撮られている三上の黒いズボンをはいたお尻がカメラに向けて突き出される。さらに、同級生たちが落下地点に駆け寄ると、水溜りから両足だけが空に向けて大きく広げられている。

恭一の言葉を忠実にたどってくれば、この投身は、個に対する種の勝利である死を個が主体的に反転させて種を超越しようとする決死の抵抗ということにでもなるだろうか。しかしそうだとすれば、性急すぎるその死の論理は相米映画にあってはいかにも異例ではないか。冒頭で無力に下半身をさらされた明がラストシーンで、やはり台風の夜の騒ぎには加わらなかった理恵とともに、ズボンをぐしょぐしょにしながらも校庭の水溜りを押し進んでいくように、相米的存在は劇的な死を死んだりはせずに生き続けるか、死ぬとしても緩慢に死んでいったり、いつの間にか死んでいるのだ。恭一というキャラクターの観念的なかっこよさ（?）は、事後的に振り返ると相米映画の負の中心になっているようにも見える。永訣の丸いお尻やその後の地面から突き出した両脚は、その前衛性——つまり未熟で滑稽ということだ――において笑うべき過剰にほかならない。ただし、恭一が窓から身を躍らせる直前にあたかもお尻から産み落とされたかのように床に落ちて弾むピンポン玉は、その謎が解決されぬまま後期の相米映画にまで転がってゆき、まったく思いがけない場所に形を変えて出現するだろう。

こうして性急な哲学少年はさっさと結論に達してしまったが、そうではない男の子たちはずるずる生き続けて歳を重ねるばかりだ。恭一の教師の梅宮のように、あるいは『ラブホテル』(85)の村木のように。前者を演ずる三浦友和のすばらしさは今さら指摘するまでもない。後者についてはプレクレジットシーンの寺田農について一言だけ触れておきたい。小さな出版社を経営していた村木は高利の借金を返済できずヤクザにすべてを取り上げられ、妻も強姦されてしまう。死を決意した村木は道連れを求めてラブホテルにホテトル嬢を呼ぶ。電話をかけ終えてベッドに座った黒眼鏡の寺田は奇妙なしぐさを見せる。両手を頭の後ろに組んで仰向けになると、喘ぎながら腰と上体を使って体をずり上げてゆくのだ。まるですでにフェラチオでもされているかのように。そこで照明が紫に転じて画面にメインタイトルが現れ、黒眼鏡のレンズに室内の電飾のLove Hotelという文字が映る。それにしても、シナリオ(8)には何も書かれていないこの寺田の身ぶりは実に異様だ。すべてを喪失した男の孤独と悲哀が、まるでその源泉である下半身を徒に興奮させて男を苛んでいるかのようだ……。

さて、『台風クラブ』の白い玉が転がっていった先、それは『あ、春』である。

相米慎二の後期の頂点と呼ぶべきこの作品は、映画の主な舞台となる屋敷の広い庭に黒猫が侵入する場面から始まる。庭に入ってきて主人公の紘（佐藤浩市）が飼っている鶏を興味津々に見つめるこの猫が、平和な家庭への侵入者が引き起こす波紋というこの映画の物語をユーモラスに予告しているのは間違いない。その侵入者とは、主人公が五歳のときに死別したと思っていた父親の笹一（山崎努）である。

実際、みずから「田舎者」を自認しながらも東京の閑静な住宅地の裕福な家庭の娘婿として上品な義母や妻子とともに暮らす証券マンの主人公にとって、突然父親と称して現れた元漁師の粗野な老人は恥ずかしい父親だ。社会的上昇を果たした息子が、一般的尺度によれば自分より下層にとどまる父親に感じる恥ずかしさだけではない。それ以上に、ここでの笹一は、そのたたずまいからも、みずからの自然的起源を強烈に思い出させる存在であるがゆえに息子にとって恥ずかしい存在、その意味で彼自身が下半身、いわば全身下半身である存在なのだ。

ところが、物語の決定的なポイントは母親の公代（富司純子）の告白からこの二人の男同士が実の父子かどうか疑わしくなることにある。「家族小説」空想の私生児パターンである。しかし、映画はこの疑念を宙吊りにしたまま、血のつながりではない別種の関係を肯定するという点で一貫している。たとえば、紘と笹一が庭で鶏小屋を増設するために作業をしている。互いに背を向け前かがみになって作業している二人を離れて真横から見つめている紘の妻の瑞穂（斉藤由貴）が、さすがに親子だ、背中のカーブがそっくりだ、という意味のことを言う。シナリオでは「ノコギリの引き方なんかもそっくり(9)」。しかし、この画面の佐藤と山崎がとっている姿勢の妙味は二人がお尻を向け合って一つの対称図形をなしている点にある。この点については脚本家の桂千穂が作者の中島丈博との公開当時の対談で「あそこ構図的にいいですね、親子のお尻がシンメトリーになってね」と早くも指摘している(10)。なぜ「いい」のか。それは、「さすが親子だ」という注釈など不要とするほど――そもそも「親子」の問題を棄却するほど――直截に、下半身を中心に置いた図柄の表層性だけで、二つの存在、二つの生命の切れ端の双方がともに軽やかに肯定されているからだ。私たちは後に『東京上空いらっしゃいませ』（90）のある場面に至って、このショットを緩やかに連想することになるだろう。

妻の告白から受けたショックで持病を急激に悪化させ病床についた笹一は、自分は結局「タネなし」ではないのかと疑いを抱きつつ人知れず死を迎える。知らせを受けて病院に駆けつけた紘が帰り際に何かの気配を察して毛布をはぎとり笹一の寝巻きを開くと、腹巻の下から一羽のヒヨコが飛び出して来る。瑞穂がお見舞いに家から持ってきてくれた二つの卵を孵化させようと温めていたのだ。下半身の主題という点でこれほど頓狂で胸を打つ場面はあるまい。

相米慎二はヒヨコが孵らない別ヴァージョンも撮ったと伝えられている。もともとシナリオでヒヨコが孵る結末を書いた中島は「やっぱり、ラストに向かってファンタジックに処理しようってことで今の形になったんでしょう」と発言している。[11] なるほどファンタジーには違いない。作り手の意図からは独立した下半身的主題体系に固有の錯乱の次元で想像すれば、あの『台風クラブ』の幼稚な哲学的思弁の卵が、投身する少年がひり出したピンポン玉となって大きく弾み、ときたま存在の不安から精神のバランスを崩す若い主婦の指を経由して、余命いくばくもない男に届けられたのだ。この小さな卵は、機能上は比喩として成り立つかどうかはまったく怪しいが、少なくとも形態の点では「タネなし」の男に贈与された睾丸のようにも見える。他方、いささか唐突ながらずっと錯乱の度合いの低い連想として言えば、男の死後その腹の上でヒヨコが孵るという幻想は、繰り返しテストを重ねていつまでも何かが生まれるのを待ったという監督相米慎二の映画にふさわしい結末かもしれない。そこには自然の生殖能力をそなえているわけではない場所で嘘のように新しい生命が生まれてしまうことへの不条理な希望があるのだから。

4　女たちと無機物の愛――『魚影の群れ』／『光る女』

このように下半身の主題に注目して見ると、相米映画の男たちの多くは自己の個体性の違和に苦しむ厄介な――俗に言う「めんどくさい」――存在だ。ところが女たちに目を向けると、その在りようはかなり異なる。彼女たちの身体も多くの場合よるべなさが特徴であるのに、最終的には存在の安定を保証されているように見える。なぜだろう？　彼女たちが結局のところ「産む性」に属しているからだろうか？　いや、『風花』のゆり子の大きなお腹が現れるのが絶望の回想の中でしかないように、あるいは同じ『風花』や『魚影の群れ』で妊婦に当てられた「キラキラ」の照明が無常の揺らめきにしか見えないように、その点は一筋縄ではいかない。そうではなく、相米映画の女たちが結局のところだいじょうぶそうに見えるのは、画面上での彼女たちの身体が肝心なところで自分自身の外部の何かに支えられたり包まれたりするからだ。しかしそれらは何かであって誰かではない。多様な形態のモノ、より限定すれば鉱物がほとんどだが、ここでは大まかに無機物と呼んでおこう。

相米映画の女たちの多くは無機物に愛されていると言ってもよいかもしれない。彼女たちは、特にその孤独があらわになる危機的な局面で、地面や器具とか構造物、あるいは水などに、その身体、特に下半身を預けたり浸したりする。逆に言えば、あたかもそれらが彼女たちの存在のよるべなさを優しい無関心で受けとめてくれるかのようなのだ。たとえば孤児となった二人の少女を支えるのは彼女たちの体の下の無機物である。『セーラー服と機関銃』の薬師丸ひろ子は、最初に登場するショットで火葬場の構内の舗装された地面の上に両脚を踏ん張り上体を大きくそらして両手をついたブリッジの姿勢で、亡父が煙となって消えてゆく空を見上げている。それに対してエンディングでは元子分の渡瀬恒彦の亡骸に口づけして別れを告げ、歩道橋の欄干にもたれ一瞬背伸びしてから何かを吹っ切るようにトンと踵を落とし、その後地下鉄の排気口に立ってセーラー服のスカートが吹き上げられるのも構わず群がる通行人たちを見えない機関銃で撃ちまくる。『雪の断章　情熱』のヒロイン伊織（斉藤由貴）は、幼女のころは雪の積もった丸木橋の上を頼りない腰つきで歩いていたのに、高校生に成長して最初に登場する場面では疾走するオートバイの後部座席にまたがり、上体を下半身の力で支えてそり返らせ、吹きつける強風を存分に謳歌している。

生コン漬けの拷問にもへこたれない『セーラー服と機関銃』の薬師丸ひろ子、『東京上空いらっしゃいませ』で地球儀型ジャングルジムに乗って金属音をきしませながらぐるぐる回る牧瀬里穂、演歌を大声で唄いながら自転車で坂道を滑走する『魚影の群れ』の夏目雅子、同じ映画で激しい驟雨に打たれながら靴を脱ぎ捨て路上に大の字で横たわる十朱幸代、明るい陽光の下で潮風に吹かれながら突堤の構造物を昇り降りする『ラブホテル』の速水典子、さらに、下半身を海水に浸す『ションベン・ライダー』の河合美智子や『お引越し』（93）の田畑智子も、そして、夜明け前の新宿の歩道橋の欄干を猫のように這う『光る女』（87）の安田成美も……。その状況や情動の質と強度に違いはあれ、彼女たちの柔らかい下半身はみずからが新たな生命を産むことができる能力によってではなく、つまり生命の連鎖への統合によってではなく、むしろそれ自体の個体性のままに、それを支えたり包んだりする無機物の非情な愛とでも呼ぶべきものによって画面上で肯われている。そのなかで最も苛酷なのは『魚影の群れ』の夏目雅子の在りようである。

冒頭、海の映画だと思っているとカメラは波打ち際からどんどん遠ざかり、砂浜についた足跡をたどってゆく。その先を俊一（佐藤浩市）とトキ子（夏目雅子）が歩いている。砂浜の斜面を登る佐藤の後を追う夏目は途中で膝をついてしまい、カメラはそのまま彼女が這ってゆく後ろ姿をとらえ続けるために、画面ではお尻だけが強調される。佐藤が腰をおろしても夏目はなぜか傍らの砂にうずくまり、というよりもほとんど頭から砂にもぐるかのようにしてお尻を突き出したままだ。「海ィ……、好きだかァ？」。同じ格好のまま「漁師になる？　漁師……」。ようやく立ち上がるがすぐに背を向け、まぐろ釣りは大変なんだ、足一本なくした人も海に引きずり込まれて死にかけた人も居る、と恋人の将来を案じるトキ子を支えているのは、彼女がその上でお尻を突き出していた灰色の砂の広がりだけなのだ。

やがて夫となった俊一は漁師として海に出、トキ子は妻として陸でその帰還を待ち続ける、D・W・グリフィスの『不変の海［*The Unchanging Sea*］』（10）のような映画の女たちに連なる一人として。だが、陸に立って男を待つ夏目のジーンズの頼りなげなお尻は、海ならぬ荒野や山に出た男たちを待つジョン・フォードの映画の女たちの下半身が――かつて蓮實重彥が鋭く指摘したとおり――大きな白いエプロンで男たちの帰りを迎え入れたのと対比すると、そのよるべなさがいやがうえにも際立つ。エンディングで、その子どもを身ごもったばかりの夫がマグロとの闘いで死んだことを知らされ、さらに、生まれてくる子が男だったら漁師にしてほしいという夫の遺言を伝え聞き、しばし茫然としていたトキ子はお腹をさすったその右手を顔の前で振りながら、とんでもないことだと苦笑して何かを吐き出すようにつぶやく。映画は、漁協の屋上に出て海に向かって絶叫するトキ子の孤独が死者の遺した新しい生命によって支えられるだろう、と示唆して終わったりはしないのだ。彼女は生き続けてゆくだろう。しかし彼女が、その後ろ姿が水平線と手すりの平行線に対して直交する幾何学的な画面の中央に立ち続けることができているのは、単に足元の灰色のコンクリートの硬い平面に支えられているからという以上の根拠によるのではない。

温もりある存在ではなく冷たくてしばしば硬い無機物が「大丈夫だよ」と語りかけることもなく彼女たちを受けとめるという事態に、愛などという言葉を用いると奇異に感じることだろう。しかし、ひとたびそれが当てはまらない対極の映画を見れば、ひるがえって相米映画における愛の問題の所在に気づくかもしれない。それは『光る女』である。なるほどこの映画の冒頭ではヒロインの芳乃（秋吉満ちる）は「夢の島」の家電のゴミがうず高く積まれた頂に立って歌っている。まさに無機物の山だ。しかし芳乃は自分のよるべなき身体をそれらのモノに支えてもらっているわけではない。しかも、オープニングと明確に対照をなすエンディングでは、北海道の開墾地の大きな切り株の上に立ち、やはり朗々と歌っている。切り株とはいえ生命ある有機物と女の組み合わせは相米映画では珍しい。それどころか、『あ、春』で鶏卵に触れる斉藤由貴が日ごろ力なく腰をかがめがちでときに精神の不安定を露呈しもするように、自死をはかる『風花』の小泉今日子が放心状態で樹の根元にもたれていたように、相米映画の女たちにとって有機体はそれ自体がよるべなさと結びついている。逆に、庭を埋めつくした雑草と格闘して成長を遂げる『夏の庭　The Friends』（94）の男の子たちのことが思い出される。

『光る女』の芳乃は二重に異例なのだ。そのラストシーンは、青空の下で野良仕事に精を出す大人たち、遊ぶ子どもたち、多数の種の動物たちが地に満ちて、あっけらかんとした生命の賛歌になっている。切り株を小さな舞台のようにして歌う芳乃を大地母神のようだと言えば誇張が過ぎるかもしれないが、『光る女』は、主人公の仙作（武藤敬司）と芳乃が埋立地の塵芥の山という死の世界から首都の地獄を彷徨したあとで生命あふれる大地に移る復活の映画である。仙作は単純で強力な男性性ゆえに自己の個性への違和に悩むことはない。深夜に水を抜いたプールで芳乃と交わすセックスには何の屈託もない。

この映画を失敗作と断じるつもりなどないけれども、下半身の主題について見るかぎり、個体が生殖を通して生命の連鎖に統合されることを素朴に肯定するかのような映画になってしまい、そこでは結果的に相米映画特有の問いが単に解消されるだけなのではないかと疑わざるをえない。言い換えれば、最終的に自然の調和に還元されるかに見えるその世界には個体性に深く根ざす愛の問題の生じる余地がないのだ。

5　人影のダンス──『東京上空いらっしゃいませ』

無機物の愛を享受する女たちの中で『東京上空いらっしゃいませ』のユウ（牧瀬里穂）は特別な存在である。彼女は肉体を失った幽霊であり、ゆえに無機物が支えたり包んだりするのは彼女の物質としての身体ではない。こんな矛盾を映画的に肯定してのけるこの作品は、本章の観点からは相米映画の中で最も聡明で最も美しい作品であり、最後に語るにふさわしい。ただし、もう時間がないので、少ない言葉で。

それでも必要最低限のあらすじ──。キャンペーン・ガールとして売り出し中の高校生ユウは、しつこく彼女の体を求めるスポンサー企業の重役から逃れようとして、同乗していた車から飛び出し後続車に撥ねられて死んでしまう。ところが、ひょんなことから一時的にこの世に戻ることに成功し、広告代理店の社員でユウのお守り役を務めていた文夫（中井貴一）のもとに身を寄せる。メディアが作り出す自分のイメージに隷属させられるキャンペーン・ガールの生活に飽き飽きしていたユウは、皮肉にもその自分自身のイメージを身体的な外観として借りることで生き生きと街を飛び回る。最初は混乱し困惑していた文夫はしだいにユウにひかれてゆくのだが、まもなく天国へと去らねばならぬ少女への愛はあらかじめ希望のないものであった。

死んで肉体を喪失した少女がヒロインであるといっても、映画としては何よりもそのヒロインを演じる牧瀬の輝かしい表情と声と動きが鮮烈だ。相米の演出は牧瀬のしなやかな肢体を得て随所で炸裂している。下半身の例を一つだけ、少女が幽霊かどうか冗談半分に確かめるために中井が牧瀬の背後からひょいと彼女の両足首をつかんで脚を伸ばしてみるいささか際どいアクションを見よ。

とはいえ物語では、ユウは生身の肉体を失った幽霊でありその外観も仮のものでしかない。この設定が効いている。物質としては死んでいるのでユウの姿は鏡や写真には映らない。彼女が事実を本当に悟るのも、文夫とツーショットで撮ったポロライド写真のその隣に自分の服だけが空しく浮かんでいるのを見たときだ。にもかかわらず、まったく理屈には合わないが、光を浴びると影は落ちるのだ。すっかり意気消沈して陽の当たるバルコニーに出た牧瀬の背後の白い壁にその影がくっきり映る。もともとシナリオ(12)に埋め込まれていたこの矛盾の種子を、映画は粋な演出によってテラスでの影踏み遊びに開花させた。生身の肉体を持つ中井も幽霊の牧瀬と等しく影となり、二人で踊るように戯れる……。人物の関係はまったく異なるものの、その表層性だけで二つの存在がともに肯定される『あ、春』の対称図形の場面が想起される。あるいは、ストローブ＝ユイレの『アンナ・マグダレーナ・バッハの年代記』(67製作)で、アンナ(クリスティアーネ・ラング)が窓際でチェンバロを弾いているその窓の壁面の片隅に、音楽に合わせて大きくなり小さくなり濃くなり薄くなりして踊る人影――バッハ(グスタフ・レオンハルト)と娘の影――が映っているあの幸福なショットをふと思い出してしまう。

けれど、『東京上空いらっしゃいませ』の影踏み遊びの場面で起こっている事態はやはり尋常ではない。肉体を持たない少女が無機物の愛を享受するのであり、しかもその愛とは、他の相米映画のように女の身体そのものを支えるのではなく、光を介してその形と動きだけを白い平面が受けとめることなのだから。映画のように。と、蛇足に違いないが、そして先述の矛盾を承知で、あえて言っておきたい。さらに、幽霊の少女に対して、その資格もなく愛情を抱くことになる男が、少女とともにあの無機物の恩恵に浴することであらかじめ救われてしまう、と言えばそれは言い過ぎだろうか。

憂うことはない。希望なき愛こそが希望なき今を肯定できる。でも、そのためには方法が必要だ。生命の切れ端に、切れ端としての命を通わせなければならない。人影のダンスのように。だから、一瞬の輝きを放つ花火の下で「あたし、今がいい！」と言い切る少女に向かって、映画を観ている者も影を模倣しつつ念じるだろう。そうだ、この瞬間《いま》よとどまってくれ！と。

後記（二〇一九年）——〈相続放棄〉と子どもの身体

正直なところ、本章の初出時の文章には苦労した。デビュー作からずっと相米慎二の映画を観てきたにもかかわらず、監督の没後一〇年の機会に全一三本をまとめて見直し、意外にも奇妙な居心地の悪さにとらわれてしまったのだ。強く魅了されながらも違和感をぬぐえず、アンビバレントな状態で執筆は難渋した。ことさらに時季外れの「主題批評」のようなものを試みたのは、監督の人物像や演出技法に興味が集中しがちな状況で作品そのものに焦点を合わせることに十分な意味があると考えたからで、そのかぎりにおいて書けることは書いたつもりだが、それで蟠《わだかま》りが解けたわけではない。しかし数年の時を経て、本章の内容と先の違和感の双方に関連しそうな相米映画の特性にあらためて思い至った。この機会に覚書を残しておきたい。

私は本章で、相米映画の特性の一つが「物語世界の構造的欠如[13]」にあると書いた。具体的には「ある時期までの相米映画に子どもたちの親がほとんど姿を現さない」という事態であり、物語のパターンとしてフロイトの「家族小説」における「捨て子」や「私生児」の空想に通じるとも述べた。論じ方はさまざまだが、作品におけるこの明瞭な事実には他の論者たちも注目してきた。木村建哉は、その相米慎二論を次のように書き始める。

相米慎二の映画は、全て孤児の映画か親子の映画だ。孤児の映画では、実の親のない文字通りの孤児、あるいは親たちが登場しないか親たちに見捨てられた「孤児」たちが描かれ、親子の映画では、過酷にして、だが容易には切り捨てられない親子の関係が描かれる。[14]

木村はこのような観点から、相米慎二の全一三作における登場人物の「性と生の問題」を解き明かそうとした。その議論はそれ自体として周到で明快であり、私はほとんど異を唱えるつもりはない。しかし、私がかつて「物語世界の構造的欠如」と名指した特性は、別の観点からもとらえることができるのではないかと考える。

ヒロインの泉（薬師丸ひろ子）がまさに孤児になる『セーラー服と機関銃』を取り上げてみよう。木村が論じたように、この映画は泉の「性の目覚め」を描いている。[15]だが、ヒロイン以外の登場人物にも目を向けると、木村自身も「親子の映画の先取り」と指摘しているとおり、泉の亡父の恋人だったマユミ

（風祭ゆき）とその父親である「太っちょ」（三國連太郎）の関係も重要な要素となっている。[16] さらに、物語の表の軸は弱小やくざの目高組の跡目相続とその存続を賭けた抗争であり、裏の軸として「太っちょ」が黒幕である麻薬の密輸が絡んでくる。父親を弔う火葬場の場面で映画に登場する泉は、妙な事情から目高組の組長となって三人の組員を次々と喪い、生き残って堅気になったものの喧嘩に巻き込まれて殺された佐久間（渡瀬恒彦）の死体に別れを告げて映画は終わる。他方、麻薬の在りかを知ろうとして泉を拷問にかける「太っちょ」を娘のマユミが射殺する。こうして、『セーラー服と機関銃』という映画が語っているのは、代々続いてきた組織の崩壊であり、娘たちの父親たちとの死別である。

しかし、断絶や喪失といった否定的な物語内容からさらに映画全体を視野に入れるなら、この作品それ自体の積極的な態勢《ポジション》を、過去の継承の拒否として特徴づけることができそうだ。木村建哉が注目した文字どおりの孤児や比喩的な「孤児」、そして「親が子を捨て（妻が夫と娘を捨て、夫が妻子を捨て）、子が親を捨てる」親子の関係[17]は、相米映画に特有の態勢から生み出される表現型としての物語内容である。相米映画のこのような態勢を、相続人が財産の承継を拒むという法的な意味を拡張しつつ、仮説的に〈相続放棄〉と呼ぶことにしたい。[18] ここでこの比喩的な概念の有効性を作品に即して検証する余裕はないけれども、『翔んだカップル』や『台風クラブ』や『東京上空いらっしゃいませ』や『夏の庭』が子ども（たち）の置かれた一種の実験的状況において、『魚影の群れ』や『お引越し』や『あ、春』や『風花』が親子の危うい関係において、それぞれに語っているものを、首尾一貫した観点から分析することができるのではないか。作品を一元的な枠に押し込めたいわけではないのだが、「相米映画」なるものの特性があるとすれば、それを考える手がかりになるかもしれないということである。

〈相続放棄〉という作品の態勢は、登場人物たちの世代間の関係を規定するだけではない。それは、反‐歴史性と親‐自然性とが結合している作品の構造にも現れている。相米映画が語る異なる世代間の葛藤は、歴史の過程で解決されるのではなく自然――血のつながりとは別の環境世界としての自然――への回帰によって解消される。たとえば、『お引越し』のレンコ（田畑智子）は森から湖へと独りさまよった果てに成長を遂げる。『夏の庭』では、老人の死後、一度は整備された庭に雑草が戻り、空井戸から無数の虫たちが飛び立つ。『あ、春』では、帰って来た父親が波紋を起こして亡くなったあと、その遺骨が海に撒かれる。――とはいえ、藤井仁子が鋭く指摘したように、相米映画において自然は決して抒情的に人を受け入れたりはせず、それどころか「ある種の不実さ」や「人間に対する無気味なまでの無関心さ」を特徴とする。「相米の映画において人間は、そうした不実な自然に裏切られることによってのみ、初めて人間としての〈成長〉を手に入れるのかもしれない[19]」。藤井は相米映画が人間の心理を超えた物質や時間の力に開かれていることを肯定的に評価しているのだが、そのような事態はひるがえって、相米映画における歴史の無力を示してもいる。その世界では、人は歴史から学ぶのではなくただ自然によって変化を強いられるのである。

そして、このような親‐自然性と反‐歴史性の結合こそ、相米映画における子どもの身体の特権性の根源をなすものであるだろう。この点については大澤浄の論考が参考になる。大澤によれば、大人の存在や「社会性」が意図的に排除された相米映画の世界は、観客に「慣習的な論理に安易に頼らずに「生」を生き直す」ことを促すものであり、「子どもたちの身体は、そこでは、「現実性」とは異なる次元に開かれた可能性としてある[20]」。たとえば『翔んだカップル』の「鶴見と薬師丸がじゃれあう場面」では、「二人が、それぞれのなけなしの身体語彙を真摯に動員し合って互いの物理的距離を狭めていく「過程」が［…］長回しによって生々しくとらえられている[21]」。『ションベン・ライダー』の子どもたちは「他者に対して言語に拠らずに感情を表明する身体技法」を水の主題との関連において獲得してゆく。[22]
　言語に拠らずに身体に訴えること、記号の間接性ではなく感覚運動レベルの直接性に頼ろうとすること、この点について本章では、登場人物たちよりもむしろ相米映画それ自体に言語への違和があり、「いたるところで非言語の世界に開かれていて、それを言葉にしようとする試みを拒み続ける」[23]と書いた。これも相米映画の態勢としての〈相続放棄〉の重要な一面だと思う。大澤浄はこの態勢の表現型としての子どもの身体の特性を明らかにし、それを肯定的に評価したわけだ。
　こうして見てくると、先の大澤浄の指摘にもあった相米映画の名高い長回しの意味も明らかになるのではないか。筒井武文は、しばしば引き合いに出されるテオ・アンゲロプロスの長回しが相米のそれとは「まったく質が違う」と喝破した。すなわち、『旅芸人の記録』（75）の長回しが「オフの音への意識を際立たせ、観客の想像力を解き放とうとする」のに対して「相米の長回しにはオフ空間への意識は稀薄である」[24]。私なりに言い換えると、アンゲロプロスの長回しは遠心的で、かつて大島渚も評価したように集団の歴史に向けて開かれている。それに対して相米映画の長回しは求心的で、個別の身体の現在にとどまろうとする。それは、退行ではないにしても、あたかも子どもの時間にしがみついていようとする執拗な身ぶりであるかのようだ。
　ここでは何の論証を行う余裕もなく、ただ唐突に直感を投げ出すことしかできないのだが、相米映画の子どもの身体とは、おそらく一九八〇年代以降に支配的になる中産階級の自己愛的な「身体」の映画的表象、すなわち、第I章の後記で述べたイデオロギー素の一種としてとらえることができるのではないだろうか。ともあれ、二〇一一年にまとめて見直して私が相米映画に抱いた違和感のかなりの部分は、ごく粗い素描にすぎないけれども、ここに述べてきたような反-歴史的な特性に由来するものであろうと、今では考えている。

終章　喜劇は到来する
――森﨑東の映画における反逆の論理

1　悲劇的／喜劇的

森﨑東の映画では、しばしば悲劇的なものと喜劇的なものの葛藤が演じられる。両者の関係は一様ではないけれども、重要なのは、悲劇的なものに対する喜劇的なものの闘争が、喜怒哀楽の入り混じって沸き立つ独特な〈喜劇〉を生むことである。

ここでの悲劇的／喜劇的という言葉は漠然とした意味で使っているのではなく、しかるべき定義にもとづいている。それは、イタリアの哲学者にして文献学者であるジョルジョ・アガンベンがダンテの文章を解釈して導き出したものだ。(1) 知られているとおり、日本語では『神曲』と訳されてきた大叙事詩を作者自身は単に「喜劇《コンメーディア》」と呼んだ。ダンテは「悲劇的」な詩の企てを放棄して喜劇に転じたからである。アガンベンの論考は、ダンテにおける悲劇と喜劇の概念の関連性を明確にして、この詩人が後者を選択したことの文化史的な意義を明らかにしようとするものだが、本章では概念のエッセンスを元の議論の文脈から抜き出し、森﨑東の映画に対する一つの視点を設定するための道具として流用する。

アガンベンによれば、ダンテの独創性は、悲劇的／喜劇的というカテゴリーを罪のテーマに融合した点にある。すなわち、「悲劇は義人の罪深さとして現われ、喜劇は罪深い者の義認として現われる」[2]。そのような関連がどうして成り立つのか。アガンベンの文献学的考証を圧縮すると次のようになる。まず、悲劇においてその筋書きの本質は、幸運から不運への、何らかの罪による逆転だった。この場合、悲劇の主人公は正義の人であり、彼が逆境に陥る――罪を負わされる――のは自分自身の不徳のせいではない。言い換えれば、悲劇の主人公は個人としては無垢であるにもかかわらず、人間一般の自然《ナトゥーラ》＝本性の有罪性をあらわにする不幸な偶然によって破滅する。悲劇の中心に据えられているのは「義人」の不運なのだ。それに対して喜劇では、人間の自然＝本性は無垢であり、有罪であるのは登場人物の人格《ペルソナ》＝仮面であって、両者は分裂している。しかし、たとえば欲望そのものに罪はなく罪は個々の人間にあるという、この分裂ゆえに、喜劇は人格＝仮面を劇中での贖罪の場とすることができる。つまり、悲劇の場合、罪は自然＝本性に帰属し、主人公はそもそも無罪である以上、法が介入する余地はない。ところが喜劇において有罪なのは人格＝仮面なので、法ないし規範を利用した「他人の面《ペルソーナ・アリエーナ》＝他の人格」との折衝を通して救済が可能になる。こうして、喜劇は「罪から無罪への巡礼」となる。

ダンテが自分の畢生の大作を「喜劇」と呼んだ事情は仮に以上のとおりだとしても、それが森崎東とどんな関係があるのか。そう言えば、『生きてるうちが花なのよ 死んだらそれまでよ党宣言』(84)はほんの少し『神曲』に似ていなくもない。もちろん登場人物たちは、地獄めぐりはしても天国に昇ることはできないのだが。ひょっとすると『ペコロスの母に会いに行く』(13)には、ついに「天国篇」的な場面が現れると言ってよいかもしれない。ともあれ、作品に即して具体的に論じるのは次節以降にして、ここではアガンベンの文章から、イタリア文化に対するダンテの大きな貢献の理由を述べた一節を、本来の文脈から切り取って引いておく。

というのも彼は、被造物の自然の無垢の名において、人格の無垢への悲劇的な要求を断念し、喜劇的に分裂した人間愛のために、エデンの園における完全な愛を断念し、法における「他の人格＝他人の面」のために、他の誰にも譲りえない人格を断念し、燕の「低空飛行」のために、「下賤きわまりないものどもの頭上」を飛ぶ鳶の「いと高き旋回」を断念したからである。(3)

森﨑東の映画も、このような悲劇的なものをどこかで断念した上で成立する喜劇ではなかろうか。ただし、悲劇を退け、そのまったき不在の上に喜劇が作られるのではなく、むしろ悲劇的なものを不可欠の構成契機として物語の内部に包摂し、それとの葛藤において喜劇的なものが自己を確証することで〈喜劇〉が生まれる。悲劇的なものは義人として、喜劇的なものは有罪者として、まさに人格化され、義人は不運にみまわれ、有罪者は最終的にその義を認められる。

その多くのタイトルに「喜劇」と冠しながら、森﨑東の作品が実はジャンル的にコード化された喜劇と異質だという事実はすでに筒井武文によって指摘されている。(4) 私の見るところ、その要因は喜劇でありながら悲劇的なものとの関係を内に含むことにある。もちろん一四世紀初頭のフィレンツェではなく、二〇世紀半ば以降の、あるいはアジア太平洋戦争後の日本の現実に根ざした映画なのだから、先に「流用」などと言ったけれど、義人、有罪者、義認といった言葉は置き換える方がわかりやすいだろう。義人は「正しい人」だが、有罪者は「罪を負う敗者」、義認は「反逆によって正しさに到ること」としよう。敗戦から占領を経て「日米合作」と呼ばれもする体制が確立し、民衆は敗北を重ねてきた。罪を負う敗者とは、不運な正しい人ではなく、つまり悲劇の主人公としての敗者ではなく、権力によって従属的な立場に置かれ、しかしその権力に対する反逆ゆえに罪ある者とされ、それをみずから引き受ける者を意味する。森﨑東はそのような敗者を見つめ、その反逆を描いてきた映画作家である。さしあたり本章の限られた論述では、罪を負う敗者が正しさへと到る劇の展開の過程よりも、悲劇的なものと喜劇的なものをそれぞれ具現する正しい人と罪を負う敗者、その両者の関係に焦点を合わせる。

2　喜劇《インキビット・コメディア》ここに始まる——罪を負う敗者と脱領土化

森﨑東の監督デビュー作は、すでに〈喜劇〉の始まりを告げていた。『喜劇 女は度胸』(69)において、悲劇的なものを具現する正しい人と喜劇的なものを人格化した罪を負う敗者は、一つの家族を構成する。前者は町工場で働く学《まなぶ》(河原崎建三)、後者はその母親(清川虹子)である。長屋風の小さな住宅に、両親と兄と四人で暮らしている学は、クラシック音楽や外国文学を好む繊細で潔癖な青年だが、父(花沢徳衛)と兄(渥美清)は、酒飲みで好色、加えて乱暴者で、お互いに喧嘩ばかりしている。毎晩のように父と兄が狭い家の中で口汚く罵り合いを続ける間、学は片隅の自分の机に向かい、大きなヘッドホンを耳に当てて楽曲の響きの中に身を縮めている。画面奥では向かいの家族が窓越しにこちらの様子をうかがっている。手前に大きく清川虹子のフォーカスの外れた上半身が映り続けているが、傍らの騒動は無視して黙々と内職の仕事を続けている。学は父と兄を心の底から嫌悪し、「家庭《ホーム》は未来を語る場」という理想にほど遠いおのれの現実から脱出したいと切望している。

ある晩、酔っ払って派手な立ち回りに及んだ父と兄に、学はついに耐えかねて母親に迫る。あんなものを何十年も見続けて何とも思わないのか、この家を出たくなったことはあるだろう、そうでないなら、人間じゃない、犬だ、豚だ！　清川虹子は表情を変えず、売り言葉に買い言葉といった風でもなく、静かな低い声で答えるのだ。「ああ、豚だよ、あたしゃ」。心の闇が垣間見える瞬間である。真意はやがて明らかになる。映画の終盤、母親は長年秘密にしてきた自分の罪を家族に打ち明ける。長男は、夫が出征している間に別の男との間にもうけた子だったのだ。真相を聞いて激怒した夫が暴れて罵詈雑言を浴びせかけるが、清川虹子の顔はやはり仮面が貼りついたかのように無表情だ。

しかし、話の詳細は省くけれども、正しい人ゆえの不運に陥った学に救いをもたらすのはこの母親なのである。糞《くそ》まみれになったゲーテ詩集をめぐる事情も割愛するが、汚物を洗い落としたその本を前にして母親は息子を諭す。一度汚れてしまったものはどんなに洗っても元には戻せない、と。母親自身、元に戻せない汚れを引き受けて生きてきたのだ。こうして、罪を負う敗者が正しい人の正しさの限界を悟らせ、同時に、その不運を救うことによってみずからが正しさに到るという関係、喜劇的なものが悲劇的なものを制するという独特な基本構造は、すでに第一作に現れていた。

『男はつらいよ　フーテンの寅』（70）に続く監督第三作『喜劇　男は愛嬌』（70）において、罪を負う敗者は決定的な特性を獲得する。マグロ漁船で働くオケラの五郎（渥美清）は、久しぶりに故郷の町に帰った夜、近所の仲間たちと飲んで騒ぎ、そのうちの一人が運転するダンプカーに同乗して長屋に突っ込んでしまう。そこは屑鉄屋の老人（浜村淳）の家で、病気の少年が寝たきりの状態である。ダンプカーは少年を押し潰す寸前でかろうじて止まる。おりしも屑鉄屋の娘、春子（倍賞美津子）が少年院から出所してきたばかりで、五郎の弟の民夫（寺尾聡）は愛する春子を更生させようとして奮闘するも、意に反してトラブルに巻き込まれてゆく。弟が不運な正しい人であることは『喜劇　女は度胸』と同じだが、罪を負う敗者が兄という点が異なる。給料を前借りしてはマグロ漁船で働くという生活をしている五郎は、ダンプの件で民夫に非難されて、「俺は何の罪科もない善意の第三者」などとうそぶくほどに自覚的な悪漢《ピカロ》である。事故の被害者である屑鉄屋が、家主から修理代を要求され、払えなければ立ち退くように迫られたとき、この理不尽な要求に対して五郎は悪漢ぶりをいかんなく発揮する。春子を利用してほとんど美人局《つつもたせ》まがいのことまで企むのだからたいしたものだ。失敗を重ねたあげく、ついに五郎は放置されていた例のダンプを盗んで売り払い、必要な金の工面に成功する。無理やりダンプを引き出したために家屋は倒壊してしまうけれども、屑鉄屋は隣家の五郎の母と同居し、少年は入院して治療を受けることになる。警察に追われる五郎が再びマグロ漁船に乗り込むために海へ出るところで映画は終わる。

罪を負う敗者に明確に加えられた特性は、積極的な違法行為の主体となること、この違法行為は貧しい者が生き延びるための行為であること、この二点である。言い換えれば、喜劇的なものを具現する罪を負う敗者の根源にあるのは絶対的な窮乏である。『喜劇　男は愛嬌』には、貧困という事態の暴力性を視覚的に具体化した有無を言わせぬイメージが現れる。屑鉄屋の家に突っ込んだダンプが、蒲団に寝たままの少年に鼻先をつけんばかりの状態で放置された光景である（図13-1）。

貧しいとはどういうことだろうか。それは、満足な治療も受けられない病気の子どもが自宅の布団にただ横たえられているということだ。屑鉄屋の父が拾ってきてくれた本で世界を知るということだ。そして何よりも、自分の居場所が侵されたり奪われたりすることだ。このダンプは、そのような現実の夢魔的なイメージにほかならない。少年は映画の終盤で安全な病院に入ることができるのだが、病室のすぐ外は激しく車が行き交う道路の急カーブで、病室の大きな窓に向かって次々とダンプカーが迫ってくる（図13-2）。一時的にガラスに隔てられた外の世界の脅威に、少年はやがてまた独りで直面することになるだろう。

ここでふと、大島渚の『愛と希望の街』(59)の少年の家、あのバラックの記憶がよみがえる。狭くて暗い家屋ではあるが、訪ねてくる人々は中まで入り込んできたりはしない。やはり出入り口から奥をとらえていたカメラが、ある決定的な場面で初めて部屋の奥に置かれ、ドンデンを返す。映画の終結を告げることにもなるその瞬間が衝撃的であるのは、冷徹に階級間の葛藤を描いてきたこの映画それ自体が、それまでは家族の情愛に満ちたこの空間を保護してきたことが明らかになるからだ。

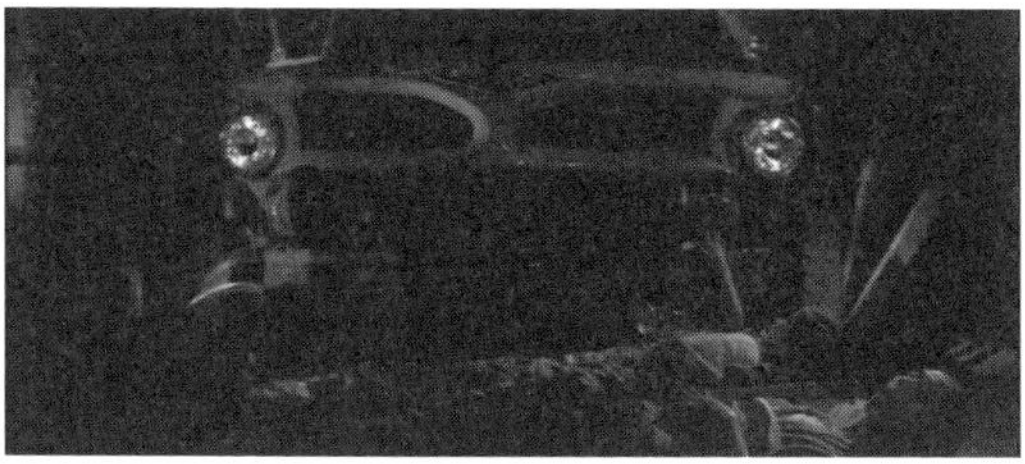

図 13-1　『喜劇 男は愛嬌』より

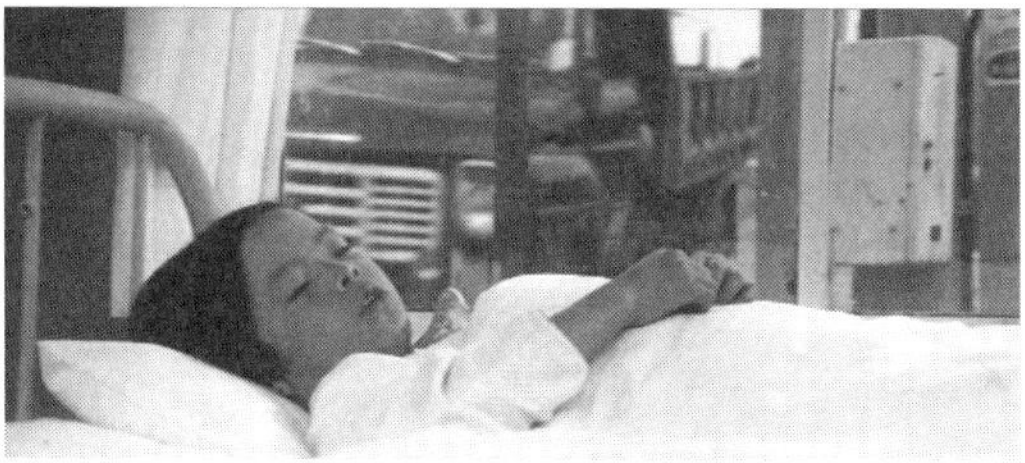

図 13-2　『喜劇 男は愛嬌』より

さて、『喜劇 男は愛嬌』に見られるような場所の侵襲や掠奪を、今では軽薄な振る舞いと揶揄されるかもしれないがドゥルーズ＝ガタリの用語を流用し、「脱領土化」と呼ぶことにしよう。場所の領土性を剝奪されることと剝奪することのどちらをも意味する両義的な概念として。というのは、森﨑東の映画の罪を負う敗者たちは、受動的に脱領土化の対象となると同時に、能動的に脱領土化を行う主体ともなるからである。前者は貧しさゆえの受難であり、後者は反逆の行為にほかならない。罪を負う敗者において受難と反逆が結びつく。その鮮やかな例を

『女咲かせます』(87)に見ることができる。

高島炭鉱出身の女スリ（松坂慶子）と元炭坑夫の泥棒たちがクリスマス商戦の売り上げを狙って営業中のデパートに白昼堂々押し入る場面である。マンホールから地下へ潜入し、エレベーターを操作して階上に移動する。なにしろ元炭坑労働者の泥棒たちだから十分に納得のいく趣向なのだが、ここで重要なのは画面である。一味は作業を円滑に進めるためにエレベーターの箱の側壁をはずしてしまう。工事用ヘルメットと作業服をまとった男たちを運ぶエレベーターは枠組みだけの運搬装置になり、彼らが上昇してゆく空間は、都会のデパートの内部から、一瞬、炭坑の竪坑へと変容を遂げるのだ。映画における炭坑と言えば、ジョン・フォードの『わが谷は緑なりき』(41)が想起される。坑内で事故死した一家の父を地上に運ぶリフトの上で、ピエタの姿勢で末の息子が父親を抱きかかえ、その背後には十字架を模した格好の牧師が見守っていた。『女咲かせます』のエレベーターは、このような宗教的象徴の乗り物とはまったく異質の、閉山のために職場を失った労働者が脱領土化する装置として機能する。高島炭鉱は映画公開の前年に閉山された。本来の居場所をなくした者たちが固有の場を取り戻そうとする再領土化の企てではない。場所の同一性そのものを解体し、そうすることによってみずからの同一性をも超え出て、逃走線（！）を引くのである。

以下の二つの節では、罪を負う敗者についてさらに考察するために、逆説的にもそれがほとんど不在である二本の作品を取り上げる。『喜劇 特出しヒモ天国』(75)と『黒木太郎の愛と冒険』(77)、時期的には近接しているが、たいそう趣の異なる作品である。

3　喜劇的なものの怪物が生まれる――『喜劇 特出しヒモ天国』

『喜劇 特出しヒモ天国』は、罪を負う敗者の誕生を見せる映画だ。最初から罪を負う敗者が存在して最後に正しさに到るというわけではない。その意味で、映画の中で〈喜劇〉は起こらない。にもかかわらず、それ自体がすばらしく猥雑で透明なこの喜劇の結末で、ほとんど怪物が生成するようにして罪を負う敗者が出現し、映画が終わったその先の方に真の〈喜劇〉の到来を予感させる、そんな途方もない映画である。

罪を負う敗者が不在であるのと対応して、この映画には正しい人も登場しない。正しい人ではないけれども、ストリッパーもそのヒモも、みんな罪のない人々だ。とはいえ、この罪なき人々の群像劇において、特に重要な位置を占めるのは、ヒモの善さん（藤原釜足）、元セールスマンで現在はヒモの昭平（山城新伍）、食堂を営む若い夫婦のター坊（下條アトム）とかおる（森崎由紀）である。善さんは、歳はとったが新しい才能を発掘して育てることにはまだまだ意欲的で、個性的な女性を次々とスカウトしてくる。昭平は警察による摘発の混乱に巻き込まれたのがきっかけで一座のマネージャーに転職し、やがてヒモになる。ともに聾唖で幼なじみの若い夫婦は、子どもを産むのに必要な費用を妻が踊ることで稼ごうと決意する。彼らの人生の変転がそれぞれに、一人の罪なき者が罪を負う敗者に変容する際の死と再生の主題に密接なかかわりを持つ。ここで重要なのはあくまでもその変容のイメージである。

では、罪ある者へと生成するのは誰か。映画の冒頭、ストリップ小屋に隣接しているらしい寺の本堂で、僧侶（殿山泰司）が何やら虚無的な、というよりも実存の不条理に開き直ったような無茶な説教をぶっている。死んだらどうなるかなんて誰にもわからん、わからんでええ、わからんからこそ幸せや、わからんでええということがわかったら、さっさと死ぬことや、それが身のためじゃ……。ほとんどが老婆である会衆の片隅で、容貌が判別できないほど黒く垢まみれになった女性が朦朧として壁にもたれている。アルコール依存の浮浪者ヨーコ（芹明香）だ。彼女こそ、最終的に罪を負う敗者へと変身する未来の〈喜劇〉の主人公である。

善さんの勧めでストリッパーになったヨーコは、舞台では金髪のかつらを被って派手な衣装に身を包み、いや、それを脱ぎ捨てて惜しげもなく股を広げ、舞台裏では次々とヒモの男を取り替えてゆく。最初は善さん、次は元警察官の大西（川谷拓三）、そして昭平である。ヨーコは酒さえあれば幸せで、あっけらかんと裸になるし、誰とでも寝てしまう。いわば人間の自然＝本性《ナトゥーラ》の無垢そのものを生きている、あるいはそれと一体化している存在なのだ。このヨーコが罪を負う敗者に転生するのは、自然＝本性の無垢から切り離されて人格＝仮面《ペルソナ》の有罪性、つまり権力との関係において押される烙印を引き受けるということだ。この映画においてそのような切断をなすのは死という出来事である。死んだらどうなるかは誰にもわからないが、少なくともこの映画のイメージと物語の展開において、死は、「被造物の無垢」と「人格の無垢」を「喜劇的に分裂」させる契機となる。

映画の終盤近く、元警察官でヨーコのヒモだった大西が再び現れ、警察の手入れの混乱の中で、ヨーコの現在のヒモである昭平の腹を刺してしまう。大西は別に悪人ではない。陰気で気が短いが、むしろ真面目で善良な男のようだ。劇場に内偵に来たときにヨーコに警察手帳を奪われ、取り戻そうとして舞台上で追い回したのが運のつき、あろうことか自分が逮捕され、失職する。その後はヨーコのヒモになるが、結局捨てられてしまう。今や人殺しになろうとしている身であるのに、ストリッパーたちの検挙で忙しい警察官たちに大西の姿など目に入らない。罪人として認知されることさえないのだ。刺された昭平も、いささか軽率なところはあるが悪人ではない。運び込まれた病院のベッドに横たわり、迫ってくる死になすすべもなく、よるべない視線を窓外に向ける。見えるのは何の変哲もない街並みだ。この視点ショットは、同じ人物の別の視点ショットと対応している。映画のずっと最初の方で、どさくさにまぎれてストリップ一座のマネージャーにされてしまった昭平は、宴会でやけくそに飲んで踊り狂い、悪酔いして二階の座敷の窓枠にもたれて視線を下に落とす。そこに見えるのは川の流れである。なぜかヒモの生活が板について遊蕩にふけったりもしたが、こうやって孤独に死を迎えるのかと思うと、あの日に見た川の流れが思い出される……。この病室には、今しがたまで、かつては昭平をヒモにしていたジーン（池玲子）が見舞いに来ていたのだった。しかし、うわごとのようにヨーコの名を口にするだけの昭平に落胆して、ジーンは病室を出る。

そのとき、ター坊が血相を変えて病院に飛び込んでくる。かおるが出産間近なのだ。ジーンは思いがけず二人の赤ん坊の誕生を祝福することになる。死んでゆく者と生まれてくる者が交差するそのとき、先ほどの昭平の視点ショットとして示された街並みを警察の護送車が走っている。運ばれてゆく女たちの中にヨーコがいる。手錠をかけられたまま、正面からカメラをきつく見据える芹明香の圧倒的なクロースアップで、映画は終わる。

こうして、映画の構成上は冒頭と結末の芹明香のイメージが一対のブックエンドのように作品をまとめているのだが、重要なのは、死と生の交錯を経た彼女の変貌である。とりわけ決定的な出来事は善さんとその家族の死だった。ベテランのヒモの善さんは、素質のある女性を発見して一人前のダンサーに育てることを生きがいにしている男だ。そもそもヨーコをストリップの世界に入れたのは善さんだった。

『フレンチ・カンカン』（55、ジャン・ルノワール）でジャン・ギャバンが演じたダングラールのような人物に、少しばかり通じるものがある。その善さんが、巡業先で小屋から出火したときに逃げ遅れ、新しくパートナーとなったハニー（中島葵）とその二人の子どもとともに焼け死んでしまう。善さんたちが炎に包まれたちょうどそのころ、ヨーコは酒に酔っているのに裸で川に入って気持ちよさそうに泳いでいた。このときの芹明香は、あたかもしなやかな二本の脚を持つ人魚のように水を享受していた。

その出来事は善さんたちの葬儀で起こる。公民館のような倉庫のような小さな建物の中、わずかな参列者の正面に遺骨の入った箱が四つ並んでいる。奥の暗がりに半裸の芹明香が酔っ払って横たわっている。突然、彼女はブリッジのような恰好で身を起こし、『黒の舟唄』を歌いながら踊り始める。それまでは舞台に上ってもいわば天真爛漫に細長い手足を動かしていただけのヨーコが、今や死者の「供養」のために踊り始めている。葬儀の会場が脱領土化されてストリップ・ショーの舞台と融合する。それにしても、芹明香が不意に起き上がるこの身ぶりは、それを観てしまった誰もが感動を込めて語るように、他に類を見ない衝撃的な動き＝イメージである。その瞬間、いったい何が起こったのか。私はその身ぶりを、死体が起き上がるよみがえりの動きであると形容したい。つまりこの動きは、ヨーコが善さんたちの死をつかのま分有したことを遡及的に示し、同じ一つの身ぶりでそこからの再生も演じるのだ。このとき、登場人物の心理を超えた次元で、死がヨーコを自然＝本性の無垢から切り離す。そう断言しておこう。しかし、言うまでもないが、無垢から引き離されるだけではまだ、罪を負う敗者への生成は完遂しない。

『喜劇　特出しヒモ天国』における罪を負う敗者は、一斉検挙で捕まったヨーコが護送車で運ばれるエンディングでついに出現する。人格＝仮面の有罪性は法が与えるものだ。映画の全体に比して身柄の拘束に至るまでの場面が長いのには理由があるのだと思う。執拗な暴力によって権力の作用が肉体に刻み込まれる。肉体はそれから逃れようとし、あらんかぎり抵抗する。結局捕えられ、護送車の窓からわれわれ観客を見つめる芹明香の顔は、それまでは法の執行にもあっけらかんと振る舞ってきた罪なき人だったヨーコが、まさに違法の烙印を押された敗者であることを自覚した人格＝仮面にほかならない。驚くべきは、この顔の、ほとんど怪物的な崇高さである。いかにも誇張が過ぎると思われるかもしれないが、これはやはり崇高としか言いようがない。つまり、ここでの芹明香はもはや一人の個人ではなく、何かもっと大きな集合的なものを体現しているようなのだ。それは、今は存在しないけれども必ずや生まれるだろう未来の「民衆」なのではないだろうか。芹明香のまなざしは正面からカメラを見据え、われわれの方、映画の先の世界に向けられている。この顔に「戦いのとどろき」(5)を聞かずにいられようか。罪を負う敗者が正しさに到る過程は、この世界の内で実現されなければならない。

4　悲劇的なものの亡霊を異化する——『黒木太郎の愛と冒険』

『黒木太郎の愛と冒険』は森﨑東監督の作品の中でも異例の映画である。監督にとって唯一の白黒スタンダードだが、スタイルや内容も例外的だ。しかし、他の作品から孤立しているというのではない。むしろ倒立していると言うべきだろう。すなわち、物語られるのは悲劇的なものを具現する正しい人とその不運であり、喜劇的なものの人格化としての罪を負う敗者はそれ自身としては登場しない。実は、罪を負う敗者の将来における出現が物語の結末で示唆されていて、その点では『喜劇　特出しヒモ天国』に通じるものがあるようにも見えるのだが、誕生に至る過程そのものを見せるわけではない。それでは、

『黒木太郎の愛と冒険』は悲劇なのか。いささか頓狂であることは承知の上で、あえてそう問うてみたい。答えを先取りすれば、悲劇そのものではなく、むしろ悲劇的なものを異化しようとした作品だと思う。余裕を持った諷刺やパロディーではない。必死の企てである。なぜなら、ここでの悲劇的なものとは義のために死ぬことだからである。それを異化するのは真剣な戯れであらざるをえない。だが、どうしてそんなことをする必要があるのか。すでに監督デビュー作から、映画の内部で悲劇的なものは喜劇的なものによって乗り越えられ、〈喜劇〉へと止揚されてきたのではなかったか。実は、『黒木太郎の愛と冒険』の場合、悲劇的なものは、劇の外部、さらには映画の外部との関連において問題となっている。それを異化することは、おそらくは〈喜劇〉がそこから生まれてくる根源も照らすことになるだろう。ここで自己言及的かつ遂行的に示されるのは、それを〈喜劇〉の構成契機として包摂する前提として必要な決断、すなわち、悲劇の断念であるだろう。

『黒木太郎の愛と冒険』はのっけから、この映画が映画そのものの内外の境界と戯れることを告知する。冒頭、正体不明の男性の声が、この映画は多くの人の友情と無名の若者たちの協力で製作されたと謝意を表し、製作に参加した若者たち三人を紹介する。画面には撮影現場で打ち合わせをしている人物の顔が大写しになっているのだが、その人はどう見ても森﨑東監督本人である。紹介される若者三人は順に役名で自己紹介を行い、最後に、「俺らは素人で、こんなことをやらされるのは生まれてはじめてだ」などと言ってのける銃一（伊藤裕一）が、そのままナレーターを引き継ぐ。最初の男性の声は、フロベールの『ボヴァリー夫人』冒頭の「僕ら」のように、以後、一度も登場しない。次いで銃一によって、主人公の文句《もんく》さん（田中邦衛）が紹介される。彼の職業はスタントマンであり、この映画は「何時もはスクリーンの陰に隠れた下積みの平凡な人が、映画をはなれた生活の中で、一体どう生きてるのか」を見せるのだという。

『黒木太郎の愛と冒険』は野呂重雄が書いた同名の小説を「原作」としてクレジットし、エピソードを一つ使っている。だが、小説の主人公はスタントマンではない。つまり、映画『黒木太郎の愛と冒険』は、主人公を映画業界の労働者に改変した上で、この映画は映画人の日常生活を描いた映画であると映画の中でわざわざ宣言するのである。こうして、内と外の関係、虚構と現実の境界が、曖昧にされるというよりも、その曖昧さがことさらに強調される。こんな始まり方をしたことを忘れてしまえば、途中はふつうの劇映画として見ることもできるだろう。

しかし、映画の最後はやはり銃一のナレーションでしめくくられる。「俺は、刑務所という「俺の大学」を出た今、やっと本物の映画を作れそうな気がしています」。銃一は映画のクライマックスと言える場面で、文句さんに大けがを負わせたヤクザの親分（麿赤児）を短刀で刺して服役したのである。このナレーションがかぶせられるクロージングショットについては後述するが、刑務所を出た今、やっと「本物の映画」を作れそうだという銃一の言葉は、『喜劇　男は愛嬌』の民夫と同じように、晴れて「一人前の前科者」、すなわち罪を負う敗者となって〈喜劇〉に向かうことを示唆しているのかもしれない。だが同時に、これまで銃一が参加してきた当の映画（『黒木太郎の愛と冒険』）は「本物の映画」ではない、という含みを持つだろう。「本物の映画」とは何かという問題はともかく、エンディングもやはり内外の境界を壊乱する言明なのだ。こうして、正しい人とその不運というその題材も、物語の内部で自足することはないだろう。語りの対象である人物やその行為は、物語の奥行きの中に安定した位置を与えられることなく、イメージや記号のまばらな布置として再編され、その間隙が外部へと開かれる。その隔たりやずれ、が、いわゆる異化である。

それゆえ、ここではストーリーを要約したりプロットを追ったりすることはやめて、むしろ、この映画の核心と思われるものを単刀直入に取り出してみよう。まず、一方に、正しい人の物語がある。それは、演技、視覚的象徴、歌、書かれた文章などによって構成される。その根本的な目的は、亡霊を招喚して義のための死を再演することにある。その亡霊とは、具体的には、銃一の父親で、旧陸軍砲兵隊の隊長だった豊太郎（三國連太郎）である。ただし、「豊太郎」というのはオリジナル・シナリオ(6)に記載された役名であって、映画の中で名前が呼ばれることはない。この男は、戦後三〇年以上たつというのに、軍隊時代の軍帽に軍服という服装のままだ。全滅した部隊のただ一人の生き残りで、復員後、アルコール依存になった。そのことを日雇いの労働者が集まる飲み屋で口にしたところ、それが本当なら腹を切れ、と挑発され、近くの寺で切腹する。切腹の瞬間は示されない。飲み屋で話を聞いた銃一が寺に駆けつけたときにはすでに遅かった。

亡霊というのは比喩である。物語の中で豊太郎は生きている人物として登場する。しかし、この人物の現れ方にはどこか奇妙なところがある。最初に登場するショットで、いきなり大人の玩具屋の店内に座っていて、店主の菊松（財津一郎）に背を向けて外を見つめている。いかにも唐突であるが、なぜか菊松は初対面のこの人物が銃一の父親であることを知っている。あるいは、本人が何も語らないということもあるが、この人物の過去や人柄に関する断片的な情報はすべて、劇中の他の登場人物の台詞で間接的に伝えられるだけである。銃一も、こと父親に関してはナレーターとしての権威を失ってしまい、自分では何も語ることができない。だから、自分の少年時代の父を回想しているらしい二つの場面もその状況や意味はほとんどわからない。とはいえ、銃一は、死んだ父の遺品を三つ受け継ぐ。血染めのシャツ、信玄袋、その上に置かれていた『遺書』という表題の本である。これらは回想場面で父と子が唄う『砲兵の歌』と合わせて、銃一が義のための死の再現を企図する際に、その行為を演出する要素となる。

その銃一の行動とは、すでに述べたように、文句さんを襲ったヤクザに報復するため、単身殴り込みをかけることだ。正しい人である文句さんは、若者三人組の一人である勉（太田聖規）の従妹、和美（藹ひろみ）を、トルコ風呂で働かせようとするヤクザから助け出し、仕返しをされたのだ[7]。銃一は、かつて父と唄った『砲兵の歌』を一人で唄いながら、ヤクザの親分に迫り、短刀で刺す。途中で、父が戦場で戦っている光景が短く挿入されたりもする。このとき、銃一は、父が切腹したときの血染めのシャツを着ている。滲んで形は歪んでいるが、白地に赤い日の丸に通じるイメージだ。日の丸は文句さんとも関係がある。太郎はジープのボンネットに大きな日の丸を貼りつけて、霞が関や永田町を乗り回して警官をからかうのが楽しみなのだ。もっとも、それは遊びであって反逆と言えるような行為ではない。さらにこの映画の日の丸と言えば、何といってもクロージングショットを忘れてはなるまい。それは横須賀の港の光景で、停泊している潜水艦の艦尾にひるがえる旭日旗をとらえようとカメラがわずかにズーム・アップすると、その旭日旗を抹消するようにして「完」のタイトルがかぶせられ、映画は終わる。こうして、さまざまに分岐する国旗のイメージに身を染めて、銃一は命をかけて悪を討つ、という場面であった。

さらに、銃一の行動を動機づける主な要因として、父が残した『遺書』の断章がある。映画では、この本については著者のことも含めて何の説明もないまま、いくつかの文章が引用される。ほとんどは画面に文字が映されるだけだが、次の一節は、銃一を演じる伊藤裕一の声で朗読される。

八月四日
杖とも柱とも頼んで老後を託していた子に戦死されて、裏長屋に老いてゆく親たちが世の中にはどんなに多いことであろう。戦死者の遺族と同じ心になって泣いてくれるのが「世間」ではない。世間の姿をみると、あさましい。狡猾な者ほどうまくやって、戦争のかげにめでたしめでたしと栄えている。子を戦死させた家ほど苦しい目に逢うて、裏町に泣いている。こんなことが許されてよいものだろうか。

このように、さまざまなイメージや声を動員して語られる正しい人の物語に対して、他方には、物質的肉体の映画的イメージがある。すでに述べたように、『黒木太郎の愛と冒険』における正しい人の物語は、それを批判するはずの罪を負う敗者が不在であるゆえに〈喜劇〉として構成されることはない。では、他の形式の劇を構成するための別の原理が何かあるだろうか。この映画は、そのようなものを求めていないようだ。だから、意味や感情に満ちた奥行きある物語世界が形成されることはついになく、逆に、写真映像の特性ゆえに、白黒の硬質な画面に映し出される物質の表層や断片的な細部が強く迫ってきたりもするのだ。それはたとえば、財津一郎の目元を這いまわる蚤であったり、暗がりで大きくなる猫たちの瞳であったり、エピローグで踊りの稽古に励む鰐ひろみの顔に浮かぶ汗であったりする。だが、そのなかで際立って強烈なのは、ゴメさんという人物を演じる伴淳三郎の腹である。

『黒木太郎の愛と冒険』という映画の異化の作用を完遂する存在は伴淳《ばんじゅん》なのだ。正しい人を劇の水準で包摂してそれを〈喜劇〉に組織する原理がないとしても、劇や演技ではなく、物質的存在として正しい人の正しさを挫くのが伴淳である。銃一のナレーションによれば、伴淳が演じるゴメさんは、博打の負け金を取り立てる仕事でかろうじて食べている。肝臓を病んで腹に水がたまり、医師から酒を止められているが、気が弱いので、取り立てに行くときはいつも焼酎を飲んで凄《すご》むのだという。ある日、酔っ払って銃一たちのところにやってきたゴメさんは、ひと思いにやってみろ、殺してみろ、と暴れ始め、錆びついた剃刀を自分のむき出しの腹に当てる。びしっとやれ、と剃刀の刃の側面で臍の少し下をこすると、膨らんだ肌の表面に、一瞬、白い痕がつく。一滴の血も流すことなく一片の意味を生み出すこともない一筋のかすかな線は、ゴメさんがついに腹を切ることはないという一事だけを告げるのだ。

ゴメさんと豊太郎は、切腹しない罪なき者と切腹する正しい人として対をなす。実際、銃一が父親の来訪を周囲の人に教えられてから切腹したその姿を墓地で発見するまでのシークェンスは、かなり複雑な編集が施されているけれども、その核をなすのは日雇い労働者が集まる飲み屋でのゴメさんと豊太郎の遭遇である。ゴメさんは店先で、他の酔っ払いが吐いたゲロを素手でポリバケツに捨てる。この行為を酔客たちから愚弄されて地面に倒され、顔を汚物に押しつけられる。怒った銃一が叫ぶ。この人は他人が嫌がるどぶさらいで生きているんだ、汚いものを見たら綺麗にしなきゃ気がすまないんだ、そのどこが汚いんだ！　この点ではゴメさんは正しい人なのかもしれない。だが、その正しさは認知されない。まさにここでゴメさんと豊太郎が遭遇する。たまたま客として居合わせた豊太郎がゴメさんの上半身を抱き上げ、顔についた吐瀉物をぬぐってやる。ここで対比されるのは、三國の悲哀に満ちた表情と伴淳のほとんど意識を失った顔である。ゲロと言えば、豊太郎が最初に登場する大人の玩具屋の場面を思い出すべきだ。菊松から人間の指の串焼きの模型を見せられてショックを受け、その表情からすると、あんたも戦友の指を食ったのだろうとからかわれて豊太郎は嘔吐する。このゲロは心理的に動機づけられている点で伴淳が掬うゲロとは対照的だ。

こうして『黒木太郎の愛と冒険』では、重い意味を担った悲劇的なものは、物語や劇の水準で喜劇的なものに反駁されることはないけれども、意味を欠いた肉体の物質的存在に対置され、その意味の重さを、それから解放されるというのではないにしても、取り除かれるのではないだろうか。ゴメさんは医師から酒を止められても飲み続けてついに行き倒れる。いわゆる緩慢な自殺を望んでいたのだと考えることもできるかもしれない。だが、ゴメさんは切腹したりはしない。義のために死ぬことはありえない。むしろ、無意味な生を死ぬにまかせるのである。このようなむき出しの肉体を提示すること、それは、あくまでも映画的に行われた、悲劇的なものの断念の身ぶりではないだろうか。あるいは少なくとも、その断念の根源——「被造物の自然の無垢」——を苛酷に露呈させているのではないだろうか。ニワトリはハダシなのだ。

5　終わりなき反逆

『黒木太郎の愛と冒険』は作品の中であからさまに映画の外部を指示する。この映画で引用された『遺書』は、森﨑東監督の三歳年上の兄、湊（一九二四年生まれ）の遺稿集なのだ(8)。海軍航空隊に所属していた湊は一九四五年八月一六日に割腹自殺した。『遺書』は、まさにこのときの遺書を中心に、一六歳から二〇歳に至る日記から抜粋して編集した書物である。映画の中で伊藤裕一が朗読し、前節で引用した文章はその二二五頁にある。同書の「まえがき」で、森﨑東は、兄の自殺について次のように自問している。「兄の死は、単なる憂国の死ではなく、心優しさから発する憤激の死、青春の死ではなかったのか？(9)」。あるいは「森崎湊の死は、敗れた祖国に殉ずる従容たる武人の死というより、むしろとりつくろった美しい言葉で日本中の青春を圧殺しつづけた者たちへの憤激の死ではなかったのか？」[10]。「心優しさから発する憤激の死」、その「死」の部分を問うたのが『黒木太郎の愛と冒険』なのではなかろうか。それは森﨑東の映画においては例外的な企てだと思う。森﨑東の映画は、その死を別のものに、少なくとも死ではない何かに置き換えることを続けてきたのだ。もちろん、死を肯定する生のあり方だってあるのだから生であればよいというものでもないだろう。心優しい憤激から発して、しかし、みずから死を選ぶことはしない、死だけは選ばない、その死を宙吊りにし続ける——、それが〈喜劇〉の課題であった。

湊の自殺の動機について、森﨑東はある文章で率直な考えを述べている。湊の遺書には次のように書かれている。

御国の御役にも立たず、何の手柄も立てず、申訳ありません。死んで護国の鬼となります。私は生きて降伏する事は出来ません。私が生長らへてゐたら必ず何か策動などして、恐れ乍ら和平の大詔に背き奉り、君には不忠、親には不孝と相成る事目に見えるやうであります。[11]

これに対して東はこう書くのだ。

君には不忠、親には不孝となってもいい、和平の大詔にそむいて何を策動し、どんな軽挙妄動をしたかったのか、自己否定しないで不忠の臣としてどういう生き方をしたのか見せて欲しかった。[12]

弟が兄に対して抱いた無念の願い、それは文字どおりの反逆にほかならなかった。不運な正しい人という自己像と決別し、罪を負う敗者として構築された主体を引き受けること、心優しき憤激から発して、しかし、「死」を別のものに脱領土化することで罪を負う敗者としての正しさに到ること、森﨑東がその独特の喜劇映画で実行してきたことはそのような反逆ではなかったのか。

後記(二〇一九年)――有罪性の社会的構築について

本書への収録にあたって初出論文に重要な変更を加えた。サブタイトルと本文中の「抵抗《レジスタンス》」をほとんど「反逆」に置き換えたことである。本章の議論の出発点は、ジョルジョ・アガンベンの文献学的考証を踏まえて、喜劇の主人公の有罪性を社会的に構築されたものとして理解することにあった。すなわち、主人公の自然＝本性《ナトゥーラ》は無垢であり、有罪であるのは人格＝仮面《ペルソナ》であること、それは法や規範の効果であること、それゆえ「法ないし規範を利用した「他人の面＝他の人格《ペルソーナ・アリエーナ》」との折衝を通して救済が可能になる」。その上で、森﨑東の〈喜劇〉における主人公を、法や規範に違反するがゆえの有罪性を引き受ける者と規定した。しかし、法や規範に反することを「抵抗」と表現したのは適切ではなかったと思う。有罪性の定義権はあくまでも法や規範を制定し運用する側に属する。丸山眞男が書いたように「何が反逆かを一般的に確定する必要は、通常は反逆者の側よりもむしろ反逆される側から起こって来る[13]」という意味で、権力の非対称を明確に表す「反逆」の語が妥当であると考え直したしだいである。

この反逆について、あと二点、手短に記しておきたい。

まず、森﨑映画における反逆は、第Ⅰ章の後記で述べたイデオロギー素と見なすことができる。歴史的現実の素材に形式的加工が施されて虚構の作品中で独自の観念や物語として機能する要素である。このことは、本章の初出論文が収録された『森﨑東党宣言！』の他の二人の寄稿者の文章を読んで気づかされた。

上野昻志は、森﨑東の「現実への、というか、かつてあったことへの強いこだわり」、あるいは「記憶の残余へのこだわり」に注目し、その映画作品における「物語に亀裂を起こすようなザラつき[14]」の感触を指摘しつつ、次のように述べる。

> これらの記憶の残余＝断片化された歴史は、あくまでも物語の狭間に、それこそ断片として現れるだけで、決してそれ自体が、全面的に展開されることはない。それは、原発であれコザ暴動であれ、それを主題化したとたんに、記憶の残余としての歴史が、物語になってしまうからだ。[15]

高橋洋は、森﨑映画の「無前提の地べたからの視線[16]」に注意を促し、この視線がとらえる「物質」の数々を指摘する。

> それらは自決した三國連太郎の背中から突き出す刃先や兄・森﨑湊『遺書』の、呪いが憑依したかのようにグワッと迫る文字、文字、文字と同等の「物質」レベルの先鋭さにおいて捉えられている。この「物質」の感触は、すでに『野良犬』で拳銃が隠された骨壺が皇居へと迫る描写によって試みられたことに近いのではないか（骨壺もまた森﨑映画には頻繁に登場する）。あの骨壺につきまと

うのは、いわば〝霊的テロ〟ともいうべき、具体的な行為とは異なる次元の〝儀式〟を呼び寄せる「物質」感なのである。伊藤裕一がクライマックスでまとう父の血まみれの軍服もまたそうした「物質」であり、伊藤には彼自身の情動を超えて、あの『遺書』の文字が乗り移っているかのようなのだ。[17]

さらに高橋はこう続ける。

そもそも原発というテーマもまた、しばしば誤解されるように、社会派的なテーマというよりは、作劇がその臨界点を超えることによってこそつかみとれるリアリティを求めて無理を承知で充填された「物質」なのであり、そうした事情は『ニワトリはハダシだ』で描かれる検察庁の汚職事件においても同様なのである。[18]

上野が謂う「記憶の残余としての歴史」も高橋の「物質」も、現実の素材が森﨑映画にどのように現れるかを問題にしている。これらは要するに、イデオロギー素の比喩と言ってよいだろう。イデオロギー素は「社会派的なテーマ」などと概括できるようなものではなく、作品中でザラザラした物質として機能するのだ。そして、森﨑映画においてその核心を占めるのが反逆にほかならない。

もう一つ書いておきたいことは、この反逆における「関係の絶対性」の意義である。もちろん、これは吉本隆明が「マチウ書試論」で提示した有名な概念だが、森﨑東が彼の自殺した兄と同年生まれの評論家から影響を受けたというような説を唱えたいわけではない。むしろ、森﨑映画における主要な行為者の表象を理解するのに有効な補助線になると思われるのだ。吉本自身は「秩序にたいする反逆、それへの加担というものを、倫理に結びつけ得るのは、ただ関係の絶対性という視点を導入することによってのみ可能である」と書いた[19]。吉本自身が説明していないために解釈の余地のあるこの「理念」について、田川建三は次のように注釈を加えている。

観念の場での思いこみ（自由な意思による選択）に対して、本当は現実の関係しか問題にならないのだ、ということをまず押さえておいた上で、その現実の関係に対して観念空間がどのような接点を持ちうるのか、もしくは、どのような接点を持ち直しうるのか、と問い返すところに生れたのが、吉本隆明の「関係の絶対性」の理念である[20]。

森﨑東の映画における罪ある敗者たちが強いられるのは、いわば、このような「関係の絶対性」を引き受けて生きることである。本章で取り上げなかった作品から例を挙げると、『ロケーション』（84）の笑子（美保純）は、ピンク映画の撮影の最後に、かつて自分が罪ある主体として構成されたその過程を再演するように追いつめられる。『ラブ・レター』（98）の白蘭《ぱいらん》（耿忠）は、入管の面接で偽装結婚をごまかすために、架空の新婚生活をままごとのように、しかし必死に演じてみせる。原作小説にはないこの場面での白蘭の、あらかじめ有罪性を引き受けた演技は圧倒的で、その独り芝居からユートピア的空間が出現する一瞬、映画は別の次元に移行する。

『ニワトリはハダシだ』（04）は、まさにこのような観点から評価されるべき作品ではないだろうか。この映画は、罪ある敗者がその有罪性を引き受ける以前に、有罪性それ自体の関係的基礎――「関係の絶対性」――を描いている。それはまさに、自然＝本性が無垢である少年に有罪者の人格＝仮面を強いること、汚職を暴く証言を封じるために知的しょうがい者を少年院に送ろうとする公権力の暴虐である。この映画が描くのは、有罪者の人格＝仮面をかぶせられてしまった登場人物がそれを引き受けた上で法ないし規範による「他人の面＝他の人格」との折衝を通して救済されるに至る過程ではない。むしろ、そもそもそのような有罪者を作ろうとする力の作動ぶりがこの映画のあからさまな主題なのだ。ところが、その事件の最終的な解決は権力を持つ人物の「自由な選択」に委ねられてしまう。有罪性の関係的基礎は「自由な選択」によって覆されることはないにもかかわらず、あたかも『スミス都へ行く』(39)の結末における悪徳上院議員の突然の回心のように――。しかし、活劇的定型を重ねてそこに至る古典的ハリウッド映画のような結末の採用自体が、「その現実の関係に対して観念空間がどのような接点を持ちうるのか、もしくは、どのような接点を持ち直しうるのか」という問いへの土壇場での答えだとしたらどうだろうか。映画の物語内容としては時代遅れの紋切型の解決と見えるものが、その映画作品の「現実の関係に対して」は、未来の反逆に向けての反時代的な希望なのだとしたら。

注

序章　アーカイヴの時代に映画を語る

(1) 詳細は本書巻末の「初出一覧」を参照していただきたい。
(2) 正式には「独立行政法人国立美術館 国立映画アーカイブ (National Film Archive of Japan〔略称ＮＦＡＪ〕)」。
(3) 蓮實重彥「文庫版あとがき」、『映画の神話学』ちくま学芸文庫、一九九六年、二七七頁。
(4) Shiguéhiko Hasumi, «Préface», *Yasujirô Ozu*. Traduit du japonais par Ryôji Nakamura, René de Ceccatty et l'auteur. Paris : Éditions de l'Étoile/Cahiers du cinéma, 1998, p. 11.
(5) 蓮實重彥『監督 小津安二郎〔増補決定版〕』ちくま学芸文庫、二〇一六年、四七五—四七六頁。
(6) 蓮實重彥「文庫版あとがき (一九九二年)」、『監督 小津安二郎〔増補決定版〕』四七三—四七四頁。
(7) 蓮實重彥「映画・この不在なるものの輝き」、『映画の神話学』一二頁。強調は原文。初出誌は『海』一九七〇年四月号。
(8) 蓮實「映画・この不在なるものの輝き」一〇頁。
(9) 蓮實「映画・この不在なるものの輝き」一四頁。
(10) 蓮實「映画・この不在なるものの輝き」一七頁。強調は引用者。
(11) 蓮實「映画・この不在なるものの輝き」一八頁。強調は引用者。
(12) 蓮實「映画・この不在なるものの輝き」三三頁。
(13) 蓮實「映画・この不在なるものの輝き」三六頁。
(14) 蓮實「映画・この不在なるものの輝き」四三頁。
(15) 蓮實「映画・この不在なるものの輝き」二四頁。

(16) 本の表題について著者は、すでに原著の「あとがき」で、「何ら正当な理由もないままとりあえず『映画の神話学』と出鱈目に題された」と、優雅なまでの率直さで（?）書いている。蓮實『映画の神話学』二七五頁。傍点は原文。なお、本書では慣例に従って表記したけれども、実は泰流社版の表題には議論の余地がある。カバーと本体については本文中で述べたとおりだが、扉には「［蓮實重彦］の［映画の神話学］」とあり、奥付は「［映画の神話学］」である。図書館の書誌情報で表題は扉の表記にもとづくことになっているそうで、国会図書館でも私の勤務先の大学図書館でも、OPACに出てくる本書の表題は『蓮實重彦の映画の神話学』である。ただしブラケット状の記号はない。

(17) 蓮實「あとがき」、『映画の神話学』二七五頁。

(18) 文庫版のデザインも鈴木一誌によるものだが、その表紙のデザインの工夫によってかろうじて原著の奔放な趣向の痕跡を残している。

(19) 蓮實「映画・この不在なるものの輝き」一四頁。

(20) 蓮實重彦と上野昂志はともに、映画批評誌『シネマ69』の創刊を契機として映画を論じ始めた。このあたりの批評的状況や問題関心をめぐる歴史的考察は面白いテーマだと思う。

(21) 上野昂志「ペンと箸を握る同じ手」、『沈黙の弾機——上野昂志評論集』青林堂、一九七一年、一六〇頁。初出誌は『シネマ70』一九七〇年三月号。

(22) 上野「ペンと箸を握る同じ手」一六二頁。強調は引用者。

(23) 上野「ペンと箸を握る同じ手」一六二頁。

(24) 上野「ペンと箸を握る同じ手」一六三頁。強調は引用者。

(25) 上野昂志「感動が示す感性の水準」、『沈黙の弾機』一七〇頁。初出誌は『シネマ70』一九七〇年六月号。

(26) 蓮實重彦「ハワード・ホークス、または映画という名の装置」、『映像の詩学』ちくま学芸文庫、二〇〇二年、六四頁。強調は引用者。

(27) 蓮實重彥「映画という名の装置――ハワード・ホークス論」、『國文學――解釈と教材の研究』一九七七年六月臨時増刊号、二〇頁。
(28) 蓮實重彥「あとがき」、『映像の詩学』五六九頁。強調は引用者。
(29) 藤井仁子「シネフィリアとモダニズム――ある映画の愛し方にかんする歴史的かつ理論的な省察」、『早稲田大学大学院文学研究科紀要』、第六一輯（二〇一五年度）、二〇一六年、三六頁。
(30) *Voyage to the Bottom of the Sea* (1961). AFI Catalog of Feature Films. URLは省く。二〇一八年九月三〇日確認。
(31) フロイト『フロイト全集5 夢解釈II』新宮一成訳、岩波書店、二〇一一年、四二六頁。Sigmund Freud, *Die Traumdeutung*. Frankfurt am Main: S. Fischer Verlag, 2001, S. 587. 強調は原文。
(32) ミシェル・フーコー『知の考古学』慎改康之訳、河出文庫、二〇一二年、二四五頁。「archive」は、この邦訳では「アルシーヴ」という訳語を与えられている。
(33) フーコー『知の考古学』三九四頁。強調は原文。
(34) フーコー『知の考古学』三九五頁。
(35) 蓮實「映画・この不在なるものの輝き」一一頁。
(36) 蓮實「映画・この不在なるものの輝き」一九頁。
(37) たとえば若き佐藤忠男は、批評の「主体性の確立」に関して、「芸術的価値というものは、作品の中に、物としてあるのではなく、作品から受けた刺激をもとにして、一人一人の観客が、その心の中で作りあげるものだと私は考えます」と明言した。佐藤忠男『日本の映画』三一書房、一九五六年、二〇七頁。ここに顕著に見られるのは「作品」の端的な否認である。芸術的価値なるものが作品の中に「物」としてあるのか、あるいは観客の「心の中で作りあげるもの」か、という単純な二項対立そのものが誤りであることは言うまでもない。
(38) 蓮實「映画・この不在なるものの輝き」一四頁。
(39) ジャック・デリダ『アーカイヴの病――フロイトの印象』福本修訳、法政大学出版局、二〇一〇年、一四〇―一四一頁。強調は原文。

(40) レイ・エドモンドソン『視聴覚アーカイブ活動――その哲学と原則』日本語版作成・映画保存協会、二〇一三年、六〇―六一頁。

(41) 一例として下記の論文を挙げておく。Katherine Groo, "Alice in the Archives," Paul Flaig and Katherine Groo eds., *New Silent Cinema*. New York: Routledege, 2016, pp. 17-37.

(42) ジャック・デリダ『マルクスの亡霊たち――負債状況＝国家、喪の作業、新しいインターナショナル』増田一夫訳、藤原書店、二〇〇七年。誤解を避けるためにことわっておくと、ここでの参照は必ずしもデリダの見解の支持を意味するわけではない。それどころか、特に階級の問題に対するデリダの姿勢は私には受け入れることができない。『マルクスの亡霊たち』を「階級政治の拒否」と批判され、デリダは、自分の考えはフレドリック・ジェイムソンが同書の書評で階級の問題について述べていることと同じだと答えた。ジャック・デリダ『マルクスと息子たち』國分功一郎訳、岩波書店、二〇一〇年、八三頁。Fredric Jameson, "Marx's Purloined Letter," Michael Sprinker ed., *Ghostly Demarcations: A Symposium on Jacques Derrida's* Specters of Marx. London: Verso, 2008, pp. 46-49. しかし、ジェイムソンが階級とその表象の現代的問題について真摯に論じたようなことを、デリダは『マルクスの亡霊たち』では示唆さえもせず、単に階級は取り上げるに値しないという態度を示していたのだから、この応答は誠実ではない。

(43) 鶴見俊輔「円朝における身ぶりと象徴」、『限界芸術論』ちくま学芸文庫、一九九九年、二七二頁。亀甲括弧内の補足は原文のまま。初出誌は『文学』一九五八年七月号。

(44) 鶴見「円朝における身ぶりと象徴」二七三頁。鶴見の引用の出典は、『円朝全集』巻の一、春陽堂、一九二八年、四四―四五頁。

(45) 鶴見「円朝における身ぶりと象徴」二七三頁。

(46) ホルクハイマー、アドルノ『啓蒙の弁証法――哲学的断想』徳永恂訳、岩波文庫、二〇〇七年、四四七頁。

原著刊行は一九四七年。

（47）Louis Althusser, «Le «Piccolo», Bertolazzi et Brecht (Notes sur un théâtre matérialiste)», *Pour Marx*. Paris: Éditions La Découverte, 2005, pp. 150–151. 初出は一九六二年。引用文は拙訳。邦訳書は、ルイ・アルチュセール「「ピッコロ」、ベルトラッチーとブレヒト――唯物論的な演劇にかんする覚書」、『マルクスのために』河野健二・田村俶・西川長夫訳、平凡社ライブラリー、一九九四年、二六〇頁。

Ⅰ　**敗戦後日本のヘテロトピア――映画の中のヤミ市をたずねる**

（1）同様の立場から無声映画期の都市表象を論じたのが、中村秀之『瓦礫の天使たち――ベンヤミンから〈映画〉の見果てぬ夢へ』せりか書房、二〇一〇年、第4章「逃げ去る都市」。

（2）ミシェル・フーコー「他者の場所――混在郷について」工藤晋訳、『ミシェル・フーコー思考集成』第X巻、筑摩書房、二〇〇二年、二八〇頁。

（3）松浦寿輝「スクリーンの裏側で」『現代詩文庫101　松浦寿輝詩集』思潮社、一九九二年、一一五頁。傍点による強調は原文。

（4）Michel Foucault, «Des espaces autres», *Dits et écrits 1954–1988 IV 1980–1988*. Paris: Gallimard, 1994, p. 756.

（5）川本三郎『銀幕の東京――映画でよみがえる昭和』中公新書、一九九九年、ii頁。

（6）川本『銀幕の東京』四―六頁。

（7）蓮實重彦『監督　小津安二郎〔増補決定版〕』ちくま学芸文庫、二〇一六年、一九九―二〇一頁。

（8）高階秀爾「東京に景観と呼べるものはあるか――都市のイメージの四要素」、『東京人』一九八七年九／一〇月秋季号、三二―四一頁。

（9）蓮實『監督　小津安二郎』二〇〇頁。

（10）川本『銀幕の東京』六頁。

(11) 本書三一一―三一二頁。

(12) 『歴史の授業』のドキュメントの面に関して私はスピルバーグの『ミュンヘン』(05)を連想してしまう。ミュンヘン事件の報復としてイスラエルの暗殺チームがパレスチナ人を暗殺する最初の場所がローマである。この二本の作品には互いによく似たショットが現れる。スピルバーグが「一九七〇年代初頭のローマ市街」を再現するにあたってストローブ゠ユイレを参照したのではないかという妄想さえ湧いてくるほどだ。それは、車のすぐ横をかすめてオートバイが爆音を立てて追い越してゆくのを車内のカメラから撮ったショットである。なお、『ミュンヘン』のローマの場面は、実際にはブダペストやマルタ島で撮影されたという。Movie-Locations.com [http://www.movie-locations.com/movies/m/Munich.php] IMDb, Filming Locations [https://www.imdb.com/title/tt0408306/locations?ref_=ttspec_ql_5] 二〇一八年九月九日確認。

(13) ミシェル・フーコー「ヘテロトピア」佐藤嘉幸訳、『ユートピア的身体/ヘテロトピア』水声社、二〇一三年。以上の引用元は、順に、四一頁、四九―五〇頁、四八頁。

(14) もちろん、フーコー自身が挙げているヘテロトピア――庭園、墓地、売春宿、監獄、船、鏡像、劇場、そして映画館(!)など――が映画によって表象されるとき、同様の事態が、しかしそれぞれに固有の様相で生じることになる。

(15) 橋本健二・初田香成編著『盛り場はヤミ市から生まれた・増補版』青弓社、二〇一六年、一五―一六頁。

(16) 橋本・初田『盛り場はヤミ市から生まれた・増補版』二五六―二五七頁。

(17) 映画の夜と歴史の昼という隠喩、そして両者の中間の薄明に身を置く方法については、中村秀之『敗者の身ぶり――ポスト占領期の日本映画』岩波書店、二〇一四年を参照していただけると幸いである。

(18) 佐藤忠男『映画の中の東京』平凡社ライブラリー、二〇〇二年、一一五頁。

(19) 中村秀之「ヤミ市映画。空想の映画祭のために。」、『東京人』二〇一五年九月号、八九頁。

(20) 前掲『東京人』の「ヤミ市を歩く」特集号の表紙は一九四六年ごろの上野アメ横のヤミ市の俯瞰写真である。

高架線の下に並ぶ露店の様子や、『東京人』の写真の左上の隅と『雷雨』のショットの中央左寄りによく似た建築物が見えることなどから、前者は同じヤミ市を後者の中央奥に白く見えるビルから撮った光景と思われる。

(21) フーコーは「ヘテロトピアは極めて頻繁に、時間の特異な切り取りに関係している」と、ヘテロトピアと時間との結びつきを指摘し、「ヘテロクロニー〔異時間〕」という概念も提案している。フーコー「ヘテロトピア」四三頁。

(22) 佐藤忠男『黒澤明作品解題』岩波現代文庫、二〇〇二年、九一―一〇七頁。北村洋『敗戦とハリウッド――占領下日本の文化再建』名古屋大学出版会、二〇一四年、六二―六七頁。なお、私はまだ『新馬鹿時代』を見る機会を得ていない。

(23) 佐藤『黒澤明作品解題』九三―九四頁。

(24) 黒澤明『全集 黒澤明』第二巻、岩波書店、一九八七年、一〇八頁。

(25) 当初の構想では、映画の最後は松永の死体がヤミ市の通りを運ばれる光景だった。ハリウッド的なハッピーエンディングを求めたGHQ／SCAPへの対応として、結末は健気に病気と闘う少女に希望を託す形に改変された。北村『敗戦とハリウッド』六四―六六頁。しかし、すでに物干し場での最期によって、映画は松永に救済を与えていると言ってよいのではないか。

(26) 逆井聡人「戦災復興と闇市――『20年後の東京』と『野良犬』にみる闇市の役割」、『言語情報科学』第一三号、二〇一五年、九七頁。

(27) 逆井「戦災復興と闇市」九八頁。傍点は引用者。

(28) 村上忠久「日本映画批評「私刑」」、『キネマ旬報』一九五〇年三月上旬号、五三頁。

(29) 「久我美子の好演を得ての桑子の生態にはアプレゲール的存在の面白さがよく出ていた」。村上「日本映画批評「私刑」」五三頁。

(30) この地区の「戦災復興過程」について詳述しているのは、石榑督和『戦後東京と闇市――新宿・池袋・渋谷の形成過程と都市組織』鹿島出版会、二〇一六年、三五三―三六七頁。特に「恋文横丁」の由来については三五九頁。
(31) このような場所は、フーコーが「生物学的ヘテロトピア」と呼ぶものに近い。それは「「生物学的に危機の状態にある」個人に割り当てられる」場所である。フーコー「ヘテロトピア」三八頁。
(32) 中村『敗者の身ぶり』第VI章。
(33) 竹中和雄「成瀬巳喜男の映画と「浮雲」の美術」、国立歴史民俗博物館・安田常雄編『歴博フォーラム 戦後日本の大衆文化――総合展示室第6室〈現代〉の世界』聞き手・安田常雄、東京堂出版、二〇一〇年、一〇〇頁。傍点による強調は引用者。
(34) 映画はほとんど踏み込んでいないが、原作では「野天の闇市」の「地獄極楽の境い目」の苛酷さが生々しく語られている。増田小夜『芸者――苦闘の半生涯』平凡社ライブラリー、一九九五年、一五五―一六二頁。
(35) 松平誠『ヤミ市 幻のガイドブック』ちくま新書、一九九五年、一〇頁。
(36) アンドレ・バザン「西部劇、あるいは典型的なアメリカ映画」、『映画とは何か(下)』野崎歓・大原宣久・谷本道昭訳、岩波文庫、二〇一五年、二〇頁。
(37) もう一本は中国戦線を舞台とした『阿片台地 地獄部隊突撃せよ』(66)であり、独立プロの作品である。二〇一五年にニュープリントでリバイバル上映されて話題になった。
(38) 藤井仁子「撮ることの条件としての〈在日〉――戦後六十年目の加藤泰『男の顔は履歴書』」、『日本に生きるということ――境界からの視線』(山形国際ドキュメンタリー映画祭2005 特集カタログ)、山形国際ドキュメンタリー映画祭事務局/プラネット映画資料図書館、二〇〇五年、八八頁。
(39) ピーター・ブルックス『メロドラマ的想像力』四方田犬彦・木村慧子訳、産業図書、二〇〇二年。
(40) 山田和夫「日本映画批評「懲役十八年」」、『キネマ旬報』一九六七年四月下旬号、八五頁。
(41) これもフーコーがヘテロトピアの特徴の一つと見なしたものだ。そこは「移行に、変容に、再生の辛苦に結びついている。［…］それらは子供を大人に、村人を市民に、世間知らずを利口者にするべきもの」である。制度的には近代の規律訓練の装置である学校や兵舎や監獄が該当する。フーコー「ヘテロトピア」四五頁。

(42) 吉見俊哉『ポスト戦後社会』岩波新書、二〇〇九年。

(43) 渡辺武信『日活アクションの華麗な世界 1954-1971』（合本）、未來社、二〇〇四年。「ニューアクション」という呼称とその特徴は五一〇―五一一頁、『鮮血の記録』については六〇九―六一〇頁に言及がある。

(44) 川本三郎『今ひとたびの戦後日本映画』岩波現代文庫、二〇〇七年の「三船敏郎と復員兵」と「帰ってきた男たち――復員兵を描く映画」の章。志村三代子「復員兵という名の「怪人」――戦後の〈恐怖〉映画におけるジェンダーをめぐって」、黒沢清・吉見俊哉・四方田犬彦・李鳳宇編『スクリーンの中の他者』（日本映画は生きている・第四巻）、岩波書店、二〇一〇年、八九―一一一頁。

(45) 松竹の『あゝ声なき友』（72）にもヤミ市が登場する。全滅した分隊で、病気で離脱したため一人だけ生き残った西山民次（渥美清）が、戦友から預かった遺書を届けるために日本各地の遺族を訪ね歩く物語である。占領軍の残飯を「進駐軍放出　栄養シチュー」と称して荒稼ぎしている辰一（財津一郎）を手伝った西山は、戦前に板前として修業した腕を見込まれ、辰一が計画している小料理屋への協力を求められる。しかし西山は遺書の配達に人生を捧げることを選ぶ。本文で論じた映画とはジャンルも異なり、ヤミ市が反‐再教育の機能を持つわけでもない。けれども、一度はヤミ市に身を置きながら半ば復員兵にとどまり続ける人物が、同時代の別種の作品に描かれていることは記憶にとどめておきたい。

(46) 小林信彦『紳士同盟』一九八〇年、新潮社、六六頁。

(47) 小林『紳士同盟』一二頁。傍点は原文。

(48) 野坂昭如「発刊によせて」、尾津豊子『光は新宿より』K&Kプレス、一九九八年、二頁。

(49) 佐藤『映画の中の東京』三六頁。

(50) ミハイル・バフチン『小説の言葉』伊東一郎訳、平凡社ライブラリー、一九九六年、一四四―一四五頁。ジユリア・クリステヴァ『テクストとしての小説』谷口勇訳、国文社、一九八五年、一八―二〇頁。

(51) フレドリック・ジェイムソン『政治的無意識――社会的象徴行為としての物語』大橋洋一・木村茂雄・太田耕人訳、平凡社ライブラリー、二〇一〇年、一二七頁。

(52) ジェイムソン『政治的無意識』一五〇頁。

(53) Fredric Jameson, "Authentic Ressentiment: The 'Experimental' Novels of Gissing," *Nineteenth-Century Fiction*, 31(2), 1976, pp. 127–149.

(54) フレドリック・ジェイムソン『目に見えるものの署名――ジェイムソン映画論』椎名美智・武田ちあき・末廣幹訳、法政大学出版局、二〇一五年、二三九頁。

(55) ジェイムソン『目に見えるものの署名』三三二頁。

(56) 大阪・焼跡闇市を記録する会編『大阪・焼跡闇市』夏の書房、一九七五年。猪野健治編『東京闇市興亡史』草風社、一九七八年。

Ⅱ 出会いそこないの道程――黒澤明とアメリカ

(1) たとえば、«La ligne de demarcation: Entretien avec Jean-Marie Straub et Danièle Huillet», in Patrice Rollet and Nicolas Saada eds., *John Ford*. Paris : Éditions de l'Étoile/Cahiers du cinéma 1990, pp. 102–105. また、タグ・ギャラガーの次の評論も興味深い。Tag Gallagher, "Lacrimae Rerum Materialized," *Senses of Cinema*, 2005. http://sensesofcinema.com/2005/feature-articles/straubs/ 二〇一八年八月一六日確認。

(2) 北村洋『敗戦とハリウッド――占領下日本の文化再建』名古屋大学出版会、二〇一四年、一七五―一七九頁。

(3) 北村洋「トランス・ナショナル・オーディエンスの形成――淀川長治と『映画の友』」、藤木秀朗編『観客へのアプローチ』(日本映画史叢書⑭)、森話社、二〇一一年。北村『敗戦とハリウッド』第八章。

(4) 黒澤明「アメリカ映画の故郷――僕の好きな演出家たち」、『映画之友』一九四六年一一月号、七頁。黒澤明

『全集 黒澤明』第二巻、岩波書店、一九八七年、二七九頁。黒澤明による雑誌記事は初出誌から引用した。以下同様。

（5）淀川長治『淀川長治 自伝』上巻、中公文庫、一九八八年、三六九頁。

（6）黒澤明『蝦蟇の油——自伝のようなもの』岩波現代文庫、二〇〇一年、一三七—一四一頁。

（7）黒澤明「一番美しく」、『新映画』一九四三年三月号、ページ番号なし。傍点は原文。黒澤明『全集 黒澤明』第一巻、岩波書店、一九八七年、三八〇頁。

（8）黒澤「一番美しく」、『全集 黒澤明』第一巻、三八一頁。「飯塚機」とは、映画の中で、機体が損傷したため米軍施設に体当りした飯塚大尉（三田国夫）の搭乗機を意味する。真珠湾攻撃で戦死して勇士として讃えられた飯田房太大尉（死後、二階級進級により中佐）をモデルとしていると思われる。飯田大尉らの「武勲」は新聞で大きく報道された。『朝日新聞』一九四二年七月八日朝刊、一頁。『読売新聞』一九四二年七月八日朝刊、三頁。「飯塚機」という簡単な表現はそのような文脈に依存している。なお、「尊き犠牲」とは、当該の場面に出る説明字幕の文言である。

（9）黒澤「一番美しく」、『全集 黒澤明』第一巻、三八二頁。

（10）黒澤『蝦蟇の油』二七五頁。

（11）黒澤『蝦蟇の油』二五九頁。

（12）黒澤「アメリカ映画の故郷」七頁。『全集 黒澤明』第二巻、二八一頁。

（13）黒澤明「映画の編集について」『キネマ旬報』一九四八年一月下旬号（再建二六号）、一五頁。『全集 黒澤明』第二巻、三〇〇頁。

（14）黒澤明「健全なる企業精神」、『映画之友』一九四七年一〇月号、七頁。『全集 黒澤明』第二巻、二九五頁。

（15）Office of Strategic Services, Research Analysis Branch, "Report No. 1307 Japanese Films: A Phase of Psychological Warfare. An analysis of the themes, psychological content, technical quality, and propaganda value of twenty recent

Japanese films," 30 March 1944, p. 13. UCLA, Young Research Library 所蔵のコピー（No. 87）を閲覧した。

(16) 黒澤『蝦蟇の油』二五九―二六二頁。

(17) この作品の詳細は以下を参照していただけると幸いである。中村秀之『敗者の身ぶり――ポスト占領期の日本映画』岩波書店、二〇一四年、「付録「我らを滅ぼせ」――『ビハインド・ザ・ライジング・サン』（一九四三）の良い日本人」。

(18) 中村『敗者の身ぶり』第I章。

(19) 黒澤『蝦蟇の油』二七〇頁。

(20) 東京国立近代美術館フィルムセンター監修『戦時下映画資料 第2巻 映画年鑑 昭和18・19・20年』、日本図書センター、二〇〇六年、六一八、六二一、六四〇頁。

(21) 野上照代監修『虎の尾を踏む男達』解説書、『黒澤明――The Master Works 3 DVD Boxset』東宝株式会社、二〇〇三年。

(22) 廣澤榮『日本映画の時代』（同時代ライブラリー）、岩波書店、一九九〇年、一二一頁に掲載されている『歌へ！太陽』のスチルに、『虎の尾を踏む男達』の集合写真と同じ服装の轟夕起子が写っている。

(23) 黒澤『蝦蟇の油』二七〇頁。

(24) 黒澤『蝦蟇の油』二七〇頁。

(25) 黒澤明「ロンドン・パリ十日間」、『キネマ旬報』一九五七年一二月上旬号、六一頁。黒澤明（著）浜野保樹（編・解説）『大系 黒澤明』第二巻、講談社、二〇〇九年、二九一頁。

(26) CIA (Central Intelligence Agency): "A Look Back ... John Ford: War Movies" [https://www.cia.gov/news-information/featured-story-archive/john-ford.html] 二〇一八年九月七日確認。

(27) AFI (American Film Institute): *They Were Expendable* [http://www.afi.com/members/catalog/DetailView.aspx?s=&Movie=24619] 二〇一八年九月七日確認。

（28）Tag Gallagher, *John Ford: The Man and His Films.* Berkeley: University of California Press, 1986, p. 218.
（29）Joseph McBride, *Searching for John Ford: A Life.* New York: St. Martin's Press, 2001, p. 415.
（30）McBride, *Searching for John Ford*, p. 507.
（31）淀川『淀川長治　自伝』下巻、中公文庫、一九八八年、五六頁。
（32）The Lilly Library, Indiana University: The John Ford Papers［http://www.indiana.edu/~liblilly/guides/ford/johnford.shtml］二〇一八年九月七日確認。
（33）田草川弘『黒澤明 vs. ハリウッド――『トラ・トラ・トラ！』その謎のすべて』文春文庫、二〇一〇年。以下、この本からの引用や参照に際して出典は本文中に頁数を記す。
（34）黒澤『蝦蟇の油』二七六―二七七頁。
（35）中村『敗者の身ぶり』第Ⅳ章。
（36）吉見俊哉『親米と反米――戦後日本の政治的無意識』岩波新書、二〇〇七年、一六頁。
（37）淀川長治「解説　黒澤明の命の本」、黒澤『蝦蟇の油』三六七頁。
（38）一九三〇年代後半のグループ・シアター時代のリー・J・コッブについては、断片的な記述ながら次の文献が参考になる。Harold Clurman, *The Fervent Years: The Group Theatre and the Thirties.* New York: Da Capo Press, 1975, pp. 220, 233, 278.
（39）McBride, *Searching for John Ford*, pp. 478–479.
（40）ヴィクター・S・ナヴァスキー『ハリウッドの密告者――一九五〇年代アメリカの異端審問』三宅邦子訳、論創社、二〇〇八年、三九四頁。
（41）これまでに私は、非米活動委員会での証言に関するリー・J・コッブ自身の回想を目にする機会を得ていない。コッブの証言によって苦境に追いやられた元の友人たちの発言はいくつか活字になっている。なかでも次のインタビュー集に収録されたジュールス・ダッシン監督とアニメ作家のフェイス・ハブリーの言葉は、彼らが負った傷の深さをよく伝えている。Patrick McGilligan and Paul Buhle, *Tender Comrades: A Backstory of the Hollywood Blacklist.* New York: St. Martin's Griffin, 1997, pp. 213–214, 299–300.

（42）中村秀之「ポスト占領期黒澤明論」、『思想』第九八〇号（「戦後六〇年」特集）、二〇〇五年、一四七、一六二頁。

Ⅲ　占領下アメリカ製教育映画についての覚書——ナトコ（映写機）とCIE映画

（1）ここでの「非劇場」という概念については次の文献を参照した。谷川建司『アメリカ映画と占領政策』京都大学学術出版会、二〇〇二年、一七二頁。

（2）阿部彰『戦後地方教育制度成立過程の研究』風間書房、一九八三年、六八五—七四二頁。阿部彰『人間形成と学習環境に関する映画資料情報集成』風間書房、一九九二年、一三九—一六一頁。谷川『アメリカ映画と占領政策』一七二—一七七、二四二—二五〇頁。

（3）阿部『戦後地方教育制度成立過程の研究』七一六—七一八頁。

（4）田中純一郎『日本教育映画発達史』蝸牛社、一九七九年、一六九—一七五頁。

（5）谷川『アメリカ映画と占領政策』二四二頁によれば、ロバーツの名前は名簿の上では九月に再び登場する。

（6）阿部『戦後地方教育制度成立過程の研究』六九〇—六九七頁。

（7）阿部『戦後地方教育制度成立過程の研究』七〇六頁。このときの「ＣＩＥフィルム紛失報告書」の写真が掲載されている。

（8）谷川『アメリカ映画と占領政策』二四七頁。

（9）『USIS FILM CATALOG FOR JAPAN 1953／ＵＳＩＳ映画目録 1953』、Distribution Section, Motion Picture Branch, American Embassy, 1953.

（10）阿部『戦後地方教育制度成立過程の研究』七二二—七二九頁。

（11）本稿の初出時（『CineMagaziNet!』第六号、二〇〇二年）には作品リストを付したけれども、ここでは割愛する。当該サイトを参照していただきたい。http://www.cmn.hs.h.kyoto-u.ac.jp/CMN6/nakamura.htm　書籍としては、次の文献に「CIE映画全リスト」が掲載されている。土屋由香『親米日本の構築——アメリカの対日情報・教育政策と日本占領』明石書店、二〇〇九年、二九五—三〇七頁。

（12）阿部『戦後地方教育制度成立過程の研究』七三〇—七三三頁。阿部『人間形成と学習環境に関する映画資料情報集成』一五四頁。

（13）Raymond Fielding, *The March of Time, 1935–1951*. New York: Oxford University Press, 1978.

（14）谷川『アメリカ映画と占領政策』一七二—一七七頁。

（15）木村哲人『テレビは真実を報道したか——ヤラセの映像論』三一書房、一九九六年、二〇—二五頁。

Ⅳ　敗者の映像——CIE映画教育と日本製CIE映画

（1）大島渚『体験的戦後映像論』朝日選書、一九七五年、九頁。

（2）ヴァルター・ベンヤミン、浅井健二郎訳「歴史の概念について」、浅井健二郎編訳『ベンヤミン・コレクションⅠ　近代の意味』ちくま学芸文庫、二〇〇四年、第二版、六五一頁。

（3）大島『体験的戦後映像論』一九頁。

（4）谷川建司『アメリカ映画と占領政策』京都大学学術出版会、二〇〇二年。土屋由香『親米日本の構築——アメリカの対日情報・教育政策と日本占領』明石書店、二〇〇九年。

（5）高萩龍太郎『視聴覚わが道わが人生』ダイニチ出版、一九九〇年、二〇—二一頁。

（6）田中純一郎『日本教育映画発達史』蝸牛社、一九七九年、一六九—一七一頁。

（7）『映画教室』は一九五〇年六月に『映画教育』と改題し、さらに一九五一年四月に『視聴覚教育』へと誌名を変えた。

（8）高萩『視聴覚わが道わが人生』五〇—五三頁。
（9）高萩『視聴覚わが道わが人生』一五—一六頁。
（10）田中『日本教育映画発達史』一七四頁。同頁に、高萩、ジャドソン、檜垣、半田が並んだ写真が掲載されている。
（11）波多野完治「本書に寄せて」、高萩『視聴覚わが道わが人生』四頁。
（12）『教育映画』の原本は国会図書館が第一号のみを所蔵している。同憲政資料室のプランゲ文庫のコレクションに第一号と第二号のマイクロフィッシュが含まれている。
（13）『みんなの学校［*Everyone's School*］』は実在のCIE映画の一本である（CIE番号一八、一九四八年四月一日公開）。
（14）高萩龍太郎「今月のCIE教育映画から」、『映画教育』一九五〇年一〇月号、三六頁。
（15）阿部彰『戦後地方教育制度成立過程の研究』風間書房、一九八三年、七二一—七二二頁。
（16）羽仁進「記録映画の特殊な発展」、佐藤忠男・羽仁進他共著『レンズからみる日本現代史』現代思潮社、一九五九年、二三三頁。なお、この本の奥付には「一九五四年十月第一刷」と記されている。しかし、岩崎昶による「まえがき」の日付は「一九五九年八月」であり、本文中でも『鍵』（大映）や『人間の壁』（山本プロ）など一九五九年の作品が言及されている。奥付の発行年は明らかに誤植である。
（17）谷口正幸「ナトコを中心とした青年学級の運営　石川県鶴来町公民館」、『公民館月報』、第四九号、一九五二年一〇月、五—六頁。
（18）阿部『戦後地方教育制度成立過程の研究』七二二頁。
（19）映教研究室「CIE教育映画に何を要望するか」、『映画教室』一九四九年六月号、一五頁。
（20）亀井実「ナトコの次に来るもの」、『映画教育』一九五〇年六月号、四頁。『母三人』は同名の無声映画が戦前に複数製作されているが、ナトコが発声映写機であることからすると、ここで言及されているのは、水戸光子、三益愛子、入江たか子という豪華キャストの新作（大映、一九四九年四月封切、小石栄一監督）の一六ミリ版であったかもしれない。当時流行した「母もの」映画の一本である。また、ＣＩＥ教育映画の上映会で劇映画が併映されていたことは多くの資料で確認できる。

(21) 神奈川県視覚教育係長の報告にも「一番希望する映画は？　或る田舎の映画会での調査、娯楽映画（面白い劇）、漫画、……教育映画は面白くない、むづかしい、かたすぎるから嫌いだと、あゝ私達の努力が足りない」とある。関晶「ナトコ三百六十五日」、『映画教室』一九五〇年四月号、五頁。「むづかしい、かたすぎる」と表現された不満の根底には、本文で述べたような合意圧力に対する抵抗があったのかもしれない。

(22) 映教研究室「ＣＩＥ教育映画に何を要望するか」一五頁。

(23)「映教ニュース」、『映画教室』一九四八年七月号、一七頁。

(24) この談話は一九四九年三月八日に近畿地区視覚教具本部で開催された全国視覚教具本部長会議で発表された。日本の製作会社を経営的に支援する意図もあったかもしれない。「映教ニュース」、『映画教室』一九四九年五月号、三〇頁。

(25) 日本製ＣＩＥ映画については特に以下の先行研究が重要である。柴静子「占領下の日本における家庭科教育の成立と展開（Ⅱ）――ＣＩＥ教育映画「明るい家庭生活」の製作」、『中国四国教育学会　教育学研究紀要』第四一巻第二部、一九九五年、三七三―三七八頁。土屋『親米日本の構築』一七〇―一八〇頁。同書三〇八―三〇九頁には日本製ＣＩＥ映画五四本のリストが掲載されている。

(26) Documentary and Educational Film Activities #1 CIE(A)02369. 国会図書館憲政資料室所蔵。

(27) 土屋由香によれば、『腰のまがる話』は農林省の指導の下に一般の教育映画として製作され、のちにＣＩＥ映画として採用された可能性が強い。土屋『親米日本の構築』一六七頁。

(28)「時報」、『視聴覚教育』一九五一年四月号、五八頁。

(29)『わが街の出来事』を、二年後に公開される黒澤明の『生きる』（52、東宝）と比較してみるのも一興かもしれない。『生きる』では、地域の衛生問題の解決を求めて市役所に陳情に出かけた元気な主婦たちが、不治の病に犯された主人公の市民課課長が行動を開始するや、その後ろをぞろぞろついてゆくだけの物言わぬ集団と化してしまうのである。

(30) 横山宏・小林文人編『公民館史資料集成』エイデル研究所、一九八六年、九六―一〇四頁。

(31) 小林文人「解題　公民館の拡充運動」、横山・小林『公民館史資料集成』三九九頁。

(32) 益川浩一『戦後初期公民館の実像――愛知・岐阜の初期公民館』大学教育出版、二〇〇五年、八―九頁。

(33) 水縄村は一九四八年の優良公民館、柳津町、帯広市、苗羽村は一九四九年の優良公民館、菅田町は同年の準優良公民館である。「公民館の新しい発展のために　第二回優良公民館表彰座談会」、『社会教育』一九五〇年三月号、五〇―六二頁など。大津市も「滋賀県大津市公民館ではナイトスクールを開いている」と注目されていた。文部省社会教育課「県外公民館の実状について」、『埼玉県公民館誌』一九四八年七月号、横山・小林『公民館史資料集成』三六二頁に引用。菅田町公民館については、益川『戦後初期公民館の実像』（一六六―一七七頁）が、映画で紹介されている製パン室や美容室、図書館や「公民館式結婚」への言及も含めて詳しい。なお、前述の石川県鶴来町公民館は一九五二年に優良公民館表彰を受けた。

(34) 林克馬『公民館の体験と構想』印刷庁、一九五〇年七月。

(35)『わたしの大地』の英語タイトル *This Land Is Mine* は、ジャン・ルノワールの一九四三年のＲＫＯ作品の原題と同じである。この映画は日本では劇場未公開だが『自由への闘い』という邦題でＤＶＤが市販されている。ルノワールのこの作品が外国軍隊に占領された市民の服従と武力抵抗を誠実に描いた劇映画であることは、この場合、ちょっとした意図せざる皮肉と言ってもよいかもしれない。

(36) 二上信爾『教育委員会による地方教育行政』朝日新聞調査研究室報告・社内用一六、一九五〇年三月一日、一七二頁。

(37) 二上『教育委員会による地方教育行政』一七八―一八〇頁。

(38)『いとしき子らのために』の英語タイトルは *Children's Guardian* である。

(39) 日本製ＣＩＥ映画には、クレジットされていないことがほとんどであるけれども有名な俳優が何人か出演している。『公民館』の取材者を演じているのは下元勉だと思う。また、花沢徳衛は東宝争議で馘首されたあと、しばらく短編映画で仕事をした。ＣＩＥ映画については回想録の中で、「その頃アメリカ軍から、占領政策を宣伝する為の映画の発注がしばしばあった」と書いている。花沢徳衛『脇役誕生』岩波書店、一九九五年、一〇二頁。事実、花沢は『いとしき子らのために』では地元のボスの子分を演じ、『農村の生活改善』などにも登場する。田中筆子も花沢と同様ＣＩＥ映画でよく見かける俳優である。

Ⅴ　「暁にあう」まで――「岩波映画」と見ることの社会的創造

(1) 草壁久四郎『映像をつくる人と企業――岩波映画の三十年』みずうみ書房、一九八〇年、五一頁。

(2)『キネマ旬報』の日本短編映画ベスト・テンは一〇人の評論家やジャーナリストが各一〇点満点で採点する方式で、『ひとりの母の記録』が合計八五点、『かえるの発生』が八三点、『教室の子供たち』は七四点を獲得した。

(3) にもかかわらず『ひとりの母の記録』をめぐってその再現的演出を批判する声が上がり論争が展開された事実はよく知られている。この論争の概略については吉原順平の整理が有益である。吉原順平『日本短編映像史――文化映画・教育映画・産業映画』岩波書店、二〇一一年、一六八―一七六頁。しかし、ほかならぬその時期にそのような論争が起こった事情についての踏み込んだ検討、特に当時の「記録」をめぐる言説の領域横断的な分析は今後の課題として残されている。

(4) 映画だけでなく、スライドや写真の製作、さらに、それらの配給や販売も行った。

(5)「短編」は英語で「short」だが、それと対比される「長編」は「long」ではなく「feature film」であり、映画館のメイン・アトラクションとなる長編劇映画を意味する。かつて実写やアニメーションの「short」は、ニュース映画（newsreel）とともに「feature」の前座として上映プログラムの中で安定した位置を与えられていた。
（6）吉原『日本短編映像史』vii頁。
（7）吉原『日本短編映像史』viii頁。
（8）時事通信社編『映画年鑑 一九五一年版』時事通信社、一九五一年、七四頁。
（9）羽仁進「記録映画の特殊な発展」、佐藤忠男・羽仁進他共著『レンズからみる日本現代史』現代思潮社、一九五九年、二二七頁。本書の発行年については第IV章の注16を参照のこと。
（10）村山英治「映画に生きる（私的回想）」、村山英治ほか編『桜映画の仕事 1955→1991』桜映画社、一九九二年、二二五頁。
（11）財団法人日本証券投資協会『小史』財団法人日本証券投資協会、一九六八年、二三—二四頁。証券図書館（日本証券経済研究所）所蔵。
（12）町村敬志「戦後日本における映像体験と社会統合——映画『佐久間ダム』上映過程と「観る」主体の形成」、『一橋社会科学』第一巻、二〇〇七年、二二二—二七九頁。
（13）ただし、社会科教材映画の利用に関する議論においては、戦前からの映画教育の伝統を踏まえ、映像と教育の関係をめぐって水準の高い論争が行われた。この点は本書第VI章で詳論する。
（14）落合矯一「今月の教材映画から」、『映画教育』一九五〇年、一〇月号、三四頁。
（15）関野嘉雄「今月の教育映画から 鑑賞指導と学習指導の手引 佐久間ダム」、『視聴覚教育』一九五四年七月号、三七頁。
（16）英映画社版がつまらない映画だと言いたいわけではない。岩波版にはない飯場の生活の情景など興味深い場面を含む十分に見応えのあるドキュメンタリーである。
（17）佐藤忠男『日本記録映像史』評論社、一九七七年、一四六—一四七頁、傍点による強調は原文のまま。
（18）かとう「短編映画」、『キネマ旬報』一九五五年三月下旬号、八二—八三頁。

(19) 羽仁「記録映画の特殊な発展」二四三頁、傍点は原文。
(20) 寺田寅彦「映画時代」、小宮豊隆編『寺田寅彦随筆集』第二巻、岩波文庫、一九六四年、二七七頁。初出は『思想』一九三〇年九月号。
(21) 寺田「映画時代」二七八頁。傍点は引用者。
(22) 中谷宇吉郎「視覚教育について」『信濃教育』第七六六号、一九五〇年一〇月、八頁。一九五〇年七月、信濃教育講座東信会場での講義。「文責は筆記者にある」と注記されている。
(23)『佐久間ダム』が一九五四年度『キネマ旬報』短編映画ベスト・ワンに選出されたのを受けて発表された「「良心の灯」を守るもの」は、吉野馨治の貴重な署名入り文章である。吉野馨治「「良心の灯」を守るもの」、『キネマ旬報』一九五五年二月下旬号、一〇四頁。
(24) 野田真吉『日本ドキュメンタリー映画全史』社会思想社、一九八四年、一一三頁。
(25)『チョコレートと兵隊』は、第二次世界大戦中、アメリカの戦略諜報局（OSS）が敵国のプロパガンダ映画と国民性の研究の一環として日本映画を調査した際に対象となった一本であり、フランク・キャプラ監督が絶賛したと伝えられている。なお国立映画アーカイブが所蔵するプリントはカリフォルニア大学ロサンゼルス校（UCLA）のアーカイブから寄贈されたものである。
(26) 羽仁進「羽仁進監督の語る岩波映画（聞き手：入江良郎・岡田秀則）」、『NFCニューズレター』第三五号、二〇〇一年、六頁。
(27) 岩波映画製作スタッフ「「蝿のいない町」に関連して」、『視聴覚教育』一九五一年五月号、二三頁。

Ⅵ 見えるものから見えないものへ――『社会科教材映画大系』と『はえのいない町』

(1) 大野連太郎「社会科教材映画大系の製作」、『視聴覚教育のあゆみ』日本映画教育協会、一九七八年、九六―一〇七頁。田中純一郎『日本教育映画発達史』蝸牛社、一九七九年、一九八―二〇〇頁。吉原順平『日本短編映像史——文化映画・教育映画・産業映画』岩波書店、二〇一一年、一四三—一五一頁。

（2）「常総コレクション」については次の文章に詳しく述べられている。村山英世「二人の教育者と「常総コレクション」」、丹羽美之・吉見俊哉編『戦後復興から高度成長へ——民主主義・東京オリンピック・原子力発電』（記録映画アーカイブ2）、東京大学出版会、二〇一四年、三三—五九頁。

（3）社会科の成立を実証的に明らかにした片上宗二は、成立過程の起点を一九四三年のアメリカにおける対日教育政策の立案開始に置き、終点を、小中学校だけでなく高等学校における社会科のカリキュラムが明らかになった一九四七年四月とする。片上宗二『日本社会科成立史研究』風間書房、一九九三年、二三頁。

（4）これまでの学習指導要領は、国立教育政策研究所のウェブサイト「学習指導要領データベース」で手軽に読むことができる。http://www.nier.go.jp/guideline/　二〇一八年九月八日確認。

（5）小原友行『初期社会科授業論の展開』風間書房、一九九八年、三—四頁。谷本美彦は、高等学校における歴史や地理も含む単なる時期区分としての「成立期社会科」と、「日本の社会科の原型」となる教科原理を内包した「初期社会科」の概念を明確に区別すべきだと主張した。谷本によれば、そのような「初期社会科」の原理を端的に述べているのは、数種の学習指導要領のうち、一九四七年の小中学校対象の『学習指導要領　社会科編』である。谷本美彦「初期社会科教科課程史研究（I）——初期社会科の概念と分析視角」、『宮城大学教育学部紀要　社会科学』第六一号、一九八七年、九九—一一〇頁。谷本美彦「初期社会科教科課程史研究（II）——初期社会科の概念と分析視角」、『宮城大学教育学部紀要　社会科学』第六二号、一九八七年、四七—六一頁。

（6）川口市新教育研究会と中央教育研究所、および両者の関係の詳細については、村山「二人の教育者と「常総コレクション」」が簡潔にまとめている。また、伏木久始「川口プランのカリキュラム開発プロセス」、『信州大学教育学部紀要』第一一三号、二〇〇四年、一三五—一三七頁における聴き取り調査にもとづいた事実関係の整理は参考になる。

（7）村本精一「内容構成の基礎としての社会調査」、中央教育研究所・川口市社会科委員会『社会科の構成と学

習』金子書房、一九四七年、二五頁、傍点は引用者。
（8）村本「内容構成の基礎としての社会調査」二六頁。傍点は引用者。
（9）伏木「川口プランのカリキュラム開発プロセス」一三九頁。傍点は引用者。
（10）村本「内容構成の基礎としての社会調査」二八頁。ブラケット内の［…］は引用者による省略を示す。なお、当初は「特殊な機能」として家庭を第八の機能としたが、改訂版では削除されたという。
（11）村本「内容構成の基礎としての社会調査」二九頁。
（12）『社会科教材映画大系（原案）』日本学校映画教育連盟、出版年の表記なし、二頁。傍点は引用者。岩手大学図書館の所蔵本を参照した。
（13）国立教育政策研究所「学習指導要領データベース」。http://www.nier.go.jp/guideline/s23es/chap2.htm　二〇一八年九月八日確認。
（14）「社会科教材映画大系一覧表」、『社会科教材映画大系（原案）』折り込み。この「一覧表」は、『映画教室』第四巻第一号、一九五〇年一月、二一頁に掲載されている。
（15）国立教育政策研究所「学習指導要領データベース」http://www.nier.go.jp/guideline/s23es/chap1.htm　二〇一八年九月八日確認。
（16）この事実を指摘したのは、二〇一一年三月六日のワークショップにおける私の発表――本書末尾の「初出一覧」を参照していただきたい――が初めてだと思う。
（17）しかも、原案では「両方から考慮して行き」としているが、「一覧表」の構成は「社会機能」を優先し、「基底単元」は該当するものを挙げるという形になっているように、『大系』が「川口プラン」の分類に則ったものであるのは間違いない。
（18）伏木「川口プランのカリキュラム開発プロセス」一三七、一四三頁。
（19）矢口新「社会学習の視覚化」、『映画教育』一九五〇年六月号、六頁。

(20)矢口新「目を養う教育の方法について」、『映画教室』一九四九年四月、八―九頁。
(21)矢口「社会学習の視覚化」九頁。傍点は引用者。
(22)矢口「社会学習の視覚化」九頁。
(23)田中『日本教育映画発達史』一七六―一七七頁。吉原『日本短編映像史』一二七―一二八、一四二―一四三頁。
(24)矢口新「転換期に立つ映画教育運動」、『映画教室』一九四九年七月号、六頁。
(25)矢口新「転換期に立つ映画教育運動」八頁。
(26)吉原『日本短編映像史』一四三頁。
(27)吉原『日本短編映像史』一四一頁。
(28)村山「二人の教育者と「常総コレクション」」五〇頁。
(29)田中『日本教育映画発達史』七九―八四頁。
(30)「社会科教材映画大系はどうして生まれたか――大系映画の製作着手までの経過」による。『映画教室』一九五〇年一月号、ページの記載なし。
(31)「社会科教材映画大系の製作に就いて」一九五〇年一月号、二二頁。
(32)「社会科教材映画大系はどうして生まれたか」には先に述べた研究会と長野大会の関係が述べられていないが、おそらく、研究会での成果を踏まえ、矢口新が中心となって「映画教室」を批判し、『大系』の構想を提示したのだと思われる。矢口「転換期に立つ映画教育運動」(注24)が『映画教室』に掲載されたのは長野大会の二カ月後である。
(33)審議会のメンバーは次のような顔ぶれである。海後宗臣(東京大学教授)、梅根悟(東京教育大学教授)、長坂端午(文部省事務官・社会科)、阪本越郎(同・視覚教育)、大野連太郎(同・社会科)、上田薫(文部省事務官)、関野嘉雄、矢口新、小川一郎、矢谷芳雄(東京都指導主事)。このうち、海後、梅根、矢口は「川口プラン」の中心的存在だった。また、前述の映教の研究会のメンバーが三人とも名を連ねている。ちなみに文部省の上田、大野、長坂は、一九五五年の学習指導要領改訂に対抗し、「初期社会科の理念を継ぐ」ことを目的として、五八年に「社会科の初志をつらぬく会」を結成する。加藤賢一・倉本哲男「社会科教育における人間形成論に関する一考察――「社会科の初志を貫く会」の理論的見解を中心に」、『佐賀大学文化教育学部研究論文集』第一五巻第二号、二〇一一年、二八三頁。

(34) 高萩龍太郎「教材映画大系の構想」、『キネマ旬報』一九五〇年四月上旬号（再建七九号）、六二頁。傍点は引用者。

(35) 羽仁進「記録映画の特殊な発展」、佐藤忠男・羽仁進他共著『レンズから見る日本現代史』現代思潮社、一九五九年、二三八―二三九頁。傍点は引用者。

(36) 関口敏雄・加納龍一・阿部慎一「教材映画はこうして作られている」、『視聴覚教育』一九五二年一月号、三四頁。

(37) 関口・加納・阿部「教材映画はこうして作られている」三四頁。

(38) 金沢嘉市・室井光義・日下部しげ・宮永次雄（司会）「映画教材はぜいたくか」、『視聴覚教育』一九五二年一月号、三七頁。

(39) 高萩龍太郎『視聴覚わが道わが人生』ダイニチ出版、一九九〇年、一四七頁。

(40) 高萩『視聴覚わが道わが人生』一五四頁。

(41) 草壁久四郎が伝えるところによれば、高萩は、『大系』の初期の作品『はえのいない町』について「社会科というものの精神を具体的に見せられた気がした」と語ったという。草壁久四郎『映像をつくる人と企業――岩波映画の三十年』みずうみ書房、一九八〇年、二六頁。しかし、その「精神」がどのようなものかについての説明はない。また、残念ながら、この高萩の発言の典拠も示されていない。

(42)「教材としての映画のありかた」（座談会）、『映画教室』一九五〇年五月号、三―五頁。

(43) 村山英治「教育者の頭と作家の眼」、『映画教育』一九五〇年九月号、三頁。
(44) 岩井龍也「単元学習と視覚教材」、『映画教室』一九四九年一二月号、九頁。この前後の岩井からの引用で注を付していないものは、すべて同所からである。
(45) 岩井「単元学習と視覚教材」一〇頁。
(46) 大野連太郎「単元学習における視覚的方法――視覚教材の活用について」、『映画教育』一九五〇年一一月号、七頁。
(47) 大野「単元学習における視覚的方法」九頁。
(48) 大野「単元学習における視覚的方法」九頁。傍点は引用者。
(49)「教材としての映画のありかた」四頁。
(50) 関野『映画教育の理論』小学館、一九四二年、三二六頁。引用は、牧野守監修『日本映画論言説大系 第Ⅰ期 戦時下の映画統制 2 映画教育の理論』ゆまに書房、二〇〇三年、三四六頁より。
(51)「動く掛図」論争については、トーキー移行期の技術革新の文脈に位置づけて論じている次の論文がとりあえず参考になる。田村謙典「美学的な映画・複製技術としての映画――1930年代の映画教育論争=「動く掛図」論争をめぐって」、『マス・コミュニケーション研究』第七〇号、二〇〇七年、二一三―二三二頁。
(52) 関野嘉雄・矢口新「映画教育の根本問題に就いて」、『映画教室』一九五〇年一月号、一〇頁。
(53) 関野嘉雄「百聞と一見と――実地・視覚的手段・言語」、『映画教育』一九五〇年六月号、一三―一四頁。
(54) 岩井「単元学習と視覚教材」一〇頁。
(55) 田中『日本教育映画発達史』一九九頁。吉原『日本短編映像史』一四七頁。
(56)「社会科教材映画大系 シナリオ 蝿のいない町」、『映画教育』一九五〇年六月号、三二一―三三二頁。
(57) 社会科教材映画大系審議会監修『社会科教材映画大系指導書 はえのいない町』教材映画製作協同組合、発行年の記載なし。著者の所蔵資料。

（58）『社会科教材映画大系指導書　はえのいない町』。『大系』の『指導書』はどの教材も基本的に同じ構成をとっているが、スタッフについては明記していないものが多い。
（59）秋山邦晴『日本の映画音楽史　1』田畑書店、一九七四年、二八九頁。
（60）『社会科教材映画大系（原案）』一九頁。
（61）この点については次の座談会における吉見俊哉の発言も参照されたい。とちぎあきら・藤幡正樹・村山英世・吉見俊哉・丹羽美之（司会）「〈座談会〉記録映画の保存と活用に向けて」、丹羽美之・吉見俊哉編『岩波映画の1億フレーム』（記録映画アーカイブ1）、東京大学出版会、二〇一二年、三三八頁。
（62）『飛来する疫病』は次のDVDボックスに収録されている。*Walt Disney On the Front Lines: The War Year*. Buena Vista Home Entertainment Inc., Dept., 2004. この二枚組のDVDは、第二次世界大戦中にディズニー・スタジオが政府からの委嘱で製作した宣伝アニメや教育アニメを収録している。戦略爆撃の効果について啓蒙し、爆撃機増産運動を支援することを目的とした有名な長編アニメ『空軍力による勝利［*Victory through Air Power*］』（43）も含まれる。
（63）原田健一「解説」「第六章　『日本敗れたれど』と記録映画の周辺」『占領期雑誌資料大系　大衆文化編　V　占領から戦後へ』岩波書店、二〇〇九年、二四七頁。
（64）慶應義塾大学図書館（三田）所蔵の原典を閲覧した。
（65）『社会科教材映画大系（原案）』一八頁。
（66）社会科教材映画大系審議会監修『社会科教材映画大系指導書　伝染病とのたたかい』教材映画製作協同組合、発行年の記載なし、著者の所蔵資料、五頁。
（67）『社会科教材映画大系指導書　伝染病とのたたかい』四頁。
（68）五十嵐惠邦『敗戦の記憶——身体・文化・物語　1945-1970』中央公論新社、二〇〇七年、一〇六—一一五頁。
（69）デイヴィッド・ボードウェル、クリスティン・トンプソン『フィルム・アート　映画芸術入門』、藤木秀朗

監訳、飯岡詩朗・板倉史明・北野圭介・北村洋・笹川慶子訳、名古屋大学出版会、二〇〇七年、五〇二頁。
(70)『社会科教材映画大系指導書 はえのいない町』五頁。
(71) 落合矯一「今月の教材映画から」、『映画教育』一九五〇年一〇月号、三四頁。
(72) 村治夫「「蠅のいない町」をつくったころ」、『友 Iwanami Hall』第五号(岩波映画25周年記念特集)、一九七五年、一一頁。
(73) 作品冒頭の弁当箱の蓋についたご飯粒にたかる蠅と、結末の蠅がたかった魚を積んだトラックの荷台は、蠅が金属の四角いフレームの中にいるという点で視覚的に対応している。一方は小さく、部屋の内部に置かれていて、他方は大きく、戸外を移動するというコントラストもある。

Ⅶ 活動とは別の仕方で――土本典昭の作品における映画的身体の生成

(1) 実際には、この時期、土本典昭は「ノンフィクション劇場」の企画を三本、並行して手がけた。もう一本は『ある受験浪人の青春』である。
(2) 引用・参照の出典は本文中でそのつど挙げるけれども、この件についての土本典昭自身の主な関連文献を列挙しておく。『水俣の子は生きている』については、一九七一年の「水俣病の五年前と今日――映画で見た患者さんの世界」、『映画は生きものの仕事である』(新装版)未來社、二〇〇四年、四三―四五頁、一九七二年の「映画『水俣』の背景」、同書六二―六七頁、一九七五年の「逆境のなかの記録」、『逆境のなかの記録』(新装版)未來社、二〇〇四年、九三頁、『わが映画発見の旅――不知火海水俣病元年の記録』ちくまぶっくす、一九七九年、四〇―四一頁、『水俣映画遍歴――記録なければ事実なし』新曜社、一九八八年、五〇―五一頁。『留学生チュア スイ リン』については、一九六五年の「プロセスの中の《作家》として――映画『留学生チュア スイリン』の記録」、『映画は生きものの仕事である』七九―九二頁、一九七二年の「映画は生きものの仕事である」、同書一一五―一一七頁。また、石坂健治によるインタビューでのそれぞれの作品についての発言を参照されたい。土本典昭・石坂健治『ドキュメンタリーの海へ――記録映画作家・土本典昭との対話』現代書館、二〇〇八年、一〇四―一〇七、一〇九―一一〇、一一四―一一五頁。以下、土本典昭の単独の著作については著者名を省く。

（3）他の主題についてであれば、土本典昭の映画の画面を対象とした優れた作品論はすでにいくつか書かれている。特に次の二本は必読である。鈴木一誌「運命の小片――土本典昭『医学としての水俣病』」、『画面の誕生』みすず書房、二〇〇二年、二八六―二八八頁。石坂健治「繊細なる加担者――土本典昭論」、土本・石坂『ドキュメンタリーの海へ』三三六―三五一頁。

（4）『水俣映画遍歴』二八八頁。

（5）土本・石坂『ドキュメンタリーの海へ』一〇六頁。

（6）土本・石坂『ドキュメンタリーの海へ』一一〇頁。

（7）アンドレ・バザン「映画言語の進化」野崎歓訳、『映画とは何か（上）』野崎歓・大原宣久・谷本道昭訳、岩波文庫、二〇一五年、一〇五頁。強調は原文。

（8）バザン「映画言語の進化」一一二頁。強調は原文。

（9）バザン「映画言語の進化」一一〇―一一一頁。強調は引用者。

（10）『水俣映画遍歴』二八八頁。

（11）かつて私は土本典昭の「初期作品」について公の場で話す機会を与えられたことがある。本節にはその講演と重複する箇所があることをおことわりしておく。「『ある機関助士』と土本典昭の初期作品」、「ドキュメンタリー作家 土本典昭」展ギャラリー・トーク、東京国立近代美術館フィルムセンター、二〇〇九年八月一日。なお、講演原稿の全文は下記のウェブサイトで読むことができる「土本典昭の一〇〇年の海へ」関連文書 #03 [http://wcnt2009.blogspot.com/] 二〇一八年九月九日確認。

（12）土本・石坂『ドキュメンタリーの海へ』四一頁。

(13) Hannah Arendt, *The Human Condition.* Second Edition. Chicago: The University of Chicago Press, 1998. ハンナ・アレント『人間の条件』志水速雄訳、ちくま学芸文庫、一九九四年。邦訳書では「活動性［activity］」、「労働［labor］」、「仕事［work］」、「活動［action］」と訳されていて一般にも定着している。しかし、日本語の語義の点であまり適切な訳語と思われないので、本章では「労働」を除いて定訳に従わない。

(14) アレント『人間の条件』一六頁。

(15) カメラとカメラマンも板切れに乗って追いかけた。同じような撮影法を、文化映画の名作として知られる『或日の干潟』(40、理研科学映画)の画面に見ることができる。

(16) ディディエ・アンジュー『皮膚‐自我』福田素子訳、言叢社、一九九三年が参考になる。

(17) 「映画紹介 迫力もつ記録映画 国鉄PR映画『ある機関助士』」、『国鉄動力車』五七八号、一九六三年五月一三日、二頁。

(18) 前述した組合機関紙の好意的な映画評は、単に組合が協力したからというだけでなく作品のこのような出来栄えが理由だったはずである。

(19) 土本・石坂『ドキュメンタリーの海へ』八二頁。

(20) 土本・石坂『ドキュメンタリーの海へ』九二—九三頁。

(21) 土本・石坂『ドキュメンタリーの海へ』九六頁。

(22) 土本が喜びなき街の喜びなき労働を描いたのはこれが初めてではない。テレビ『日本発見シリーズ』の『東京都』(62製作)がすでにそうだった。この映画では、たとえば新宿駅の朝のラッシュ時に通勤客が電車に詰め込まれる光景が風俗的描写の域をはるかに越える物質的抵抗感においてとらえられていた。また、都心の大食堂に勤める地方出身の娘たちが狭い控室でひしめき合いながらいっせいに脚を投げ出して休憩をとっている光景も忘れがたい。『東京都』と『ドキュメンタリー 路上』は、どちらもスポンサーの意にそわずに「お蔵入り」となった。首都を下層で支える労働者の実態を描くことはPR映画にふさわしくないということだったのか。

(23)『水俣映画遍歴』三六―三七、四一頁。
(24) 土本・石坂『ドキュメンタリーの海へ』一〇六頁。
(25) 原田正純『水俣病』岩波新書、一九七二年、八六頁。
(26) 原田『水俣病』六〇―六一頁。
(27) 小林直毅「総説「水俣」の言説的構築」、小林直毅編『「水俣」の言説と表象』藤原書店、二〇〇七年、五八―五九頁。
(28) 藤田真文「ニュース報道における「水俣」の表象」、小林『「水俣」の言説と表象』二六八頁。
(29)『水俣映画遍歴』三六頁。
(30) 日吉フミコ「水俣病とのたたかい」、『社会主義』一九六八年九月号、八四頁。
(31) 原田『水俣病』八六頁。
(32) 原田『水俣病』七七頁。
(33)『わが映画発見の旅』四〇頁。
(34)『水俣映画遍歴』五〇頁。
(35)「逆境のなかの記録」、『逆境のなかの記録』九三頁。傍点は引用者。
(36)『水俣映画遍歴』五〇頁。土本は別の機会に、母親は子どもをいったん「家に入れて、扉を閉め、子どもを置いて外に出てきて、怒鳴りつづけているわけです」と語った。土本『映画は生きものの仕事である』六七頁。映画の中で、ケースワーカーが「多発地帯」を訪れたとき、庭先で作業をしている人々の中で一人の女性がカメラの方を振り返ると、急に立ち上がって子どもを抱き上げ、奥へ消えてゆく。これが土本の書いている出来事かどうかはわからないが、少なくともそのような動きが画面の端に写し込まれていることに留意したい。
(37)『水俣映画遍歴』四一頁。
(38)『水俣映画遍歴』五二頁。

(39)『水俣映画遍歴』四八頁。
(40)「映画『水俣』の背景」、『映画は生きものの仕事である』六六―六七頁。傍点は引用者。
(41)『逆境のなかの記録』九三頁。
(42)『水俣映画遍歴』五一頁。
(43)「映画『水俣』の背景」、『映画は生きものの仕事である』六六頁。
(44)『水俣映画遍歴』四一頁。この行為についての土本の回想には揺らぎがある。一九八八年刊行の『水俣映画遍歴』では、土本が西北ユミに指示して目張りを剝がさせたという記述がある(四三頁)。ところが、晩年の石坂健治によるインタビューでは「僕が剝がしている」と語っている(一〇六頁)。
(45)この表現は、「無為の共同体」をめぐるジャン＝リュック・ナンシーの議論を念頭に置いている。ジャン＝リュック・ナンシー『無為の共同体――哲学を問い直す分有の思考』西谷修・安原伸一朗訳、以文社、二〇〇一年。しかしここでは、〈不活動〉と関連しそうな概念に関して「無為」というこなれた表現は採用しない。日本語として「怠惰」のニュアンスを拭うのが難しい上に、仏教的な意味を歴史的に背負ってもいるからである。
(46)「プロセスの中の《作家》として」、『映画は生きものの仕事である』七九―九二頁。初出一九六五年七月。
(47)「プロセスの中の《作家》として」、『映画は生きものの仕事である』八八頁。
(48)田中宏「歴史のなかの群像」、永井道雄・原芳男・田中宏『アジア留学生と日本』NHKブックス、一九七三年、四五―一二六頁。特に一〇〇―一〇九頁。土本の映画に言及しているのは、田中宏『在日外国人 第三版――法の壁、心の溝』岩波新書、二〇一三年、九―一五頁。
(49)田中「歴史のなかの群像」一〇七頁。
(50)「プロセスの中の《作家》として」、『映画は生きものの仕事である』八一頁。
(51)「プロセスの中の《作家》として」、『映画は生きものの仕事である』八四頁。
(52)「プロセスの中の《作家》として」、『映画は生きものの仕事である』九〇頁。

(53)「映画は生きものの仕事である」、『映画は生きものの仕事である』一一七頁。
(54)「映画は生きものの仕事である」、『映画は生きものの仕事である』一一六頁。
(55) 深夜の団交の現場に居た田中宏は、後年、次のように書いた。「この言葉を学長にぶつけなければならないほど、チュア君は追い込まれていたのだ。君の苦しみは私が判っているから、この場では発言してほしくないと、彼を押えようとしていたその時の自分の傲慢さを恥じたことを思い出す」。田中「歴史のなかの群像」一〇四頁。傍点は引用者。この誠実な回想を映画に照らして言い換えるなら、「わたし」もまたチュア君を〈不活動〉の状態に置く力学に加担していた、という自省にほかならないだろう。画面に映っているチュア君の〈不活動〉は、そのような「関係」の表象でもあったのかと、深く考えさせられる証言である。

Ⅷ 声と顔のアレンジメント――『水俣―患者さんとその世界』論

(1) 土本典昭「映画と現実とのかかわりについて」（初出一九七六年、以下同様）、『逆境のなかの記録』（新装版）未來社、二〇〇四年、三六二頁。以下、土本典昭の著作については著者名を略す。
(2)「患者の世界からの逆照射」（一九七〇）、『映画は生きものの仕事である』（新装版）未來社、二〇〇四年、二九頁。以下、本書は『生きもの』と略記する。
(3) ジル・ドゥルーズは、現代映画における「全体」とは、二つのイメージの間、あるいは音声と画面との間などの「間隙」から侵入する〈外〉であると考える。G. Deleuze, *Cinéma 2. L'image-temps*, Paris: Les Éditions de minuit, 1985, pp. 233-236（宇野邦一・石原陽一郎・江澤健一郎・大原理志・岡村民夫訳『シネマ2＊時間イメージ』法政大学出版局、二〇〇六年、二五〇―二五三頁）。
(4)「かくれ水俣病――『水俣――患者さんとその世界』にひそむ特異な光景」（一九七一）、『生きもの』五三頁。同書収録の採録シナリオ、三一二頁も参照されたい。
(5)「映画『水俣一揆』のまえとあと」（一九七三）、『生きもの』二二四―二二五頁。

(6) このテレビ・ドキュメンタリーの制作の経緯については『水俣映画遍歴――記録なければ事実なし』新曜社、一九八八年の「*camera eye 2*『水俣の子は生きている』一九六五年」の章に最も詳しい。
(7)「*camera eye 9* 記録映画作家の原罪」(一九七八)、『水俣映画遍歴』二九七頁。この一節については鈴木一誌が「絶対価としての体験」という視点から論じている。「運命の小片 土本典昭『医学としての水俣病』、『画面の誕生』みすず書房、二〇〇二年、二八六―二八八頁
(8) 渡辺京二「解説 石牟礼道子の世界」、石牟礼道子『苦海浄土 わが水俣病』(新装版)講談社文庫、二〇〇四年、三七一頁。
(9)『水俣映画遍歴』二八八頁。
(10)『水俣映画遍歴』四三頁。
(11) 後に土本は「映画はどのように〝心の中で言っていること〟を撮ったらよいであろうか」と、あらためて自問するだろう。『水俣映画遍歴』二九〇頁。しかし一九七〇年、最初は『告発・'70・水俣』と名づけられた映画にとって、課題は明らかに異なっていた。
(12)「映画は生きものの仕事である」(一九七二)、『生きもの』一一三頁。
(13)「発端から映画まで」(演出ノートより)、『生きもの』三四頁。実際のクランク・インは、一九七〇年六月二八日に東京告発の発会式に参列した渡辺栄蔵の撮影だった。「映画『水俣』をつくらせたもの」(一九七一)、『生きもの』三八―三九頁。
(14)「映画『水俣』の背景」(一九七二)、『生きもの』七五頁。
(15)「映画班」の熊本市から水俣市への移動については、熊本の水俣病を告発する会の機関紙『告発』第一四号(一九七〇年七月二五日付)が「〝患者の深みから〟水俣病記録映画スタート」という見出しで報じている。また、「撮影日誌」の一部が掲載された上映用チラシは、石坂健治による長時間インタビューをまとめた『ドキュメンタリーの海へ――記録映画作家・土本典昭との対話』現代書館、二〇〇八年、一五三頁に掲載されている。

（16）赤崎覚「深き淵より叫ぶ」（『告発』一九六九年八月号）、石牟礼道子編『水俣病闘争　わが死民』（復刻版）、創土社、二〇〇五年、五六頁。

（17）映画に登場する人物の名前は、映画自体が字幕で示している場合と、そうでなくても文献から判る場合がある。本章では論述の必要に応じて、それらの氏名を敬称抜きで記した。

（18）採録シナリオ、『生きもの』二六一頁。

（19）藤原敏史監督の『映画は生きものの記録である　土本典昭の仕事』（07）の中で、土本典昭は、本文で取り上げた坂本マスヲの語りが画面とはまったく別の状況で録音されたときの胸を打つ逸話を披露している。

（20）録音技師・本間喜美雄との対談における発言。シグロ編『ドキュメンタリー映画の現場――土本典昭フィルモグラフィから』現代書館、一九八九年、一〇五頁。

（21）「ぼくは負けいくさを怖れずの気持ちです、勝っていく方向に撮れる時代ではないですから　ドキュメンタリーの現在」（土本典昭インタビュー、聞き手・蓮實重彦）『リュミエール』第七号、一九八七年、一八七頁。

（22）「『三里塚――第二砦の人々』――小川紳介・小川プロ私論」（一九七一）、『生きもの』一一一頁。

（23）「映画は生きものの仕事である」（一九七二）にも、『三里塚――第二砦の人々』における「フル・シンクロ（全同時録音方式）による長いショットの意識的使用」について「これはおどろくべき一つの到着点であろう」とある。『生きもの』一三四頁。なお、小川紳介自身の見解は、「同期性にこだわる現場主義」（一九七三）で力強く語られている。山根貞男編『映画を穫《と》る――ドキュメンタリーの至福を求めて』筑摩書房、一九九三年、一〇一―一一〇頁。

（24）「水俣と映画の間」（一九七三）、『生きもの』二二一頁。傍点は原文のまま。ただし、この時期においても土本は「シンクロ信仰はしない、つまり物神信仰はしません。結局、それをどう使うかは心だと言っているんです」と明言している。「映画『水俣一揆』の提起するもの――現代における記録映画運動の課題」（一九七三）、『生きもの』二三八頁。

(25)「『三里塚――第二砦の人々』」『生きもの』一一一頁。
(26) 赤崎「深き淵より叫ぶ」(『告発』一九七〇年三月号)、五八頁。
(27) 尾上光雄の場面の直後の短い場面に登場する田上義春は、病気のために人生観が変わり、人間を相手にするのがわずらわしくなって、もっぱら動物を相手にするようになったという意味のことを語る。しかし渡辺京二による聞き書きにおいては、そのわずらわしさは「病気になってうまく口が利けんもんですから、苦痛感がある」ということに由来するのだと説明されている。田上義春「蜜蜂の国」、石牟礼編『わが死民』八五頁。
(28) 採録シナリオ、『生きもの』二六九頁。
(29) 非同期の問題を扱っているわけではないが、映画における声と身体の分裂的関係をめぐって、Michel Chion, *La voix au cinéma*. Paris: Éditions de l'étoile / Cahiers du cinéma, 1982. 特に、"En souffrance de corps" の章が参考になる。英訳は、*The Voice in Cinema*, translated by Claudia Gorbman, New York: Columbia University Press, 1999.
(30) 採録シナリオ、『生きもの』二五九頁。
(31) ミシェル・シオン『映画にとって音とはなにか』川竹英克、J・ピノン訳、勁草書房、一九九三年、六五頁。
(32) 私はこの女性の言葉を細部まで正確に聞き取ることができないので、採録シナリオから引用する。『生きもの』二九七頁。
(33)「映画『水俣』をつくらせたもの――内なる〝委員会〟の倫理」(一九七一)、『生きもの』三七頁。
(34)「映画は生きものの仕事である」(一九七二)、『生きもの』一三四―一三五頁。
(35) 渡辺京二「解説・患者の声」、石牟礼編『わが死民』五〇頁。
(36)「映画は誰も、お前に作ってくれと世界が頼むものではない。自分の勝手であり自分の道楽だと私は規定している。私の道であり私の快楽なのだ」。「映画『水俣』をつくらせたもの」、『生きもの』三九頁。
(37)「映画は生きものの仕事である」、『生きもの』一三五頁。
(38)「内なる委員会」については「映画『水俣』をつくらせたもの」、『生きもの』三九頁、「コミューン」に関しては「映画は生きものの仕事である」、『生きもの』一一八頁。

（39）「かくれ水俣病――『水俣――患者さんとその世界』にひそむ特異な光景」（一九七一）、『生きもの』五三頁。

（40）「土着」を「浮遊」させるという本来的な力能にもかかわらず、『不知火海』の土本典昭自身やジャン＝マリー・ストローブとダニエル・ユイレが成し遂げてきたように、あたかも時間の潜在的な成層として特定の〈場所〉を出現させるかのような映画がある。事態を写真映像のインデックス性に帰着させてすませるのではなく、むしろ「浮遊」化の先にある「再創造」の成果として、そのような作品を論じる必要があるだろう。

（41）この旅については『水俣映画遍歴』に詳しい。

（42）「「水俣病」を撮る心」（一九七一）、『生きもの』四八頁。傍点による強調は引用者。

（43）石牟礼道子「散乱放逸もすてられず」（一九七〇）、石牟礼編『わが死民』一三一頁。

（44）石牟礼「散乱放逸もすてられず」、石牟礼編『わが死民』一三二頁。

（45）「一つのフィルムのつよさとは技術的なこととしてではなく、総体が如何に生きた体になっており、屍体縫合を拒否するか」。「映画は生きものの仕事である」、『生きもの』一三四頁。

（46）古代ギリシャ語の「カオス」に「混沌」や「無秩序」の意味はなかった。ヘシオドスの『神統記』におけるこの語の意味については多くの文献があるけれども、ここではその一つを引いておく。「ギリシャ語の'chaos'は、今日我々がカオスという語によって考えているものとはちがい、むしろ「割れ目」とか「隙間」とかを意味していた」。ジョージ・トムソン『最初の哲学者たち』出隆・池田薫訳、岩波書店、一九五八年、一七三頁。

Ⅸ　ゆく者を送るまなざし――高峰秀子と顔の時

（1）高峰秀子『わたしの渡世日記』上、文春文庫、一九九八、三四一頁。以下、この本の参照ないし引用にあたっては、このように上下巻の別と頁数のみ本文中の該当箇所に記す。

（2）東京国立近代美術館フィルムセンター監修『戦時下映画資料　第2巻　映画年鑑　昭和18・19・20年』日本図

書センター、二〇〇六年、六〇八、六二〇頁。

(3) 山本嘉次郎『カツドウヤ自他伝』昭文社出版部、一九七二年、三六一頁。

(4) 山本嘉次郎『カツドウヤ水路』筑摩書房、一九六五年、二五一頁。

(5) 森岩雄『私の藝界遍歴』青蛙房、一九七五年、一六九頁。

(6) 中村秀之「特攻隊表象論」、倉沢愛子ほか編『戦場の諸相』(岩波講座アジア・太平洋戦争5)岩波書店、二〇〇六年、三〇一―三三〇頁。中村秀之『特攻隊映画の系譜学――敗戦日本の哀悼劇』岩波書店、二〇一七年。

(7) 自伝文学研究で知られるフィリップ・ルジュンヌは自伝と小説の違いに関して次のように述べている。「自伝と小説を区別するのは、証明できない歴史的正確さなどではなく、自分の生涯をあらためて把握し理解しようという誠実な企図なのだ。重要なのはそのような企図が存在するかしないかであって、究極的には決定しがたい作家の誠実さではない」。フィリップ・ルジュンヌ『フランスの自伝――自伝文学の主題と構造』小倉孝誠訳、法政大学出版局、一九九五年、二五頁。傍点は原文のまま。

(8) 高峰はこの記事について、谷崎の告別式から「二、三日経った新聞」に載ったと書いている。そこで私は一九六五年八月上旬の主要な全国紙とスポーツ新聞を国会図書館で調べてみたが、問題の記事を発見することはできなかった。『日刊スポーツ』(東京)一九六五年八月四日(水)一一頁には、「泣きふす高峰秀子」という見出しで、高峰が「ことばにならず泣き伏した」と書かれているけれども、演技だと揶揄したりはしていない。なお、当時のスポーツ新聞は必ず映画関係の話題に一ページ分の紙面をさいていた。

(9) 大澤浄「子役、娘役そして…デコちゃんが創った映画の世界」、『第一六回日本映画シンポジウム――高峰秀子 追悼記念シンポジウム「映画渡世50年」』、明治学院大学、二〇一一年六月一八日。以下、大澤浄の見解はこの口頭発表の原稿による。原稿なのでページは省略する。参照と引用を許可してくださった大澤氏に謝意を表する。

(10) 吉田裕『日本の軍隊』岩波新書、二〇〇二年、二〇六頁。

（11）ベラ・バラージュ『映画の理論』佐々木基一訳、学藝書林、一九九二年、七九頁。
（12）中村秀之『敗者の身ぶり――ポスト占領期の日本映画』岩波書店、二〇一四年、第VI章。
（13）すべて朝刊の一一頁。この文章の抜粋が下記に収録されている。高峰秀子『忍ばずの女』中公文庫、二〇一二年、六九―七九頁。

X　特攻隊が似合わない男――高倉健の不穏な肉体

（1）渡辺武信『ヒーローの夢と死――映画的快楽の行方』思潮社、一九七二年、一五二頁。
（2）渡辺『ヒーローの夢と死』一五三頁。
（3）渡辺『ヒーローの夢と死』一五三頁。傍点は引用者。
（4）渡辺『ヒーローの夢と死』九四頁。傍点は引用者。
（5）渡辺『ヒーローの夢と死』一四八頁。
（6）渡辺『ヒーローの夢と死』一五四頁。
（7）渡辺『ヒーローの夢と死』一四七―一四八頁。
（8）渡辺『ヒーローの夢と死』一四八頁。
（9）渡辺『ヒーローの夢と死』一五二頁。
（10）渡辺『ヒーローの夢と死』一四八頁。傍点は引用者。
（11）ピーター・ブルックス『メロドラマ的想像力』四方田犬彦・木村慧子訳、産業図書、二〇〇二年。
（12）渡辺『ヒーローの夢と死』一四七頁。
（13）渡辺『ヒーローの夢と死』一五二頁。
（14）上野昻志『肉体の時代――体験的'60年代文化論』現代書館、一九八九年、六五―六六頁。傍点は原文。
（15）佐藤忠男「特攻隊映画の系譜」『シナリオ』一九七四年九月号、八二―八七頁。波多野哲朗「特攻映画30年目の自問自答――〈ああ決戦航空隊〉とわれわれの体験」、『映画芸術』一九七四年一二・一月号［三〇二号］、八八―九〇頁。

(16) 佐藤「特攻隊映画の系譜」八六頁。

(17) 佐藤「特攻隊映画の系譜」八七頁。

(18) 波多野「特攻映画 30年目の自問自答」八九頁。

(19) 磯田光一「ストイシズムの栄光と錯誤――〈最後の特攻隊〉」、『映画芸術』一九七一年一月号、二六頁。

(20) 磯田「ストイシズムの栄光と錯誤」二七頁。

(21) 中村秀之「特攻隊表象論」、『岩波講座 アジア・太平洋戦争5 戦場の諸相』岩波書店、二〇〇六年三月、三〇一―三三〇頁。

(22) 中島貞夫『遊撃の美学――映画監督中島貞夫』河野真吾編、ワイズ出版、二〇〇四年、九七頁。

(23) 大島渚『わが日本精神改造計画――異郷からの発作的レポート』産報、一九七二年、一五〇頁。傍点は引用者。

(24) 大島『わが日本精神改造計画』一五一頁。

XI 外傷の絵／贈与の物語――北野武の映画についての覚書

(1) 阿部嘉昭『北野武 vs ビートたけし』筑摩書房、一九九四年、一一二頁。

(2) 篠崎誠「監督北野武論――不機嫌に闘い続ける者たち」、『カイエ・デュ・シネマ・ジャポン』第〇号、フィルムアート社、一九九一年、八九―九〇頁。

(3) 別の文脈においてではあるが、北野武はこの映画について「サファリパークで動物見てるような絵」と言ったことがある。「北野武＝ビートたけし 特別インタビュー こんどは意外に真剣にやるかもわかんねえな」、『ルプレザンタシオン』第三号、筑摩書房、一九九二年、一七一頁。

（4）Gilles Deleuze, *Cinema 1. L'image-mouvement*. Paris: Éditions de Minuit, 1983, pp. 231-242. ドゥルーズによれば、バーレスク（スラップスティック・コメディ）は本来小形式なので、キートンの映画は「逆説的」なものである。

（5）念のために書き添えておくと、ここでは芸人ビートたけしと彼のオーディエンスとの関係はまったく念頭に置いていない。あえてステージと関連させるならば、外傷イメージの契機である傍観者的視線は舞台裏からの視線に近い。それはたとえば、漫才師の演技を舞台の袖からとらえた『キッズ・リターン』の冒頭の忘れがたいショットを構成しているようなまなざしである。

Ⅻ　生命の切れ端――相米慎二の映画における下半身の想像力

（1）丸山昇一「翔んだカップル」、『シナリオ』一九八〇年八月号、二五頁。

（2）丸山「翔んだカップル」二八頁。

（3）丸山「翔んだカップル」五七頁。

（4）熊谷秀夫・長谷川隆『照明技師　熊谷秀夫――降る影　待つ光』キネマ旬報社、二〇〇四年、二五一―二五二頁。

（5）フロイト「神経症者たちの家族ロマン」道籏泰三訳、『フロイト全集9　グラディーヴァ論　精神分析について』岩波書店、二〇〇七年、三一五―三二〇頁。

（6）加藤祐二「台風クラブ」、『シナリオ』一九八五年九月号、四七頁。

（7）加藤「台風クラブ」五八頁。

（8）石井隆「ラブホテル」、『シナリオ』一九八五年九月号、五九―七八頁。

（9）中島丈博「あ、春」、『シナリオ』一九九九年一月号、四七頁。

（10）中島丈博・桂千穂（対談）「中島ワールドから相米ワールドへ――映画「あ、春」をめぐって」、『シナリオ』一九九九年一月号、一二頁。

（11）中島・桂「中島ワールドから相米ワールドへ」一二頁。
（12）榎祐平「東京上空いらっしゃいませ」、『シナリオ』一九九〇年八月号、四〇―四一頁。
（13）本書二八六頁。
（14）木村建哉「孤児の映画、親子の映画――相米慎二における性と生のドラマツルギー」、木村建哉・中村秀之・藤井仁子編『甦る相米慎二』インスクリプト、二〇一一年、一〇二頁。
（15）木村「孤児の映画、親子の映画」一〇三―一〇四頁。
（16）木村「孤児の映画、親子の映画」一三〇頁。
（17）木村「孤児の映画、親子の映画」一二一頁。
（18）田中晋平は相米映画における「孤児たちの共同体」を主題とした論文の末尾で、一九九〇年代以降の相米映画に「遺産相続の問い」による「新たな展開」があったことを想定している。これは製作のコンテクストに注目したもので、相米組が何らかの形で撮影所の遺産を相続したことに主眼があるようだ。田中晋平「相米慎二の映画における孤児たちの共同体」、『映像学』第九一号、二〇一三年、六〇頁。私の〈相続放棄〉はあくまでも映画作品それ自体の態勢の特性であり、問題関心はまったく異なる。
（19）藤井仁子「春へ――相米慎二の四季」、木村・中村・藤井編『甦る相米慎二』一六〇頁。
（20）大澤浄「「過程」を生きる身体――相米映画の子どもたち」、木村・中村・藤井編『甦る相米慎二』六一頁。同五三頁の記述も参照されたい。
（21）大澤「「過程」を生きる身体」五四頁。
（22）大澤「「過程」を生きる身体」五九頁。
（23）本書二七九頁。
（24）筒井武文「映画の虚構性を問う――相米映画の撮影と編集」、木村・中村・藤井編『甦る相米慎二』七二頁。

終章　喜劇は到来する――森﨑東の映画における反逆の論理

（1）ジョルジョ・アガンベン『イタリア的カテゴリー――詩学序説』岡田温司監訳、みすず書房、二〇一〇年、「第一章　喜劇」。
（2）アガンベン『イタリア的カテゴリー』二五頁。強調は原文。
（3）アガンベン『イタリア的カテゴリー』四六頁。
（4）筒井武文「森﨑東の初期作品」、『森﨑東レトロスペクティブ 記念パンフレット』シマフィルム、二〇〇四年、五頁。
（5）ミシェル・フーコー『監獄の誕生――監視と処罰』田村俶訳、新潮社、一九七七年、三〇八頁。
（6）「オリジナル・シナリオ 黒木太郎の愛と冒険」、『アートシアター』第一二七号、一九七七年、二四―五七頁。
（7）議論の展開から外れてしまったけれども、主人公の文句さんこそ、田中邦衛のいつも思いつめたような生真面目な表情に示されているとおり、まさに正しい人として振る舞い続ける。この点については、公開当時、「社会の矛盾の調停者、身上相談員みたいなこと」はやめてほしい、という批判も寄せられた。橋本勝「CINEMA GALLERY 87 黒木太郎の愛と冒険」、『アートシアター』第一二七号、一一頁。
（8）森﨑湊『遺書』図書出版社、一九七一年。
（9）森﨑東「まえがき」、森﨑『遺書』二頁。
（10）森﨑「まえがき」三―四頁。
（11）森﨑『遺書』二二八頁。
（12）森﨑東『頭は一つずつ配給されている』パピルスあい、二〇〇四年、三四五頁。
（13）丸山眞男「忠誠と反逆」、『忠誠と反逆』ちくま学芸文庫、一九九八年、一三―一四頁。強調は原文。
（14）上野昂志「森﨑東のボトム」、藤井仁子編『森﨑東党宣言！』インスクリプト、二〇一三年、四一頁。
（15）上野「森﨑東のボトム」四一―四二頁。

(16) 高橋洋「森﨑映画の「涙」と「観念性」」、藤井編『森﨑東党宣言!』五七頁。
(17) 高橋「森﨑映画の「涙」と「観念性」」五八頁。
(18) 高橋「森﨑映画の「涙」と「観念性」」五九頁。
(19) 吉本隆明「マチウ書試論」、『マチウ書試論・転向論』講談社文芸文庫、一九九〇年、一三八頁。
(20) 田川建三「『マチウ書試論』論」、『歴史的類比の思想』勁草書房、一九七六年、二四六―二四七頁。

初出一覧

序章　書き下ろし。

第Ⅰ章　「映画のなかの東京」、吉見俊哉・若林幹夫編『東京スタディーズ』紀伊國屋書店、二〇〇五年、一六六―一七三頁。

「敗戦後日本のヘテロトピア――映画の中のヤミ市をめぐって」、井川充雄・石川巧・中村秀之編『〈ヤミ市〉文化論』ひつじ書房、二〇一七年、一〇八―一三三頁。

「後記（二〇一九年）――生存権をめぐる闘い」は書き下ろし。

第Ⅱ章　「黒澤明――アメリカとの出会いそこない」、栗原彬・吉見俊哉編『敗戦と占領』（「ひとびとの精神史」第１巻　１９４０年代）、岩波書店、二〇一五年、一四九―一七四頁。

第Ⅲ章　「占領下米国教育映画についての覚書――『映画教室』誌にみるナトコ（映写機）とＣＩＥ映画の受容について」、『*CineMagaziNet!*』六号、二〇〇二年。

[http://www.cmn.hs.h.kyoto-u.ac.jp/CMN6/nakamura.htm] 二〇一八年一〇月二二日確認。

第Ⅳ章　「敗者による敗者のための映像――ＣＩＥ映画教育と日本製ＣＩＥ映画について」、土屋由香・吉見俊哉編『占領する眼・占領する声――ＣＩＥ／ＵＳＩＳ映画とＶＯＡラジオ』東京大学出版会、二〇一二年、二四三―二六三頁。本章には、著者による以下の既発表論考も部分的に組み込まれている。「「わたしの大地」について」、山形国際ドキュメンタリー映画祭二〇一一、サブカタログ解説、二〇一一年。「日の丸の少年たちを救出する――「いとしき子らのために」（一九五〇年）について」、山形国際ドキュメンタリー映画祭二〇〇九、サブカタログ解説、二〇〇九年。「ＣＩＥ映画についてのノート」、東京国立近代美術館フィルムセンター『ＮＦＣニューズレター』八四号、二〇〇九年、一〇―一二頁。

第Ⅴ章　「暁にあうまで――「岩波映画」と〈眼〉の社会的創造」、丹羽美之・吉見俊哉編『岩波映画の1億フレーム』（記録映画アーカイブ1）、東京大学出版会、二〇一二年、三九―五七頁。その原型は「〈眼〉の社会的創造に向けて――「岩波映画」の誕生」、記録映画アーカイブ・プロジェクトのシンポジウム「岩波映画の1億フレーム」における口頭発表、東京大学本郷キャンパス福武ホール、二〇〇九年二月一四日。

第Ⅵ章　「見えるものから見えないものへ――「社会科教材映画大系」と『はえのいない町』（一九五〇年）の映像論」、丹羽美之・吉見俊哉編『戦後復興から高度成長へ――民主主義・東京オリンピック・原子力発電』（記録映画アーカイブ2）、東京大学出版会、二〇一四年、六一―九八頁。その原型は「社会科教材映画大系と「はえのいない町」」、記録映画アーカイブ・プロジェクト第5回ワークショップ「社会科映画と日本の民主化〜発見された常総市コレクション」における口頭発表、東京大学本郷キャンパス福武ホール、二〇一一年三月六日。

第Ⅶ章　「〈不活動〉との共同――土本典昭『水俣の子は生きている』（一九六五年）」、丹羽美之・吉見俊哉編『戦後史の切断面――公害・若者たちの叛乱・大阪万博』（記録映画アーカイブ3）、東京大学出版会、二〇一八年、三九―五七頁。

「『ある機関助士』、あるいは皮膚のエチカ」、『映画芸術』四二五号、二〇〇八年、二六―二七頁。

『留学生チュア スイ リン』にかんする第5節は書き下ろし。

第Ⅷ章　「水俣の声と顔――土本典昭『水俣――患者さんとその世界』について」、『踏み越えるドキュメンタリー』（日本映画は生きている 第7巻）、岩波書店、二〇一〇年、一三―三五頁。さらにさかのぼって、『未来』（未来社）の二〇〇七年一〇〜十二月号に短期連載された「『水俣――患者さんとその世界』論」が初出である。

第Ⅸ章　「ゆく者を送るまなざし――高峰秀子と〈顔〉の時間」、『ユリイカ』二〇一五年四月号、一一七―一二四頁。一部、拙著『特攻隊映画の系譜学――敗戦日本の哀悼劇』（岩波書店、二〇一七年）と重複する。

第Ⅹ章　「高倉健と特攻隊映画――東映任侠映画の時期における」、『ユリイカ』二〇一五年二月号、一二五―一三二頁。一部分、前掲『特攻隊映画の系譜学』に取り入れた箇所がある。

第XI章　「外傷の絵／贈与の物語――北野武の映画についての覚書」、『ユリイカ』一九九八年二月臨時増刊号「総特集＝北野武そして／あるいはビートたけし」、六一―七一頁。部分的に、拙著『瓦礫の天使たち――ベンヤミンから〈映画〉の見果てぬ夢へ』（せりか書房、二〇一〇年）の第六章と内容が重複している箇所がある。

第XII章　「生命の切れ端――相米映画における下半身の想像力」、木村建哉・中村秀之・藤井仁子編『甦る相米慎二』インスクリプト、二〇一一年、一三二―一五八頁。

「後記（二〇一九年）――〈相続放棄〉と子どもの身体」は書き下ろし。

終章　「喜劇の到来――森﨑東のレジスタンスをめぐる覚書」、藤井仁子編『森﨑東党宣言！』インスクリプト、二〇一三年、六一―七七頁。

「後記（二〇一九年）――有罪性の社会的構築について」は書き下ろし。

以上のうち六つの章（I、III、IV、V、VI、VII）は、アーカイブ活動に関連する共同研究での私の成果をまとめた論文である。他の七つの章は依頼に応じて執筆した評論を原型とする（II、VIII、IX、X、XI、XII、終章）。なお、序章で述べたアーカイヴ的環境における映画論という点で、第XI章は例外である。一九九七年九月に北野武監督の『HANA‐BI』がヴェネツィア国際映画祭で金獅子賞を受賞したあと、翌年一月の日本封切に合わせて『ユリイカ』が臨時増刊号を出したときに依頼された。『HANA‐BI』にかんしては、私は編集部の手配で同作品の試写に出席し、その一回かぎりの観覧でこの文章を執筆した。一般公開時に映画館で再見したけれども、それ以来見直していない。記憶違いがあるかもしれないが、このような特別な事情を考慮して、あえて「確認」はしなかった。

既発表の文章すべてに加筆修正を施した。その度合は様々である。全体を通してなるべく初出の形を残すことを心がけたものの、ご覧の通り、表題を改めた章もあり、別の機会に書かれた複数の文章を結合した章もある。第I章、第XII章、終章には、それぞれ簡単な「後記（二〇一九年）」を付した。

あとがき

本書は、私が折々の機会に書いた戦後日本映画にかんする論文や評論をまとめた論集である。『暁のアーカイヴ』という表題については序章で説明を試みたのでお読みいただきたい。映画をＤＶＤなどで操作して見ることができるようになった――まさに本書所収の文章のほとんどがそのような技術的条件のもとで書かれた――ことの意味を、より一般的な「アーカイヴ的環境」の中に位置づけて考えてみた。

序章では文脈的に参照する余地がなかったけれども、田中純が「汎アーカイヴ化する世界」と呼ぶものと私の「アーカイヴ的環境」を比較すると面白いかもしれない。「アーカイヴの魅惑と倫理」という洞察に満ちたエッセーで、田中氏は、「アーカイヴがひとを魅惑してやまないのは、そこが不死性への信仰に近いものを投影できる場所だからではないだろうか」と指摘し、その信仰は「「たんなる生」としての「ゾーエ」の不死性への信仰」であって、「博物館や美術館、図書館といった場に収められる作品や書物という形態をとらない、断片化して散逸しかねない生のかけらでさえ住み処とすることのできるのがアーカイヴという場であろう」と考察を進める。そして、「汎アーカイヴ化」の果てに現れるのは「或る人物の生まるごとのアーカイヴ化という究極的なヴィジョン」であろうと予測し、そのような世界で要請される倫理を論じている（『ＲＥＰＲＥ』三三、「PRE・face」［https://www.repre.org/repre/vol33/greeting/］二〇一九年二月三日確認）。

しかし、個人のアーカイヴ化と言っても私にはその欲望が稀薄で、仕事で必要なものは別として、几帳面に日記やメモをつけたり写真を撮ったり物を大切に保管したりする習慣がない。とりわけ写真やビデオにかんしてはそれが顕著で、たとえばアドルフォ・ビオイ＝カサーレスの幻想小説『モレルの発明』（清水徹・牛島信明訳、水声社、一九九〇年）では、身体の外観を映像に保存することがまさに不死性への欲望と結びついているのだが、これは私には文字どおり別世界の話だ。

それでも、いつのまにか無くしてしまったことをときに思い出しては悔やむモノがないわけではない。その一つが一冊の書物である。小学校の高学年から中学校に入学する時分に読んだ本で、カバーも表紙も背も剝ぎ取られていて、ただの厚い紙の束と呼ぶべき代物だった。当時の私はそのような状態の「本」を何冊か持っていた。というのは、製紙工場の工員だった父が、トイレットペーパーの原料にされる古本の山の中から私に読ませたいものや私が面白がりそうなものをときどき貰ってきてくれたからである。乏しい暮らしで、本好きの私はもっぱら学校の図書館に依存していたけれど、父親として思うところがあったのだろう。

問題の「本」はその中でも熱心に読んだ一冊で、その後、内容は忘れても表題だけは「日本の戦争」というシリーズの「満州事変」だと覚えていた。今度ふと思い立って、形状や書名の記憶、出版の時期などを手がかりに探索し、特定することができた。著者は島田俊彦、正確なタイトルは『近代の戦争4　満州事変』、人物往来社から一九六六年に出版された。インターネットを利用して古書店から購入し、届いた実物を手に取ってみて、あのカバーの無かった「本」と同じであるという確信を持った。まずまちがいない。四六判、ハードカバー、函入りである。そうか、函入りだったのか、と妙な感慨に耽ってしまった。感慨というよりも感傷かもしれないが、それはかまわない。あのむき出しの紙の束の感触は私の心に鮮明に生きている。工場で原料となる寸前の屑のような紙の束が拾われ、書物として読まれ、数多くの要因の一つにすぎなかったとしても歴史に対する私の関心を確実に培ってくれた。大切なのはそのことだ。

ともあれ、小さいころから映画好きだった私だが、映画を作りたいと思ったことは一度もなく、紆余曲折を経て映画の研究を専門とするようになった。見えるものの記録や創造ではなく、見えるものから出発して、その果てにある見えないものの追求に関心を抱いた、ということか……。『モレルの発明』が私にとって面白かったのは、物語の内容は映像による外観の保存であるのに対して、語り手であり主人公である男の言葉は、終盤、彼自身が映像に呑み込まれるであろう直前に、自分が政治犯として追われた祖国の情勢を語るに至ることだ。映像と言語の関係、個人の欲望と集団の政治の関係が言葉によって探られる。その向うから、不可視の歴史が思考に働きかけてくるのである。


いつものことながら、本書も多くの方々のご助力とご支援を賜った。主な方々のお名前を挙げて謝意を表したい。

まず、共同研究の代表者や初出時の論集の編者として研究と執筆の機会を与えてくださった、吉見俊哉先生、若林幹夫氏、井川充雄先生、石川巧先生、加藤幹郎先生、土屋由香先生、丹羽美之氏、石坂健治氏、木村建哉氏、藤井仁子氏に、心よりお礼を申し上げる。編集実務を担当されたすべての皆様にも大変お世話になった。特に中村大吾氏には熱い感謝の念を捧げたい。また、転載を許可してくださった発行者各位に謝意を表する。

国立映画アーカイブには東京国立近代美術館フィルムセンターの時代から大変お世話になっているが、本書についても皆様のご助力を賜った。岡田秀則氏には土本典昭監督についてギャラリー・トークをするようお招きいただいた。入江良郎氏には『ＮＦＣニューズレター』にＣＩＥ映画にかんする記事を発表する機会を設けていただいた。大傍正規氏には複数回の「特別映写観覧」でご担当いただいた。紙屋牧子氏にはコマ抜き画像の利用申請にかんしてお世話になった。あらためて謝意を表したい。

記録映画保存センターの皆様、特に村山英世氏には資料調査でご協力いただいた。第VII章については土本基子氏のご厚情を賜った。謹んでお礼を申し上げる。

そして最後になったが最大の感謝の念を、本書の編集担当の木村素明氏に捧げる。『記録映画アーカイブ』シリーズなどでもお世話になったが、あるパーティーの照明を落とした会場の片隅で、単著を出しませんか、と誘っていただいたのがきっかけで、以来、煩雑な作業を精力的に進めてくださった。私の「断片化して散逸しかねない生のかけら」が、こうして一冊の書物の形をとることができたのは、ひとえに木村氏のおかげである。

二〇一九年二月の初めに

中村秀之

装画：“Rothko, Mark（1903-1970）, Red and Orange,
Oil on canvas, Abstract expressionism, 1955, The United States, ?
Museum of Modern Art, New York, 176x142, Abstract Art, Painting, ”

人名索引

さ行

た行

な行

は行

ま行

や行

ら行

わ行

作品名索引

作品名索引

中村秀之（なかむら・ひでゆき）

1955 年生まれ．立教大学現代心理学部映像身体学科教授．映画研究．著書に『敗者の身ぶり――ポスト占領期の日本映画』『特攻隊映画の系譜学――敗戦日本の哀悼劇』『映像／言説の文化社会学――フィルム・ノワールとモダニティ』（いずれも岩波書店），『瓦礫の天使たち――ベンヤミンから〈映画〉の見果てぬ夢へ』（せりか書房），共編著に『〈ヤミ市〉文化論』（ひつじ書房），『甦る相米慎二』（インスクリプト），『映画の政治学』（青弓社），論文に「『市民ケーン』のガラス球――パストラル・モードによる階級表象」（『立教映像身体学研究』6 号），「映画に社会が現れるとき――『ステラ・ダラス』（1937）の言語ゲーム」（『社会が現れるとき』東京大学出版会）など．

暁のアーカイヴ
戦後日本映画の歴史的経験

2019 年 7 月 12 日　初　版

［検印廃止］

著　者　中村秀之

発行所　一般財団法人　東京大学出版会

代表者　吉見俊哉

153-0041 東京都目黒区駒場4-5-29
http://www.utp.or.jp/
電話　03-6407-1069　Fax 03-6407-1991
振替　00160-6-59964

装　幀　仁木順平
組　版　有限会社プログレス
印刷所　株式会社ヒライ
製本所　牧製本印刷株式会社

ISBN 978-4-13-080221-5　Printed in Japan

ヴァナキュラー・モダニズムとしての映像文化
長谷正人

写真やジオラマ，映画，テレビなどといった複製技術による映像文化が切り開く「自由な活動の空間」の可能性を，高踏的なモダニズムではなく，ヴァナキュラー・モダニズム——日常生活の身体感覚に根差した——の視点から探究する，横断的映像文化論の試み．
本体 3,500 円+税

歴史の地震計——アビ・ヴァールブルク『ムネモシュネ・アトラス』論
田中 純

過去からの記憶の波動を感知し，記録した装置=地震計である「ムネモシュネ・アトラス」．特異な美術史家ヴァールブルクが作り続けたそのイメージの地図貼（アトラス）に宿るアクチュアルな歴史を解放し，ありえなかったはずの過去に触れる．
本体 4,800 円+税

〈救済〉のメーディウム——ベンヤミン，アドルノ，クルーゲ
竹峰義和

ベンヤミン，アドルノ，クルーゲが対峙した映画や音楽，テレビといったメーディウム．それらはありえたはずの過去と来るべき未来が交錯し，〈救済〉の瞬間が顕現する媒体でもあった．彼らのテクストを内在的に精読することで，そこに孕まれるアクチュアリティを再起動し，〈救済〉の音楽を鳴り響かせる．
本体 5,900 円+税